折射集
prisma

照亮存在之遮蔽

当代学术棱镜译丛·社会学系列

丛书主编 张一兵　副主编 周宪 周晓虹

多元现代性

周宪　[德]比约恩·阿尔珀曼　[德]格尔哈德·普耶尔　主编

杨建国　译

南京大学出版社

图书在版编目(CIP)数据

多元现代性 / 周宪,(德)比约恩·阿尔珀曼,(德)
格尔哈德·普耶尔主编;杨建国译. — 南京:南京大
学出版社,2024.10. — (当代学术棱镜译丛 / 张一兵
主编). — ISBN 978-7-305-28206-5

Ⅰ. K02

中国国家版本馆 CIP 数据核字第 2024FU1277 号

出版发行　南京大学出版社
社　　址　南京市汉口路 22 号　　　　邮　编　210093
丛 书 名　当代学术棱镜译丛
丛书主编　张一兵
书　　名　**多元现代性**
　　　　　DUOYUAN XIANDAIXING
主　　编　周　宪　〔德〕比约恩·阿尔珀曼　〔德〕格尔哈德·普耶尔
译　　者　杨建国
责任编辑　王冠蕤

照　　排　南京南琳图文制作有限公司
印　　刷　南京新世纪联盟印务有限公司
开　　本　635 mm×965 mm　1/16　印张 16.25　字数 246 千
版　　次　2024 年 10 月第 1 版　2024 年 10 月第 1 次印刷
ISBN 978-7-305-28206-5
定　　价　75.00 元

网　　址　http://njupco.com
官方微博　http://weibo.com/njupco
官方微信　njupress
销售热线　025-83594756

《当代学术棱镜译丛》总序

自晚清曾文正创制造局，开译介西学著作风气以来，西学翻译蔚为大观。百多年前，梁启超奋力呼吁："国家欲自强，以多译西书为本；学子欲自立，以多读西书为功。"时至今日，此种激进吁求已不再迫切，但他所言西学著述"今之所译，直九牛之一毛耳"，却仍是事实。世纪之交，面对现代化的宏业，有选择地译介国外学术著作，更是学界和出版界不可推诿的任务。基于这一认识，我们隆重推出《当代学术棱镜译丛》，在林林总总的国外学术书中遴选有价值篇什翻译出版。

王国维直言："中西二学，盛则俱盛，衰则俱衰，风气既开，互相推助。"所言极是！今日之中国已迥异于一个世纪以前，文化间交往日趋频繁，"风气既开"无须赘言，中外学术"互相推助"更是不争的事实。当今世界，知识更新愈加迅猛，文化交往愈加深广。全球化和本土化两极互动，构成了这个时代的文化动脉。一方面，经济的全球化加速了文化上的交往互动；另一方面，文化的民族自觉日益高涨。于是，学术的本土化迫在眉睫。虽说"学问之事，本无中西"（王国维语），但"我们"与"他者"的身份及其知识政治却不容回避。但学术的本土化绝非闭关自守，不但知己，亦要知彼。这套丛书的立意正在这里。

"棱镜"本是物理学上的术语，意指复合光透过"棱镜"便分解成光谱。丛书所以取名《当代学术棱镜译丛》，意在透过所选篇什，折射出国外知识界的历史面貌和当代进展，并反映出选编者的理解和匠心，进而实现"他山之石，可以攻玉"的目标。

本丛书所选书目大抵有两个中心：其一，选目集中在国外学术界新近的发展，尽力揭橥域外学术20世纪90年代以来的最新趋向和热点问题；其二，不忘拾遗补阙，将一些重要的尚未译成中文的国外学术著述囊括其内。

众人拾柴火焰高。译介学术是一项崇高而又艰苦的事业，我们真诚地希望更多有识之士参与这项事业，使之为中国的现代化和学术本土化做出贡献。

丛书编委会
2000 年秋于南京大学

作者简介

比约恩·阿尔珀曼（安晓波）（Björn Alpermann），德国维尔茨堡大学当代中国研究教授。

巴里·阿克斯福德（Barrie Axford），英国牛津布鲁克斯大学社会科学系政治学教授，全球政治、经济、社会研究中心主任。

艾利泽·本-拉斐尔（Eliezer Ben－Rafael），以色列特拉维夫大学社会学名誉教授，国际社会学研究所主席，以色列语言协会主席。

什穆埃尔·N. 艾森施塔特（Shmuel N. Eisenstadt，1923—2010），以色列耶路撒冷希伯来大学特鲁曼研究所社会学和人类学教授，同时任职于范里尔耶路撒冷研究所。

罗伊斯-马库斯·克劳斯（Reuß-Markus Krauße），总部位于法兰克福的 AKA 欧洲出口和贸易银行发展顾问，《原社会学》期刊和研究计划的科学顾问。

朱迪特·博克瑟·利维兰特（Judit Bokser Liwerant），墨西哥国立自治大学政治与社会科学研究生学院首席教授，墨西哥国家科学与技术委员会研究员。

扬·内德文·彼得斯（Jan Nederveen Pieterse），美国加利福尼亚大学圣芭芭拉分校全球研究与社会学教授。

格尔哈德·普耶尔（Gerhard Preyer），德国法兰克福大学技术研究所社会学教授，《原社会学》期刊主编。

罗兰·罗伯森（Roland Robertson），美国匹兹堡大学社会学系教授，英国阿伯丁大学社会科学学院名誉教授。

周宪，南京大学文科资深教授，"长江学者奖励计划"特聘教授。

前　言

　　社会学理论受到世纪之交以来社会结构变化的影响，跨国经济交流的加强影响了各地区的社会分层，世界社会发生了结构性变化。因此，必须大大修改"世界社会"这一概念。这是一个"社会的社会"，在社会交往过程中暴露自己以供观察。自 20 世纪 90 年代中期以来，《原社会学》(*ProtoSociology*)期刊设立了一个研究项目，研究主要地区的结构变化，中国的现代化特别令人感兴趣，但欧洲社会的重组以及拉丁美洲的社会结构同样迷人。

　　本文集选择系列文章翻译为中文，旨在向中国学生和研究人员介绍社会学理论的根本转变，同时也介绍多元现代性（艾森施塔特）研究计划及其后续状况，希望本文集的出版能够激发对西方现代化后非西方社会的社会交换持续变化的进一步研究。西方现代化不是多重现代性的典范，我们注意到，虽然西方现代化取得了成功，但我们已经生活在后现代和混合社会中。我们需要纠正"全球化"这个词，把注意力转向"多元现代化和全球本土化"的研究计划。总而言之：需要更多的研究和理论工作来深入观察"下一个社会"，同时也深化我们所学到的关于继续多元现代性研究计划的知识。

　　要感谢作者们提供他们的文章以供中文翻译，最重要的是，要感谢中国同事的翻译，以及南京大学出版社对这个项目的兴趣，让更多的中国读者能够接触到这些文章。

目　录

导论：多元现代性的新方案

周　宪

比约恩·阿尔珀曼（安晓波）

格尔哈德·普耶尔

　　社会学理论受到世纪之交以来社会结构变化的影响，跨国经济交流的加强影响了各地区的社会分层，世界社会发生了结构性变化。因此，必须大大修改"世界社会"这一概念。这是一个"社会的社会"，在社会交往过程中暴露自己以供观察。自 20 世纪 90 年代中期以来，《原社会学》(*ProtoSociology*)期刊设立了一个研究项目，研究主要地区的结构变化，中国的现代化特别令人感兴趣，但欧洲社会的重组以及拉丁美洲的社会结构同样迷人。

　　本文集选择系列文章翻译为中文，旨在向中国学生和研究人员介绍社会学理论的根本转变，同时也介绍多元现代性（艾森施塔特）的研究计划及其后续状况，希望本文集的出版能够激发对西方现代化后非西方社会的社会交换持续变化的进一步研究。西方现代化不是多重现代性的典范，我们注意到，虽然西方现代化取得了成功，但我们已经生活在后现代和混合社会中。我们需要纠正"全球化"这个词，把注意力转向"多元现代化和全球本土化"的研究计划。总而言之：需要更多的研究和理论工作来深入观察"下一个社会"，同时也深化我们所学到的关于继续多元现代性研究计划的知识。

一、研究现状

　　若要重新梳理全球化的社会学研究,叙述社会学理论,一个绕不开的问题是要考虑研究者所遵循的研究现状,而这取决于研究者构想社会学的当代社会背景。不妨读一读两部论文集,一部是布莱恩·S.特纳(Bryan S. Turner)主编的《现代性与后现代性理论》(*Theories of Modernity and Postmodernity*,1990),另一部是麦克·费瑟斯通(Mike Featherstone)、斯科特·拉什(Scott Lash)和罗兰·罗伯森(Roland Robertson)合作主编的《全球现代性》(*Global Modernities*,1995)。两部文集对研究问题的出现情境和范围界定所作的区分堪称优秀,也都广泛包含了问题发展过程中出现的各种相关研究方法,从20世纪70年代的现代-后现代之争,到盛行于90年代的全球化和全球现代性研究,20余年间西方社会学发生了诸多变化,上述两部文集恰好忠实记录下这一变化。

　　21世纪初,理论的形成环境正在发生变化,出现了新的社会交换形成结构,社会功能体系开始结构重组。当前现状:

　　1. 理论之轴正在由南北向转向东南向(中国、日本和韩国)(Nederveen Pieterse)。

　　2. 我们正走向一个以数字化社会传播为主要传播媒介和组织媒介的"下一个社会"(next society),新的通信技术将改变未来社会的组织功能系统和成员入列条件(关于"下一个社会"这个术语,可参见:Baecker 2007;Ben-Rafael and Sternberg 2016;E. Ben-Rafael and M. Ben-Rafael 2018;Ben-Rafael本书中相关章节)。

　　3. 世界社会并非一个成员可轻易交流沟通的社会系统,其构成结

　　　　　　　　　　　　　　　　　　　　　　　　　　多元现代性

构中包含着许多区域性社会,不同的区域有着不同的中心-边缘结构,①跨国性社会分层结构又凌驾于国别社会分层结构之上(Münch 2011)。因此,应当将世界社会视为"许多社会构成的社会"(Hondrich 2001,141),克拉维茨和普耶尔最先提出,区域性社会学研究应关注区域的成员秩序,关注具体区域具有选择性的媒介观察和自我观察行为(Krawietz 2012;Preyer and Krauße 2016;Preyer 2018a;Preyer and Krauße 2020)。上述发现业已在不同的理论方法中得到了实证描述(Nederveen Pieterse 2004;2012;2016;Münch 2011),不同的理论方法至少在这个问题上的看法是一致的,尽管由此所得到的结论并非完全相同。

二、理论方法

回顾过去,全球化的社会学理论应区分以下几种方法:

1. 均质器和异质器;

2. 全球化叙事的中间阶段论(Robertson,Featherstone/Lash,Nederveen Pieterse);

3. 杂糅论和多元文化论(Rowe/Schelling,Nederveen Pieterse);

4. 作为新融合机制的克理奥尔化论(Hannerz);

5. 多元现代性研究计划(Eisenstadt 2002;Preyer 2016 a);

---

① "世界社会"可理解为交往可通达的地区,如此一来,"世界社会"成为现代社会体系的标志特征。卢曼总结,"世界"是"未标出空间"。参与到作为交往系统的世界社会中,有两种视角,参与者所采取的视角设定或与之相容,或与之不相容。如果交往成功,参与者就有一项选择可处理。与此同时,参与者的态度与之并不相容,因为对任何一个参与者而言,他者的视角自己始终无法窥伺,这一差异不可否认。然而,这依旧无法证明"世界社会"概念的正确性。(Luhmann 1982)

6. 网络形态论（Castells）。[1]

本书就 21 世纪初当代社会的变化情况及其观察和描述提供一系列研究方案，这些方案已经产生了广泛而丰硕的经验性成果，引发了社会学理论的系统重组。

1. 全球研究（Nederveen Pieterse）和全球化理论（Axford），以及多重全球化理论（E. Ben-Rafael / M. Ben-Rafael）。

2. 作为行动系统场域论和制度论的世界社会构成结构社会理论（Münch，Krawietz）。

3. 世界社会结构漂移系统论及其非国家主导控制系统补偿论（Willke），该研究为社会学研究提供了具有实质性的洞见，有助于确定社会学理论的结构重组。

4. 多元现代性、成员身份和全球化研究的第三方案（Eisenstadt，Preyer/Sussman，Preyer/Krauße，Krawietz），该研究与上述 3 个多有交叉之处，和阿克斯福德（Axford）、斯蒂格（Steger）和罗伯森（Robertson）一样，该方法重视社会交换扩张及其分化的后续问题的识别，但在社会学理论研究的宏观层面上，该研究假定多元现代性正在结构重组，并把不同的成员秩序引入考虑范围中。[2]

这些理论方法得到了聚合数据和实证研究的支撑，所关注的问题

---

① 学者已指出"均质器"（homogenizer）和"异质器"（heterogenisierer）的区别，参见 Robertson 1995；Rowe and Schelling 1991；Nederveen Pieterse 1995；Featherstone and Lash 1995；Hannerz 1987a；1987b；1992；Knörr 2007；2009；Cohen 2007；Eisenstadt 2002；Castells 1996；1997；1998；Preyer 2018b；Taylor and Winquist 1998。

② 参见 Axford 2013；2018；Münch 2001；2008；2009；2010；2011；Willke 2001；2002；2003；2014。维尔克的三部著作中（Willke 2001；2002；2003），参照问题是现代主权民族国家中控制中心的采取。在他看来，当代社会需要另一种描述框架，以超越传统社会学理论。维尔克对政府治理的分析相当正面，他将其视为世界社会的构成结构中政治系统的治理，参见 Willke 2014。

相关话题可参见 Preyer and Sussman 2016，1 – 29；Preyer 2016a，21 – 42；Preyer and Krauße 2016；Krawietz 2012，73 – 101；Ben-Rafael and Sternberg 2016；E. Ben-Rafael and M. Ben-Rafael 2018。

既包括世界社会的结构,尤其涉及新福利国家的容纳和排斥问题,也包括自由主义和多元主义国家制度,以及跨国劳动分工和全球多元文化。这些理论方法已经引发了社会学理论的重新部署,长期以来韦伯的合理化理论一直是研究现代社会结构、制度秩序及其演化的主要历史方法,毫不夸张地说,韦伯的理论方法正在面临更新。

应当认可内德文·彼得斯(Nederveen Pieterse)重新定位社会学理论研究的动机,无论全球化的倡导者或是反对者,他们空洞的言辞中很难带来灵感和洞见,既难以看清世界社会的结构,也难以发现不同区域的独特发展道路。在这方面需要一种不同的方法,一种关注成员身份的新社会学方法,目前这种方法已经出现在多种社会学研究中。

三、全球化研究

(一) 误导性术语

全球化不仅仅是一个经济、政治、社会学和民族学研究的课题,而且已经成为一个公共斗争概念。全球化做了什么,又意味着什么? 在这些问题的理解上,社会学理论存在着严重的问题,特别要指出的是,"全球化"(globalization)这个词本身就有误导性,如果人们仅从字面意义理解这个术语,往往会误入歧途。

绘图学中,球体(globe)指某个天体或球状天体空间(星空)的复制品,日常用语中该词特指"地球"。"地球"这一概念与社会学上的环境概念并不完全相同,应当从原则上指出,社会制度和社会交往的结构变化并不包括绘图学意义上的"地球",在这方面社会学理论存在着术语缺陷,不但影响到人们对事实的理解,也影响到社会学研究以及理论的形成,同时也决定着理论形成过程中研究者和观察者的位置。

社会学理论对"全球化"一词的幼稚理解不应继续下去了,不应把社会交往单一化,更不应去追求涵盖全球的世界社会。但能否找到另一个术语来代替?术语的创造性总是有限度,所选择的术语应该保持开放性。不难看出,问题的实质在于如何分析区域的混合社会结构,社会交换过程,以及区域社会的边缘结构和观察媒介。如果社会学理论继续使用"全球化"一词,可以将其理解为一个失去生命活力的隐喻。技术性层面上,可用"全球化"描述行动和交往系统中的广泛交流以及相关的结构问题,例如国家间的分层重组和经济交流,同时也在社会交换的"结构"中划出了新的社会边界。全球化本身是社会交往的一种媒介性建构,故而该词尚未完全失效:"……不能简单地将全球化界定为整个世界压缩(内爆)为一个单一实体。"(Robertson 1990,50)

(二)解决全球化研究中的问题

各地的全球化研究者在以下问题上形成共识:

1. 现代通信技术允许类似实时通信的东西,令通信系统在通信时间化上发生了结构性改变,不仅适于提高信息传播的速度,同时也适于增大信息传播的广度,所有这些都关系到参与者的个性化要求。举例而言,通信设计速度的提高可以带来更多信息,增强竞争优势,迟缓者在通信连接合理性的设计上就已经落伍了。

2. 跨国机构和经济体系中竞争条件发生了变化,从而引发政治体系及组织(国家)的重组,例如竞争力强的国家对竞争力弱的国家进行重组。

3. 新区域化态势方兴未艾,例如东亚和太平洋地区。

4. 全球化发展"不平衡",因为它无可避免地引发了新的排斥领域,经济体系的新分工加剧了地区与地区之间、国家与国家之间的经济不平等,不过不同地区和国家在程度上各不相同。

各地的全球化研究者在以下问题上存在分歧:

1. 全球化仅仅是经济体系中的跨国分工,还是可能是一种多维度过程?

　　　　　　　　　　　　　　　　　　　多元现代性

2. 全球化首先意味着什么?

3. 全球化是真实存在的,还是仅仅是一种修辞?

4. 人们在经济体系、政治体系和科学体系中所描述的"全球化"事件在政治和法律上是否受到约束和监管,例如金融市场的监管?(Nederveen Pieterse 2004,7-21)

上述问题令我们认识到,社会学理论需要特殊研究方案以实现实证研究和理论系统化。举例而言,吉登斯区分了全球化怀疑论者与全球化激进论者,在怀疑论者看来,全球化经济与人们所熟知的世界经济并没有区别,而在激进论者看来,当今全球化市场的后果已经影响到生活的各个领域,传统的民族国家监管力量无论是在国内还是在国际都已经成为泡影。吉登斯认为,上述两种立场都是错误的,两种立场都只把全球化与经济体系联系起来,没有看到伴随全球化而来的"革命力量"。(Nederveen Pieterse 2004,7-21;Giddens 2002)从经验的角度来看,问题的参考框架显然会影响到所有的社会系统,例如环境影响、经济系统的跨国扩张、数字新媒体的传播、移民、宗教激进主义。因此,吉登斯的理论被视为同质化理论和异质化理论的另类代表,虽然吉登斯提到"革命力量",但没有进行概念性分析,所以他的理论沦为一种膨胀的话语方式。(关于"革命概念"的概念史,参见 Kosellek 1979,67-87)

四、多元现代性

(一) 理论框架

20 世纪 70 年代以来,以《比较文明研究》为参照框架,艾森施塔特的多元现代化研究方案区分了不同的现代化道路,与多元现代性观念相一致。关于艾森施塔特的研究方案,可阅读本论文集中《多元现代性:理论框架和基本问题》一章。(关于艾森施塔特转向多元现代性研究的历史,参见 Preyer and Sussman 2016,1-29。关于现代性和后现代性,参见 Preyer 2018 b)

经典现代化理论和发展理论是建立在一个基本假设上,即西方现代化模式的传播不可避免,而这关系到现代化的一系列核心议题,包括:

1. "普遍主义与个人主义","理性主义与工具主义"相结合的西方文化价值体系;

2. 个人主义的制度化(涂尔干/帕森斯/慕尼黑传统);

3. 福利国家(凯恩斯成员制度);

4. 公民权利包容计划(马歇尔/帕森斯:法律/公民、政治、社会公民权)。

艾森施塔特的多元现代性研究在纲领原则上反对这种方法的泛化,还指出西方现代化过程本身也并非整齐划一,有着不同的制度秩序,例如英国、法国、德国和美国的情况就不尽相同,经济、政治、科学体系中知识精英对于法律、经济和社会秩序的态度也不尽相同。

艾森施塔特多元现代性研究计划的核心是:

现代化概念并不能揭示存在于所有社会中的"进化潜能",现代化道路的特殊性不能为普遍性所掩盖。现代化是成员条件和成员规则的重组,所谓成员条件和成员规则也就是社会分化子系统及其组织的排他性秩序。

该研究计划对特殊条件和结构作出重新安排,有助于短期、中期和长期预测,还应当强调,该研究计划没有采用规范性意识形态和普遍的现代化文化模式。

格尔哈德·普耶尔(Gerhard Preyer)的文章《艾森施塔特的普通社会学》重构了艾森施塔特对力量(创造力)与结构、文化与社会结构之间的关系分析。艾森施塔特参照"语义图示"将这些关系加以归类,把此类关系视为具有动态变化性的普遍因素,由此"构建起社会结构研究的基本参照框架"。艾森施塔特主张将这一"参照框架"应用于所有社会的分析中,与这一框架紧密相连的是一系列意义重大的存在问题,包括人类置身的世界与宇宙的关系,社会交换中冲突和社会紧张产生的原因,以及宇宙秩序的界定及其符号建构。基本语义图示具化出人与社会存在的主要问题,同时也具化出解决问题的方法,此外该图示也详细描写出有关人类创造力(力量)的条件,以及社会秩序的各种假设之间的基本关系。艾森施塔特在其社会学中极其重视创造性,其理论有助于人们认识到创造性的内在结构以及其局限性。把艾森施塔特的语义图示视为普通社会学是本论文集的一个研究方向。

艾利泽·本-拉斐尔(Elizer Ben-Rafael)的文章《从多元现代性到多元全球化》从艾森施塔特处汲取了多元现代性的观念,他建议分析现代性的标记过程及其在当代社会中的不同版本,进一步深挖艾森施塔特的研究成果。这些过程并没有删除已有的取向、价值亲缘关系和社会安排,虽然现代性在任何地方都得到确认,现代社会在其他方面保持差异。需要指出,社会现实有三种相互作用、相互交织的推动力量,分别是全球化、多元文化主义和国家原则,三种力量在不同地方有着具体表现,其社会背景、先验特征,以及符合多重全球化概念的具体模式各不相同。上述观点不单指出全球化的多样性,同时也强调了当下这个时代的新颖性,隐然指向"下一个社会"。本·拉斐尔和内德文·彼得斯的研究成果均可纳入"多元现代性第三研究计划"的范围中。

内德文·彼得斯的批评发展理论是一种现代化的整齐划一模式,他组建起一只跨国研究小组,在他自己的"全球研究"计划中采取与"多元现代性研究计划"相近的方法策略。内德文·彼得斯为本文集贡献的文章是《多极意味着多元思维:多种现代性》,这篇文章解释了社会变迁和文化混合的结果,以及权力精英在社会不同部门的作用。内德文·彼得斯解释说,作为一种社会模式西方现代性没有规范性要求,因此现代性应被视为一种具有多元性和多样性的遗产,其范围远远超出某种单一理想类型,更不应以欧洲为中心。此外,21世纪全球化的多极现实和"其他国家的崛起"是社会形势变化的原因。

内德文·彼得斯的观点将现实存在的现代性定位为跨越过去和当下的混合社会形态，从其他文化中引入和转换各种风格和习俗，这一观点与罗伯森的全球化概念不谋而合。根据上述观点，现代性具有多个层面，现代性的某些成分为所有现代社会所共有，构成了所谓的跨国现代性，但其他成分根据历史和文化情况而各不相同。彼得斯反思认为东亚形成了一种另类现代性，并勾勒出其主要特征。他最后总结认为，要将现代性乌托邦抛到脑后，并认为根植于地方具体的现代性有可能突破现代性目前所面临的现实困境。

罗伯森引入了作为中间方法的全球化概念，对异质理论和同质理论都提出了批判。罗伯森的方法基于这样一个事实：他并不天真地认为全球化意味着世界大同，而是将全球化归于普遍性与参与性、全球与地方之间的相互作用。在罗伯森看来，全球意识不仅是全球化进程的结果，同时也是推动全球化前进的动力，然而这些过程并没有导致文化和社会结构的同质化。现代通信技术改变了社会通信的自我观察模式，建立起了新的感知和观察选择模式，于是全球化成为媒体的建构，实现于各类大型组织中，例如娱乐组织和旅游组织。这种情况下，大众媒体也应被纳入全球化范围内。

罗兰·罗伯森（Roland Robertson）为本论文集贡献的文章是《多元现代性和全球化/全球本土化：评艾森施塔特社会学》，这篇文章反对多元现代性研究计划，认为该计划没有充分考虑到全球化进程和"新媒体连接"对世界的影响，新媒体为世界所提供的绝不仅仅是"连接"。罗伯森把"构成性语境"放到社会交换中，这种交换正在成倍增加，此类交换构成了外部的全球环境，独立于地方的社会系统、组织和民族国家的成员资格之外，例如移民。

罗伯森评论了艾森施塔特的多元现代性研究方案，认为该研究计划的发展相对忽视了对全球化的批判。罗伯森认为，尽管艾森施塔特的解释具有很大的影响力，也确实很有前途，但他忽视了全球化进程与多元现代性之间的关系，其解释有着诸多不足之处。一方面部分人认为现代性的发展和演变过程相对独立，另一方面也有部分人特别重视全球竞争的概念，二者间存在着相当大的差距。最主要的问题是，艾森施塔特似乎从社会和文明变化着手，"上溯"到全球性，而非相反。

巴里·阿克斯福德（Barrie Axford）为本论文集贡献的文章是《作为全球学术景观的多元现代性论争：更多机遇，还是穷途末路？》，这篇文章采用连接、数字媒介化和新兴全球性的构成"媒介化视角"，透过这一视角作者探讨当下哪些全球化理论问题集合了起来，或者理应集合起来。新兴全球性，或者说正在形成的全球（也可能是地方）状态，形成于构建世界的实践中，这些实践在境内外的数字通信过程中显现，其作用十分明显，甚至有可能带来范式上的巨变。这并不意味着美好的"单纯联系"，而是要持续不断地尝试将过程和意识结合起来，同时要适当考虑到一个事实，即与冰冷无情的技术和全球性结构相比，人与人之间的互动总会包含着不可预测的因素。

乍看起来，多元现代性似乎明显属于异质理论，一定程度上这样说也没错，从这个角度来看，世界社会并没有什么全球文明，世界社会从构成结构上阻止了全球文明的出现。但是《文化间，还是现代性的文化阐释间的对话：多元现代性在当代》这篇文章认为，在支离破碎的世界社会中存在着一种控制资源流动的互动，这方面既有交流也有斗争。然而也必须记住，艾森施塔特并不排斥社会之间的交流互动，同时他对于世界社会的结构性问题有一种感觉，同时这些结构性问题本身也在随着移民、跨国分工和国际政治机构的变化而变化。通信系统脆弱扩展正在改变方方面面的定义，这既具有"潜在建设性"，又具有"潜在破坏力"。因此，对他来说，故事并没有结束，而是正处于一个危险的新起点，恐怖主义就是很好的例证，新的社会运动也是如此。来自上述两方面的暴力限制令社会间对话受到质疑，与此同时出现的是敌友关系的转变，赋予社会系统成员后现代身份。在作者看来，现代性的破坏性潜力正是从社会成员身上释放出来的。

（二）第三研究计划：多元现代性、成员身份和全球化

促使《第三研究计划：多元现代性、成员身份和全球化 2016》（Preyer and Sussman 2016）出现的动机是，当代社会成员身份和交流参与正在目睹重大变化，当代社会已经处于"第三研究计划"之中，同时也正在追求"第三研究计划"的目标，这种情况要求对研究计划的设计作出相应改变。

该研究计划旨在研究由世界社会"构成性结构"的动态变化所引发的种种新变化（Münch 2011），这些变化在社会成员相互关系和社会单位的交流中造成了新的紧张关系。不应认为这些构成性结构必然有利于世界和平，其结果也可能截然相反。该计划考虑到社会成员实现沟通的各个子系统中的社会结构变化，不难看出，上述变化并没有带来统一的社会交换模式，更没有建立一个地球村。恰恰相反，社会交换实现于新的社会运动中，导致混合、分裂和集体认同的转变，所有这些发生于媒体的选择性观察之下，其原因也不能仅仅归于个体差异化的社会结构，例如社会子系统和移民。

必须始终牢记的基本理论问题是：选择哪些成员规则；要成为社会系统的成员有什么条件要求？通常不能把此类问题与社会学理论区分开，在这些方面需要研究者重新考虑。

（三）研究设计的改变

《多元现代性、全球地方化和成员身份秩序》（Preyer and Krauße 2020）代表着上述第三研究计划在研究设计上正在发生改变，就社会学理论而言这一改变出现于 21 世纪初：

1. 既没有统一的单一世界社会，也没有统一的全球公民社会和全球现代化。

2. 罗伯森所提出的全球地方化和多元现代性概念正在重构社会制度，因此传播、社会交换和结构调整不仅出现于理论上，更体现于成

员身份体系的日常制度中。

3. 在经济、法律、政治、宗教、艺术等子系统中,必须摒弃功能分化优先于地区分化的传统看法,这涉及世界社会的结构构成,涉及区段划分、层次划分、功能分化以及其边界结构之间的安排和相互关系。从社会学理论的角度看,必须区分出分析性系统和事实性成员系统,二者不可混为一谈,卢曼的分化理论在这方面往往引人误入歧途。

4. 传统社会和现代社会的区分要相对化,或者干脆抛弃这种区分。当然这样做需要仔细考虑,完全放弃传统社会结构与现代社会制度功能分化之间的区别并不可取,传统社会是由社会结构的分化所决定的,其特点既不适用于现代社会的多重构成,也不适用于现代社会的制度,现代社会制度在结构上是由功能系统之间的相互渗透所决定的。

然而,如果对传统社会和现代社会的区分作更为自由的解读,确实会发现不同类型社会系统中,以及不同类型的集体认同中,具有归属性的成员身份并没有消失,而是随着社会交换的变化而重新成形。(Preyer 2016c,71-111)归属性团结感的重塑需要特别解释,这种团结感在功能分化的条件下重组,因为不同的援助形式、宗教和民族社区都在走向多元化,但这并没有将社会系统成员的社会交流纳入社会交流层面的总体社区中。归属性团结感作为一种成员制度和团结制度得到了更新和重组,虽然这种制度在现代社会已相对化,但并未消失。回首往事,也可以看到初始性集体认同也获得了延续,例如某个语言共同体所产生的归属性特征。(Eisenstadt 2009,135-184)

还应强调的是,宗教交流在现代社会并没有消失,反而得到了加强,因为宗教传播具有主观性,能从人的主观意识中重新进入社会传播。

5. 社会交换并不能统一社会交往,所谓世界社会由"社会中的社会"所组成,不同成员具有不同的条件。因此,世界社会概念被抛弃了,取而代之的是媒体对多元现代化成员秩序的自我观察。"多重全球化"概念(E. Ben-Rafael and M. Ben-Rafael 2018)是对下一个社会的社会交往的自我观察,可以在"多重全球化和多重现代化"概念中丰富这种观点。

持续性多元现代性研究方案的核心观点包括:成员秩序的结构演化及其现代化并不会产生任何前进的潜力,所有社会都有共同点,必须区分出现代化的个性差异,西方现代化方案不能普遍推广。该研究方案既谋求建立分析社会结构演变的一般参考框架,又将其与历史结构条件研究结合起来,研究社会分工中各类精英对资源自由流动的控制。

五、研究视角

中国现代化进程、拉丁美洲的多元现代性、欧洲社会的融合与离析作为三个研究案例,展示了多元现代性研究的成果,同时也为进一步研究指明了方向。应当强调的是,社会学理论在分析社会分层问题时有着自己的侧重点,但往往缺少社会分层的充分概念,因为社会学分层概念的出发点往往不是社会公平,而是社会声誉。就社会公平方面而言,应从"合理不平等"(帕森斯)的角度加以详细说明。

(一) 中国现代化进程

20 世纪 90 年代以来,中国现代化进程形成了一个独一无二的现代化案例。中国的现代化没有历史模型可参考,对于中国的现代化研究系统化,多重现代化研究计划不失为一种帮助。社会学理论的参照问题可以如此描述:中国社会的宏观社会学成员秩序是一种具有"集体取向"(帕森斯)的独立文明类型,微观社会学重构是一种具有社会分工的市场组织,借用阿里吉语,这里的关键词是"北京的亚当·斯密"(参见阿里吉:《亚当·斯密在北京》,路爱国、黄平、许安结译,社会科学文献出版社 2009 年版),但我们对这个关键词的理解并不同于阿里吉本人。

"多元现代性成员身份研究计划"区分了不同的现代化发展路径，比较了它们的结构观点，有助于提供一个分析性的研究参考框架，去分析中国社会的表意类型、理想类型和结构类型，从而为预测未来变化做好准备。该研究计划有助于：

　　1. 中国的现代化及其功能必须系统化；

　　2. 系统比较中国的现代化与其他国家现代化发展的异同；

　　3. 揭示中国社会的深层结构，找出其与进一步现代化的关联。

　　"多元现代性成员身份研究计划"的实证研究表明，中国没有走上西方社会的现代化道路，而且西方"道德实业家"利益集团的主张，其"规范性世界主义"的取向，以及其"全球公民权利"的制度化要求都不切合实际的纲领取向。

　　20世纪90年代以来，在全球化研究的形势下，德国社会学家贝克、蒙奇和威尔克等通过对西方现代化的重新系统化，对理论形成和研究的变化态势作出了反应。社会学家将"基本制度"与"组织原则"进行了分类，这些组织原则在社会现代化过程中逐渐制度化。（Beck 1986；1993；Beck and Bons 2001；Münch 1998；2001；Willke 1997；2001；2002；2003）在一定的历史框架和初始条件下，这些原则必须满足一系列要求，将自己再度稳定，重新确立为"结构"和"差异性秩序形成"。并不是"组织原则"这个词出了问题，而是与之相关的分类机制出了问题，分类机制在时间维度上不能自由变化，必须具有可逆转性，例如亲属制度系统，又例如职能系统代码的制度化。上文中提到的几位作者分析了基本制度和结构，提出了社会学理论中不同的背景假设和研究方案，然而他们有一个共同的参照点，就是抓住自20世纪90年代初以来由于全球化进程而出现的所有社会制度的变化起点。

　　贝克和他的研究小组对经济和政治体制的结构变化，以及第一和第二现代性之间的划时代突破作出了反应，并作出相应诊断。贝克的研究计划叫作"作为元变化的反思性现代化"，他声称掌握了"影响社会所有领域"的"全部变化"，其背后原因之一是为了抵消某些社会学理论中的偏见,例如,某些社会学理论为研究预设了问题,即"战后现代性的历史形成,这种现代性已成为传统,需要合理合法化"。这就是贝克谈论"元变化"的原因,他的研究不仅区别了"第一现代性"和"反思现代性",还包括了社会交往的"后现代"态势。(Münch 1998,68 - 117;Preyer and Krauße 2020)

近几十年中国社会快速变化,这一背景下本文集中的文章《中国现代化进程中的阶级、公民和个体化——基于 U. 贝克第二次现代性理论的分析》探讨了阶级和公民的社会分类,以及这两个概念在结构和话语方面的演变,探讨了将贝克的第二现代性理论运用于中国的可能性。(Beck and Gernsheim 2010)虽然中国并不完全符合贝克的理论,但有人认为贝克的个体化理论可以有效地解释中国正在进行的现代化进程。这可能为分析中国当前的社会发展提供一个可喜的新起点,而不仅仅是"简单"套用现代化理论,尽管那些照搬的现代化理论在中国的研究中仍然占主导地位。

(二) 拉丁美洲的多元现代性

拉丁美洲的独特历史和当代变化揭示了力量与结构之间的动态关系,如艾森施塔特的方法所暗示,这种动态关系表现为独特而持续的脱节、紧张和矛盾。新的制度设计,新旧文化模式中各种复杂情况的不断变化,不仅体现于国家和地区层面上,更带来全球性影响。

朱迪特·博克瑟·利维兰特(Judit Bokser Liwerant)为本论文集贡献的文章是《从拉丁美洲视角思考多元现代性:复杂性、边缘性和多样性》,艾森施塔特最先把拉丁美洲确定为多元现代性地区,这篇文章探讨了多元现代性概念对研究拉丁美洲历史轨迹和当下变革的贡献和潜力。她的研究采用了理论和历时的视角来研究拉丁美洲浸入全球历史的过程,以及在关联日益紧密的当代世界中的拉丁美洲的影响。利维兰特强调,拉丁美洲在艾森施塔特理论发展早期阶段就成为一个有意义的参照,也成了一个与艾森施塔特研究的不同维度都密切相关的子集合模型,对拉丁美洲的研究增强了艾森施塔特的异质倾向和边缘视角。

此外,艾森施塔特强调了现代性和现代化中的矛盾和偶然,有些因素甚至截然相反,对于理解拉丁美洲的多元现代性作出了有意义的贡献。利维兰特认为,艾森施塔特对拉丁美洲的研究是其概念阐述和元理论假设的分水岭,涉及承认拉丁美洲外围条件中的复杂性,同时承认其多样性和异质性。

利维兰特在她的分析中强调了全球化进程和跨民族主义导致的几个轴心问题,包括:民族国家中心地位的丧失及其在不同层面的影响,社会范畴的多样化,集体认同与个体化过程的辩证性,功能分化与传统社会形态的脱节,移民过程中公民身份的扩张等。

(三)欧洲社会

欧洲社会及其政治组织的基本问题是多元现代性研究和成员社会学的相关应用领域之一。民族国家和集体成员身份有着历史先决条件,例如在英国、法国和德国,这方面研究对欧洲国内政策的形成具有指导意义。在欧洲经济体系的跨国化过程中,国家和欧洲的社会分层正在发生重组,引发了国家和跨国社会体系成员在社会交往方面的新秩序差异。这种新分层反映出了欧洲社会秩序的局限性,只要政治策略是将国家民主转移到欧盟政治体系的层面,即便英国与欧盟在政治上分道扬镳,新秩序的失败也难以避免。

普耶尔和克劳斯为本论文集贡献的文章是《瞄准欧洲:欧洲社会的融合和离析》,这篇文章研究了欧洲社会在集体认同、社会分层结构变化,以及精英竞争方面的秩序问题,所有这些问题都是由政治、经济、科学等功能系统的不同视角和成员的身份政策所决定的。历史上没有欧洲联盟社会政治制度组织的先例,因此不能期待出现独立于民族国家的社会管理政策。

普耶尔和克劳斯的研究获益于多元现代性研究小组所取得的成

果，也获益于德国社会学界从事全球研究和欧洲研究的众多专家的研究成果。上述专家学者致力于跨国社会交换的研究对社会学理论问题兴趣浓厚。

六、结语

关于多元现代性研究项目，应注意其副标题"作为解构的重建"。"解构"意味着科学家总是可以观察到不同的现象，例如西方现代性可观察的差异特点究竟是什么，这个问题没有定论。这样就打开了一个更广泛的研究框架，超越了西方制度对秩序的定位。只有迈出这一步，面对诸如"世界社会的构成结构""社会的社会"之类的问题时，才有可能获得有意义的洞见。因此，总是要问自己，自己在哪里？观察者又是谁？要迈出的第一步是了解我们身处其中的系统参考框架，从系统参照的角度，例如从经济系统的角度来看，当下与过去有什么可观察的差异特征，从政治系统的角度来看又能观察到什么。所谓方法问题也就是"你的系统参考框架是什么"。

本论文集收录文章出自德国法兰克福大学社会学研究所两个社会学研究项目，一个是"全球化、现代化、多元现代性"，另一个是"中国的现代化"。本论文集中，诸多著名社会学家深入阐释了社会学现代性理论中正在进行的一些研究，对于中国的同行和学生来说，本论文集旨在帮助他们在多元现代性研究计划中，在正在进行的结构调整中，找到自己的相应位置和兴趣方向。这可能是中国同行特别感兴趣之处，因为从 20 世纪 90 年代以来中国的现代化没有现成的历史模式，不妨假设西方普遍采用的现代性研究方法并不能洞察中国社会的结构变化。为了分析中国的现代化建设，社会学、经济学和政治学才刚刚开始开展一些富有成效的研究项目，多元现代性研究计划也可以证明自己是卓有成效的。周宪教授发起了该研究项目文章的中文翻译，南京大学出版社准备将该项目文章的中文版结集出版，比约恩·阿尔珀曼主动承担了该项目文集的结构设计和文章筛选。在此，要感谢本文集的诸多撰稿者提供他们的文章，以及南京大学出版社为实现该项目文集的出版所作的贡献。同时，还要感谢杨建国先生的汉译，由于此书的出版，会有更多的中国读者能够接触到这些文章。

参考文献

Alpermann, Björn. " Class, Citizenship and Individualization in China's Modernization", in this book.

Arrigari, Giovanni. (2007). *Adam Smith in Beijing: Lineages of the 21st Century*. London: Verso.

Axford, Barrie. (2013). *Theory of Globalization*. Cambridge: Polity.

—. (2018). *The World-Making Power of New Media: Mere Connection*. Abingdon: Routledge.

Baecker, Dirk. (2007). *Studien zur nächsten Gesellschaft*. Frankfurt am Main, Berlin: Suhrkamp.

Beck, Ulrich. (1986). *Risikogesellschaft: Auf dem Weg in eine andere Moderne*. Frankfurt am Main, Berlin: Suhrkamp.

—. (1993). *Die Erfindung des Politischen*. Frankfurt am Main, Berlin: Suhrkamp.

Beck, Ulrich and Edgar Grande. (2010). "Varieties of Second Modernity: The Cosmopolitan Turn in Social and Political Theory and Research", *British Journal of Sociology*, 61(3): 409 – 443.

Beck, Ulrich and Elisabeth Beck-Gernsheim. (2010). "Chinesische Bastelbiographie? Variationen der Individualisierung in kosmopolitischer Perspektive". In Anne Honer, Michael Meuser and Michaela Pfadenhauer (eds.). *Fragile Sozialität: Inszenierungen, Sinnwelten, Existenzbastler*. Wiesbaden: Springer/VS Verlag, 199 – 206.

Beck, Ulrich and Wolfgang Bons Hrsg. (2001). *Die Modernisierung der*

Moderne. Frankfurt am Main, Berlin: Suhrkamp.

Ben-Rafael, Eliezer and Miriiam Ben-Rafael. (2018). *Multiple Globalization Linguistic Landscapes in World Cities*. Leiden: Brill.

Ben-Rafael, Eliezer and Yitzhak Sternberg. (2016). "With and beyond Shmuel N. Eisenstadt: Transglobality". In Gerhard Preyer and Michael Sussman (eds.). *Varieties of Multiple Modernities*. Leiden: Brill, 33 – 47.

Ben-Rafael, Eliezer. "From Multiple-Modernities to Multiple Globalization", in this book.

Bokser Liwerant, Judit. "Thinking Multiple Modernities from Latin America's Perspective: Complexity, Periphery and Diversity", in this book.

Castells, Manuel. (1996). *The Information Age: Economy, Society and Culture, Vol. 1: The Rise of the Network Society*. Oxford: Wiley Blackwell.

—. (1997). *The Information Age: Economy, Society and Culture, Vol. 2: The Power of Identity*. Oxford: Wiley Blackwell.

—. (1998). *The Information Age: Economy, Society and Culture, Vol. 3: The End of Millennium*. Oxford: Wiley Blackwell.

Cohen, Robin. (2007). "Creolization and Cultural Globalization: The Soft Sounds of Fugitive Power", *Globaliztions*, 4 (2): 369 – 385.

Eisenstadt, Shmuel N. (ed.). (2002). *Multiple Modernities*. New Brunswick: Transaction Publisher.

—. (2007). "Collective Identities, Public Spheres and Political Order", *ProtoSociology*, 24: 318 – 371.

—. (2009). "Culture Program, the Construction of Collective Identities and the Continual Reconstruction of Primordiality". In Gerhard Preyer (ed.). *Neuer Mensch und kollektive Identität in der Kommunikationsgesellschaft*. Wiesbaden: Springer/VS, 135 – 184.

Featherstone, Mike and Scott Lash. (1995). "Globalization, Modernity and the Spatialization of Social Theory: An Introduction". In Mike Featherstone, Scott Lash and Roland Robertson (eds.). *Global Modernities*. London: Sage, 3 – 5.

Featherstone, Mike, Scott Lash and Roland Robertson (eds.). (1995). *Global Modernities*. London: Sage.

Gellner, Ernest. (1987). "Warten auf den Imam". In Wolfgang Schluchter Hrsg (ed.). *Max Webers Sicht des Islams: Interpretation und Kritik*. Frankfurt am Main, Berlin: Suhrkamp, 272 – 293.

Giddens, Antony. (2002). *Unleashed World: How Globalization Is Changing Our Lives*. Abington: Routledge.

Hannerz, Ulf. (1987a). "The World in Creolisation", *Africa*, 57 (4): 546 – 559.

——. (1987b). "Culture between Center and Periphery: Toward a Macro-Anthropology", *Ethnos*, 54: 200 – 216.

——. (1992). *Cultural Complexity: Study in the Social Organization of Meaning*. New York: Columbia University Press.

Hondrich, Karl Otto. (2001). "Der kommunizierende Mensch und seine Mißverständnise". In Karl Otto Hondrich. *Der Neue Mensch*. Frankfurt am Main: Suhrkamp.

Knörr, Jacquelin. (2007). *Kreolität and Postcolonial Society: Integration and Differentiation in Jakarta*. Frankfurt am Main: Suhrkamp.

——. (2009). "Postcolonial Kreolität versus Colonial Kreolisierung", *Paideuma*, 55: 93 – 115.

Kosellek, Reinhard. (1979). "Historische Kriterien des neuzeitlichen Revolutionsbegriffs". In Reihart Koselleck. *Vergangene Zukunft: Zur Semantik Geschichtlicher Zeiten*. Frankfurt am Main, Berlin: Suhrkamp, 67 – 87.

Krawietz, Werner. (2012). "Ausdifferenzierung des modernen Rechtssystems und normative strukturelle Kopplung—sozietal oder sozial?". In Georg Peter and Reuß-Markus Krauße (eds.). *Selbstbeobachtung der modernen Gesellschaft und die neuen Grenzen des Sozialen*. Wiesbaden: Springer/VS, 70 – 101.

Luhmann, Niklas. (1982). "Die Weltgesellschaft". In Niklas Luhmann. *Soziologische Aufklärung (6 Vols.), Vol. 2: Aufsätze zur Theorie der Gesellschaft*. Opladen: Westdeutscher Verlag, 51 – 71.

Münch, Richard. (1984). *Die Struktur der Moderne Grundmuster und differentielle Gestaltung des institutionellen Aufbaus der modernen Gesellschaft*. Frankfurt am Main, Berlin: Suhrkamp.

—. (1991). "Exkurs: Die dialektische Konstitution der modernen Gesellschaft". In Richard Münch. *Dialektik der Kommunikationsgesellschaft*. Frankfurt am Main, Berlin: Suhrkamp, 309 – 371.

—. (1998). *Globale Dynamik, lokale Lebenswelten: Der schwierige Weg in die Weltgesellschaft*. Frankfurt am Main, Berlin: Suhrkamp.

—. (2001). *Offene Räume Soziale Integration diesseits und jenseits des Nationalstaats*. Frankfurt am Main, Berlin: Suhrkamp.

—. (2008). *Die Konstruktion der Europäischen Gesellschaft: Zur Dialektik von transnationaler Integration und nationaler Desintegration*. Frankfurt am Main: Campus.

—. (2009). *Das Regime des liberalen Kapitalismus Inklusion und Exklusion im neuen Wohlfahrtsstaat*. Frankfurt am Main: Campus.

—. (2010). *Das Regime des Pluralismus: Zivilgesellschaft im Kontext der Globalisierung*. Frankfurt am Main: Campus.

—. (2011). *Das Regime des Freihandels*. Frankfurt am Main: Campus.

Nederveen Pieterse, Jan. (1995). "Globalization as Hybridization". In Mike Featherstone, Scott Lash and Roland Robertson (eds.). *Global Modernities*. London: Sage, 45 – 68.

—. (2004). *Globalization and Culture*. Oxford: Rowman & Littlefield.

—. (2012). *Globalization and Development in East Asia*. New York: Routledge.

—. (2013a). "What is Global Studies?", *Globalizations*, 10 (4): 551 – 556.

—. (2013b). "Global Studies: Have Catechism, Will Travel", *Globalizations*, 11 (2): 165 – 169.

—. (2016). "Multipolarity Means Thinking Plural: Modernities". In Gerhard Preyer and Michael Sussman (eds.). *Varieties of Multiple Modernities*. Leiden: Brill, 109 – 121.

多元现代性

Preyer, Gerhard. (2016a). "Globalization and the Third Research Program of Multiple Modernities", *Culture and Education*, 2 (112): 21 – 42.

—. (2016b). " Die moderne Gesellschaft verstehen Zu Richards Münchs Entwicklungstheorie moderner Gesellschaften". In Gerhard Preyer (ed.). *Strukturelle Evolution und das Weltsystem: Theorien, Sozialstruktur und Evolutionäre Entwicklungen*. Wiesbaden: Springer/VS, 117 – 139.

—. (2016c). "Mitgliedschaftsbedingungen: Zur soziologischen Kerntheorie einer Protosociologie". In Gerhard Preyer (ed.). *Struktural Evolution und das Weltsystem Theorien, Sozialstruktur und evolutionäre Entwicklungen*. Wiesbaden: Springer/VS, 71 – 111.

—. (2018a). " Weltgesellschaft oder, Gesellschaft von Gesellschaften ", *Rechtstheorie*, 3: 349 – 370.

—. (2018b). "Teil Ⅱ Von der Moderne zur Postmoderne". In Gerhard Preyer. *Soziologische Theorie der Gegenwartsgesellschaft (3 Vols.), Vol. 1: Mitgliedschaftstheoretische Untersuchungen*. Wiesbaden: Springer/VS Verlag, 261 – 302.

—. (2018c). " Ⅲ Funktionale Differenzierung ". In Gerhard Preyer. *Soziologische Theorie der Gegenwartsgesellschaft (3 Vols.), Vols. 1: Mitgliedschaftstheoretische Untersuchungen*. Wiesbaden: Springer/VS Verlag, 193 – 257.

Preyer, Gerhard and Michael Sussman. (2016). "Introduction on Shmuel N. Eisenstadt's Sociology: The Path to Multiple Modernities". In Gerhard Preyer and Michael Sussman (eds.). *Varieties of Multiple Modernities*. Leiden: Brill, 1 – 29.

Preyer, Gerhard and Reuß-Markus Krauße. (2016). " Globalization, Differentiation and Membership Order: Jan Nederveen Pieterse Research Program Focused on East Asia with Comments of Barrie Axford, Ayumo Endo, Manussos Marangudalos, Nikos Nagopoulas, Vittorio Costa ", https://www. academia. edu/34790646.

—. (2020). *Soziologie der Nächsten Gesellschaft Multiple Modernities, Glokalization und Mitgliedschaftsordnung.* Wiesbaden: Springer/VS Verlag.

Robertson, Roland. (1990). "After Nostalgia? Wilful Nostalgia and the Phases of Globalization". In Bryan S. Turner (ed.). *Theories of Modernity and Postmodernity.* London: Sage, 45 – 61.

—. (1995). "Glocalization: Time-Space and Homogeneity—Heterogeneity". In Mike Featherstone, Scott Lash and Roland Robertson (eds.). *Global Modernities.* London: Sage, 25 – 44.

Rowe, William and Vivian Schelling. (1991). *Memory and Modernity: Popular Culture in Latin America.* London: Verso.

Taylor, Victor E. and Charles E. Winquist (eds.). (1998). *Postmodernism: Critical Concepts.* London: Routledge.

Turner, Bryan S. (ed.). (1990). *Theories of Modernity and Postmodernity.* London: Sage.

Willke, Helmut. (1997). *Supervision des States.* Frankfurt am Main, Berlin: Suhrkamp.

—. (2001). *Atopia Studien zur atopischen Gesellschaft.* Frankfurt am Main, Berlin: Suhrkamp.

—. (2002). *Dystopia Studien zur Krisis des Wissens in der modernen Gesellschaft.* Frankfurt am Main, Berlin: Suhrkamp.

—. (2003). *Heterotopia Studien zur Krisis der Ordnung moderner Gesellschaften.* Frankfurt am Main, Berlin: Suhrkamp.

—. (2014). *Demokratie in Zeiten der Konfusion.* Berlin: Suhrkamp.

—. (2016). *Dezentrierte Demokratie.* Berlin: Suhrkamp.

多元现代性

第一部分

多元现代性:理论框架

多元现代性：理论框架和基本问题

什穆埃尔·N. 艾森施塔特

引言：现代化理论和当代社会景观阐释——多元现代性

近年来一系列事件和社会发展——特别是全球化的持续进程、冷战的结束以及随之而来的"9·11"事件——使当代世界性问题显得愈发尖锐。事实上，进入 21 世纪之际，无论是西方——欧洲、美国，还是亚洲、拉丁美洲和非洲，对现代性、现代文明的新看法、新理解正不断涌现。此外，当代世界全球化进程的不断加剧，提出了一些更为激烈的问题。20 世纪末现代性是否已经终结，过去两个世纪以来发展起来的现代规划是否也已寿终正寝？无论体现于"历史终结"方向上，或者体现于文明冲突方向上，当代世界是否已经退出了现代规划？"历史的终结"（Huntington 1996）宣扬世界的非历史同质化，这种论调下现代性的意识形态前提，以及其内在的紧张和矛盾已微不足道，从而上升为多重后现代视野。另一种截然相反的观点认为，当代世界的主导因素是经济衰退，当代世界正"退向"反现代性、宗教激进主义和种种反西方的运动和文明，用亨廷顿的话说就是"文明的冲突"，西方文明似乎是现代性的缩影，在这一过程中，西方文明经常与其他文明发生敌对的冲突，与伊斯兰文明的冲突尤为显著，某种程度上也包括儒家文明。

无论人们对上述两种观点以及由此产生的现实有何种看法，很明显上述观点要求对现代性和现代化进行一次意义深远的重新评估。与这两种观点相反，本文的主要论点是：要理解当代世界以及现代性的历史，最好的方法是将其视为一个不断形成、构成、重建和发展的故事，故事中包含了多种现代性，既有争议和冲突，又处于不断发展之中。

一、经典现代化理论批判

本文提出的方法，包括多重现代化概念本身，与一些强势观点相反，与经典社会学传统相反，尤其与二十世纪五六十年代占主导地位的现代化理论，以及与当代学术话语中占主导地位的一些主题和假设背道而驰。

20 世纪 50 年代的"经典"现代化理论确实确定了现代性和现代社会的核心特征，如旧的"封闭性"制度框架日渐解体，发展出新的结构、制度和文化特征，借用卡尔·多伊奇（Karl Deutsch）的术语，社会动员的潜力越来越大。现代性最重要的结构维度见证了过去相对狭窄的结构已经分崩离析，结构分化的趋势越来越明显，尤其表现于以下几个方面：城市化程度与日俱增，经济日渐走向商品化，教育机构和独特的交流沟通渠道持续发展。在制度层面上，这种解体导致了新制度形态的发展，如现代国家、现代国家集团、新市场，特别是资本主义经济体，这些新制度形态至少在某种程度上被视为或定义为具有自律性，而且也确实受到特定机制的规范，例如市场规则、官僚组织等。后来出现的一些表述中，正是这种不同的自律领域的发展界定着现代制度结构的本质，每一个自律领域都由其自身的逻辑加以规范。与此同时，现代性被视为独特文化程序的载体，并塑造出独特的人格特征。（Eisenstadt 1973）

这些理论，以及各种经典社会学分析，包括马克思、涂尔干，很大程度上也包括韦伯,或含蓄或明确地融合了西方发展历程中现代性的这些主要维度。(Kamenka 1983)这些方法假设,即使现代性维度在分析上可以区分,在真实历史中仍是不可分割的。现代化研究的一个非常强烈,尽管常常是隐含的假设是:现代化的文化维度与结构性世界观有着内在必然的紧密关联,这种文化维度可以说是西方现代性的基本文化前提,包括"世俗"理性世界观和强烈的个人主义价值取向。相应地,大多数经典社会学,二十世纪四五十年代的现代化研究,以及与之密切相关的工业社会融合研究,大都如此假定(虽然有时很含蓄):基本的制度结构将"自然而然"接管整个现代世界,这种制度包括欧洲现代性历程中发展起来对竞争的界定及其调节和整合模式,也包括西方发展起来的现代性文化程序。局部或许有细小变化,但所有现代社会,至少所谓"成功"的现代社会中,这种带有霸权色彩和同质化倾向的现代性规划将在西方持续推进,并随着现代性的扩张而盛行于全球。

然而事实情况完全不同,当代社会的发展并没有实现现代社会"趋同"的设想,实际发展表明,经济、政治、教育或家庭等各种现代自律制度领域在不同的社会和同一社会的不同发展阶段都有不同的界定和规范,以种种不同的方式聚合在一起。现代社会表现出巨大的多样性,甚至在主要的工业资本主义社会,例如欧洲、美国和日本,多样性表现得尤为突出。索巴特(Sombart)许久以前就提出:"为什么社会主义没有出现在美国?"这个在 20 世纪初提出的问题以含蓄的方式首次承认了上述事实,在西方国家内部,尤其在欧洲和美洲(包括美国和拉丁美洲),或者更确切地说在拉丁美洲,现代社会的多样变化都产生了深远的变化。(Sombart 1976)

现代社会的多样变化在现代性的文化层面和结构层面之间的关系中体现得更为明显,现代性不断扩张的过程中,西方最初规划的不同维度依旧是关键起点,并持续起到参照框架的作用,然而不同社会的实际发展已经远远超出了现代性初始文化纲领的规定,也远远超出了现代性规划的许多初始前提,超出了欧洲发展起来的体制模式和具体路径。

现代性确实已经扩张到世界大多数地区,但并没有形成单一的制度模式、单一的现代文明,而是发展出数种不断变化的现代文明,或者至少说是现代文明模式。社会或文明确实有一些共同的核心特征,但即使有相同的意识形态和制度动力,也往往发展不同。此外,西方社会也发生了深远的变化,这些变化超出了现代性的初始前提。

有些人声称,了解不同"现代化"社会动力的最佳方式是将其视为特定传统的延续,即便延续过程中会出现新的方式,这种观点一定程度上复苏了"文明冲突论"。然而事实与此类观点相反,世界上大多数社会发展起来的制度形态都具有鲜明的现代特征,尽管特定社会的动力很大程度上受到其独特的文化前提、传统和历史经验的影响。这方面,特别重要的是这些社会中占主导地位的社会和政治运动,例如民族主义运动,尽管它们经常颁布强烈的反西方甚至反现代的宣言,但大都依旧是独特的现代运动,揭示出现代性独特的诠释方式。这不仅适用于十九世纪中叶到第二次世界大战后所有这些社会中发展起来的各种改良主义、社会主义和民族主义运动,同样也适用于后面将更详细地讨论的各种情况。

二、现代性的矛盾

随着人们越来越认识到当代社会巨大的复杂性和多样性,人们对现代性的评价也变得更加复杂。从关于现代性的论述开始,从现代社会试图理解这个新时代或新文明的本质开始,就形成了两种对立的评价,这也确证了现代性的内在矛盾。一种评价隐含于 20 世纪 50 年代和 60 年代初的现代化理论和"融合(convergence)与工业社会"理论中,认为现代性是一种积极的、解放的、进步的力量,集中体现了一个美好、包容、解放的世界的承诺。另一种评价则认为现代性是一种道德上的破坏性力量,突出了现代性的一些核心负面影响,既包括技术特征,也包括自我中心和享乐主义的人生态度。这种评价最先从欧洲社会的核心内部发展起来,后来在非西欧社会中得到了强烈的共鸣,支持对现代性采取消极或至少是高度质疑的态度。

社会学经典著作,无论是托克维尔的,马克思的,韦伯的,还是涂尔干的,都非常清楚现代性的内在矛盾——既是巨大的建设性力量,又是巨大的破坏性力量。事实上上述大师们及其后继者对现代性的态度非常矛盾。20 世纪 20 年代和 30 年代,随着法西斯主义的兴起,这种矛盾情绪愈演愈烈,与法西斯主义的对抗成为欧洲社会学关注的主要问题之一。第二次世界大战后,对工业社会的现代化和融合的各种研究借鉴了第二次世界大战的经验,产生出现代性的新乐观主义观点,但对现代性的矛盾则一笔带过,乐观情绪不仅体现于"自由主义"多元论现代性版本中,同样也存在于共产主义现代性版本中。

20 世纪 60 年代末 70 年代初,伴随着知识分子反叛和抗议,伴随着冷战的逐渐消退和"后现代主义"的兴起,上述乐观主义现代性逐渐让位于更加悲观的现代性。从现代性话语一开始就存在的批判性主题和对现代性的矛盾态度,在当代舞台上强势重现,再次强调技术和科学发展所带来的威胁和消极方面,例如核武器、核能源的威胁,环境的持续恶化。(Eisenstadt 1973)

现代性包含着消极、负面,甚至是毁灭性的潜在可能,这方面的认识日渐得到强化,越来越多的人认识到,现代化的进程和现代性在全世界的不断扩展不一定是良性或和平的,现代性的发展本身并不能保证理性的不断进步,现代性的承诺或主张并不总是能够实现。事实上,现代性进程不断与战争、暴力、种族灭绝、镇压和大规模人口错位交织在一起,有时对现代性的负面认识已上升到全社会的层面。现代性的乐观观点中,种族灭绝和镇压常常被描绘成与现代性纲领基本内容背道而驰,常常被描绘成前现代态度的"残余",然而人们越来越认识到,"旧的"破坏力量与现代性的意识形态前提、现代性的扩张以及现代社会和政权制度化的具体模式交织在一起,发生了根本性的转变,不断产生出现代的野蛮倾向。这种转变最重要的表现是暴力、恐怖和战争的理想化——这一转变在法国大革命中体现得最生动,后来在各种浪漫主义、民族主义运动中得到生动体现。暴力理想化成为民族国家宪法和许多革命制度运动的核心组成部分,而由此形成的国家成为公民宪法和集体认同象征的最重要舞台,成为现代欧洲国家制度的结晶,也成为欧洲对外扩张的核心组成部分,随着通信和战争技术的发展而不断加强。与此同时,公共和学术讨论中人们越来越认识到并强调,现代性在西欧和中欧结晶,随之对外扩张,特别是在帝国主义和殖民主义的庇护下,现代性不断地与战争交织在一起,不断排斥镇压异己,造成混乱,然而现代性文化规划的某些组成部分常常把现代性中野蛮和战争的成分合法化了。大屠杀发生在现代性的中心,成为现代性破坏性潜力的象征,成为潜伏在现代性核心的野蛮的象征,最近的种族、宗教战争和种族灭绝再次证明了现代性破坏性潜力的连续性。

三、轴心文明和伟大革命

对现代性、现代社会发展的解释,以及从"多元现代性"角度对当代场景的解释,所有这些都确立于一种不同以往的现代性方法和评价框架内。这一框架包含了一种独特的现代性观,也可以说是一种独特的文明观,这一观点认为必须把现代性视为一种新型的文明,其形成和扩张过程与宗教的形成和扩张过程不无相似之处。根据这一观点,现代性的核心是一种或多种世界解释模式的结晶和发展,或者按照科尼利厄斯·卡斯托里亚迪斯(Cornelius Castoriadis)的术语,是一种独特的社会"想象",实际上是一种基础的本体论视野。用比约恩·威特洛克(Björn Wittrock)的话来说,是一种认识论预设(Castoriadis 1987),也可以说是一种独特的文化规划,辅之以一套或多套新的制度结构,两者的核心都具有前所未有的"开放性"和不确定性。

多元现代性

这一文明,也可以说是现代文化和政治纲领,首先在一个伟大的轴心文明——基督教-欧洲文明中发展起来,虽然在其他文明中也能找到某些相似的核心成分。(Eisenstadt 1986)这一纲领最初植根于欧洲文明的独特前提,植根于欧洲独特的历史经验,带有欧洲文明的烙印。但与此同时,它又被认为是普遍的,具有普遍有效性和普遍意义。现代性规划的背景下,出现了各种非常强大的元叙事,虽然有些元叙事并未直接明言,而是隐蔽含蓄的。按照 E. 提里亚基安(E. Tiryakian)的说法,所有元叙事中最重要的是基督教元叙事,基督教元叙事肯定了一个更高的、不能完全实现的愿景存在于这个世界之上;基督教诺斯替派(the Gnostic)试图赋予世界深刻的隐藏意义,强调臣服于上帝之语,臣服于上帝所赐予的生命力量。(Tiryakian 1996)这些不同的元叙事与现代文化规划的不同历史密切相关,尤其与改革、反改革、欧洲的宪政传统以及启蒙运动密切相关。这一纲领的不同组成部分深深扎根于欧洲历史经验的不同层面,并没有随着现代性的文化纲领和政治纲领的融合而被抹去,而是在启蒙运动和伟大革命中具化结晶。事实上,现代性规划中内在的紧张和对立在欧洲历场大革命及革命后组建的政权中得到充分体现,所有这些紧张和对立都能从各种现代性元叙事中找到根源。

欧洲历场大革命令轴心文明中形成的各种潜能得到具体实现,这些潜能具有世俗性,有的甚至离经叛道。在有些轴心文明中,政治领域被视为实现超验愿景的具体领域,至少也是其中之一,此时上述情况体现得尤为突出。大革命力求在宏观的社会范围内实现乌托邦的愿景,即便不能说前无古人,至少在激烈程度上没有先例。这些带有强烈诺斯替教派色彩的革命中,强烈的乌托邦愿景试图将上帝之城带到地球上,诺斯替教派这个在中世纪和现代早期被宣布为异端邪说的教派,如今成为欧洲革命的中心。正是在革命中,宗派活动摆脱了社会的边缘和隔离地带,不仅与叛乱、民众起义和抗议运动交织在一起,而且与政治斗争交织在一起,并转移到一般的政治领域中,抗议的主题和象征成为社会和政治核心象征的基本组成部分。这种转变也许可以称为第二轴心时代,在这个时代一种独特的文化政治和体制规划在世界大部分地区形成和扩展,既包括所有的"古典"轴心文明,也包括所谓前轴心文明和非轴心文明。

这种文明,或者说一种具有制度含义的独特文化规划,首先在西欧形成,然后扩展到欧洲其他地区,扩展到美洲,继而扩展到世界各地,产生了不断变化的文化和制度模式,以不同的方式应对现代性文明前提的核心特征中所蕴含的可能与挑战。

四、作为独特文明的现代性

现代性是一种独特的文明,也是一种独特的文化纲领,这种观点要求在分析上区分现代性的结构维度和文化维度。

经典现代化理论中,现代性是一种结构不断分化的趋势,在不同制度领域中发展——经济、政治、"文化"等往往被视为现代性的主要制度核心。毫无疑问,这些结构分化过程构成了现代发展的基本组成部分,构成了现代性结晶和发展的具体制度背景,即市场经济发展的初始阶段和资本主义的初始阶段,首先是商业资本主义,然后是工业资本主义,现代国家及其不断扩张都涉及不断增加的结构分化,与之相伴的是发展潜力的增长,按照卡尔·多伊奇的说法,就是社会动员能力的增长。然而,这些过程并不能说明现代性的全部内容,不但要区分现代性结构维度的不同组成部分,还要区分现代性的结构维度与文化维度,这是至关重要的。

首先可以确定的是,不同的现代社会和现代化进程在"范围"和程度上都有着巨大差异。其次,不同的制度领域在多大程度上被界定为自律,实际中又多大程度上体现了自律,情况有很大差异。最后,与前两点密切相关,不同的结构或组织采取何种模式以组织并界定相关冲突（例如工业冲突），在不同的现代社会中差异很大，正是这些不同的模式提供了不同现代社会的核心特征。

这些不同的模式受其他因素的影响很大，现代性的基本文明前提即使在美国、西欧和日本等最完全工业化的宪政社会之间，其解释方式也不尽相同。换言之，这些模式深受现代性文化纲领的不同解读的影响，而这种文化纲领正是现代性的核心。因此，虽然结构分化和相对自律的体制领域不断提供各自社会的基本框架，这些框架本身在不同的现代社会中有着不同的发展方式，上述进程本身并没有提供现代社会体制一体化核心特征及发展动力。现代性文化规划有着特定的制度性内涵，不同社会对于这种制度性内涵有着不同解释，同时又与现代社会发展的不同结构分化模式交织在一起，共同构成了所谓的核心。

五、现代性文化规划

现代性的核心是现代规划，是现代性在西方，在西欧和中欧最先发展起来的文化和政治规划，具有鲜明的思想前提和制度前提。该规划提出了一些明显区别于以往的观点，其范围涉及人类能动性、自主性，以及人这个物种在时间长河中的地位。第一，现代性规划的核心是各种前提和合法性不再被视为理所当然，无论是本体秩序方面、社会秩序方面，还是政治秩序方面。围绕基本的本体论前提，也围绕着以社会权威为核心的社会和政治秩序基础，现代性规划作了深刻反思，这种反思一定程度上具有理性，哪怕现代性最激进的批评者也至少在原则上承认这种反思的合法性。第二，现代性政治规划的核心是假设有意识的人类活动可以形成各种秩序，也正在形成各种秩序，故而现代性规划包含了持续改变的可能性，甚至可以说是确定性。第三，现代性规划的核心是宇宙、人和社会的"自然化"，寻求将人从"外部"权威或传统的束缚中解放出来。

关于现代性文化规划的核心，或许韦伯的表述最为简洁明了。根据詹姆斯·D. 福比恩(James D. Faubion)对韦伯现代性概念的阐述："韦伯从某种解构中找到了现代性的存在门槛：韦伯说'宇宙万物定于上帝，故而自有其意义，也有其道德取向'……韦伯断定，一个具有神性的、一切皆有定数的宇宙的合法性正在式微，正是由此带来了对现代性的感悟；现代性出现了，只有确定宇宙合法性不再被认为理所当然或无可非议时，这种或那种现代性才有可能出现……从中可以提炼出两个论点：第一，不管是什么，所有类型的现代性都是对同一个存在问题的回应；第二，无论是什么，正是因为有了各种各样的现代性反应，这些问题才能完整保存下来，由此所形成的种种人生观点和社会实践既没有超越这些问题，也没有否定这些问题，而是始终停留在这些问题内部，甚至捍卫这些问题……"(Faubion 1993)

正是因为有了现代性的反应，问题才能完整保存下来，因此现代性规划发展过程中形成的对自身的反思远远超出了轴心文明对自身的反思。现代性规划发展过程中形成了对自身的反思，反思的对象不仅包括一个或多个社会中普遍存在的先验视野和对基本本体论概念的不同理解，而且包括这些视野的合法性，以及与之相关的制度模式合法性。因此，现代的文化和政治规划意味着，使用克劳德·勒夫特(Claude Lefort)的话来说，世界概念失去"确定性标记"。现代文化和政治规划使人们意识到，愿景和模式存在多样性，也意识到无论什么愿景和概念都可以质疑，并不断重建。(Lefort 1988)

这种意识与现代规划的两个核心组成部分密切相关，丹·勒纳(Dan Lerner)和亚历克斯·因克尔(Alex Inkeles)的早期现代化研究分别强调了这两个部分。首先要承认一点，那些日益现代化的人——如同勒纳书中的杂货商和牧羊人——除了固定或归属性角色之外，还可能承担各种各样的角色，对不同的交往信息具有接受力，这也揭示了可能愿景的开放性和多样性。其次，人们认识到有可能融入更广泛的、不断变化的跨地区社区。(Lerner 1958)现代性的自我反思还意味着对

多元现代性

未来的构想,构想中各种可能性都是开放的,所有可能性可以通过自主的人类力量或历史进程来实现,社会和政治秩序也可以不断改变自身。现代性的自我反思强烈强调新颖性,强调与过去的决裂,实际传播过程中二者相互融合渗透,彼此增强。

六、自然化和理性化

本体怀疑一方面意味着确定性的标记的丧失,另一方面意味着通过激进的自我反思不断克服这种不确定性,这种探索关系到现代性文化规划的其他组成部分,即宇宙、自然和人的自然化,以及人的解放和自律。(Blumberg 1987)正是宇宙和人的自然化,构成了前现代到现代宇宙学和本体论视野和概念的核心转折,通过人的行动掌握自然和形成社会方才成为可能。

人与宇宙自然化的概念最先在欧洲发展起来,其中包含了几个相互冲突的倾向和前提:第一,上帝在宇宙和人的构成及其理解中地位发生了变化,与之相应人、社会和自然走向"自然化";第二,在探索乃至塑造世界的过程中,理性的自主性和潜在的至高无上地位得以彰显。人和自然趋向于自然化,越来越多的人认为人不应该像一神论文明那样由上帝的意志直接调节,或者像印度教和儒家伦理所宣扬的那样服从于更高的、先验的形而上学原则,或者像希腊传统那样服从于具有普遍性的逻各斯。越来越多的人认为,人是由内在规律所规范的,具有自律性的实体,借助于理性探究,人类理性可以充分探索和把握这些规律。对"自然"规律的理性探索成为现代文化规划的主要内容之一,现代文化规划中,越来越多的人认为,对规律的探索终将揭开宇宙和人类命运的奥秘,理性将成为解释世界和塑造人类命运的指导力量。科学探索成为现代规划的主要组成部分,在许多方面,在理性的许多解释中,科学堪称世界理性主义的缩影。

人与宇宙的自然化并不一定意味着世俗世界与超验视野相分离，虽然这种分离确实构成了现代性文化规划中一个非常强大的组成部分，但现代性文化规划也发展出另一种强烈倾向，与分离倾向相矛盾。所谓矛盾倾向即相信有可能弥合先验秩序和世俗秩序之间的差距，实现世俗秩序，通过理性的探索和有意识的人类行为实现乌托邦幻想。

这种探索并非纯被动或纯思辨，事实上现代性文化愿景中，一个非常强大的组成部分，至少说其中的大部分，源于这样一种假设，即通过理性探索，不仅可以理解，甚至可以掌握宇宙和全人类的命运，借助于人类的有意识努力，可以实现人类环境的不断扩张和社会秩序的重建。

对自然的"理性"探索和对自然的潜在把握倾向于从技术和科学领域扩展到社会领域，这种倾向存在于现代性文化规划的某些版本中，特别在启蒙运动的一些主要人物的社交圈中表现得尤为突出。与之密切相关的观点认为，对人性和社会的探索和研究一方面可以和社会事务管理相关研究中获得的知识联系起来，另一方面可以和社会领域本身联系起来，重建社会政治秩序。这种观点往往非常强调社会成员自主参与到社会和政治秩序中，参与到宪政之中（当然情况并不总是如此），强调社会所有成员自主进入政治秩序中心，不断改造社会政治秩序。

随着对自然世界的双重定位，作为开放空间的时间概念也发展了起来，从而强调时间的连续线性，认为线性时间是纯自然时间，按照自身节奏和规律流动。然而，借用比约恩·威特洛克的话，不妨如此想："与其说线性'现代'时间取代了循环性局部时间，不如说神圣的、线性的时间观侵入世俗话语领域。"

七、矛盾的倾向

探索的重点在于所有社会成员都能自主地进入社会秩序中心和宪政程序，强调人或人的自律，但在现代性规划最初的制定过程中，能够

多元现代性

从传统政治和法律与文化权的束缚中解放出来,能够在各个自律领域不断发展的,理所当然的是"男性",虽然从原则上说女性不应被排斥在外。自律性包含几个组成部分:第一,反思和探索;第二,积极建构,掌握自然和社会,这里所说的自然也包括人的自然,即人性。

如何建构方为最佳?现代性建构过程中出现了两种倾向,两种倾向相互补充,然而也存在着矛盾冲突的潜在可能。其中一个主要方向是"总体化"趋势,这种趋势在启蒙运动中已经可以确定,最重要的是,在历次伟大革命中,人类历史上第一次产生了这样的信念,即有可能弥合超验和世俗秩序之间的鸿沟,在世俗的秩序中,在社会生活中,通过有意识的人类行为来实现乌托邦想象。总体化在发展方向上可能呈现出多样性,一个基础假设是只有少数人才能真正掌握人、社会和自然的奥秘,也同样是这些人能够为实现人和社会之善设计出更适当的制度安排。总体化方向推动社会重建时,也可以采取总体性非常高的方式,其根据往往是某种以理性为依据的未来设想。两个方向有时可以结合在一起,比如启蒙运动的某些领域,法国大革命的雅各宾时期。社会重建进程中的第二大趋势是:人们越来越认识到,个人和群体的多重目标、个人利益的合法性以及所谓共同利益都可以有多种解释。

新本体论视野中,所有这些成分结合到一起,产生了比约恩·威特洛克和其他学者所说的伟大承诺,也可以称之为现代性视野(Arnason,Eisenstadt and Wittrock 2005),这一视野本身就承载着推动知识不断进步和合理应用的功能;人的解放不断将社会各阶层纳入现代性框架中,并将这种解放力量扩散到全人类,但也正是这种结合本身孕育了另一种种子,未来可能带来的巨大失望和创伤。

八、文化的对立冲突和现代性规划

现代文明在西方最先得到发展,继而扩散到世界各地,从一开始就受到内部矛盾和对立的困扰,引发了持续不断的批判性话语和各种政治争论,批判和争论的中心是各种关系、紧张和矛盾,所有这些既存在于现代性前提中,同时也存在于现代社会制度发展的过程中。

托克维尔、马克思、韦伯或涂尔干的经典社会学文献充分承认这些紧张关系的重要性,20 世纪 30 年代,尤其是法兰克福学派的"批判社会学"重申了这些紧张关系的重要性。然而当时的社会学主要关注法西斯主义问题,二战后的现代化研究中上述问题为研究者所忽略,直到最近才再次走到最前沿,成为现代性分析的一个连续组成部分。

现代性的基本对立构成了轴心文明固有矛盾的根本性转变,所谓轴心文明的固有对立首先体现为超验想象所带来的种种可能与不同的实现方式之间的矛盾对立,其次体现为理性与信仰或启示之间的矛盾,最后一个体现方面则是要不要把全部超验想象制度化,全面制度化的迫切性有多高。(Tiryakian 1996)

这些矛盾对立在现代性文化规划中得到转化,转化从根本上说根植于现代性文化规划的不同组成部分之间的对抗和结合,所有这些与现代性的各种元叙事密切相关。还是借用 E. 提里亚基安的话,诺斯替派和闪灵派(the chthonic)等宗教派别开始质疑现代性文化规划的一些基本前提。首先,质疑侧重于人类经验评价方面,特别是理性在自然、人类社会和人类历史建构中的地位,随之而来的,关于何谓真正道德,自律性基础又有着何种性质,质疑者也提出种种问题;其次,质疑涉及自然与社会的自我反思与能动建构之间的张力;再次,质疑涉及人的生命的整体性、多元性与社会建构之间的张力关系;最后,质疑涉及控制与自主、纪律与自由的张力关系。

现代性文化规划产生的第一个主要张力关系涉及人类存在不同层面的首要性,或者说相对重要性,所有这些都构成了现代性文化规划的内在组成部分。这一矛盾对立集中于如何评价理性对于人类存在的情感和审美维度的相对重要性,尤其在浪漫主义文学中,理性常常等同于各种生命力量,被视为人类意志自由的缩影,构成集体认同的所谓初始成分。现代性文化规划强调人类经验的情感或"表现主义"维度,这种维度可以在社区的真实性中得到体现,同时往往反对启蒙运动中理性知觉的普遍化,但同时也强调文化中固有的人类意志和活动的自主性。与此密切相关的是关于人类道德基础的不同概念之间的紧张关系,特别是这种道德能不能建立在普遍原则之上,而这些普遍原则首先应建立在理性之上,工具理性之上,还是理性之上;或者,普遍规则建立在不同人类社区的多重具体经验和传统之上。

现代性文化规划所发展起来的第二种张力是人类自律的不同概念之间的张力,也涉及这些自律概念与人的构成、社会和自然的关系之间的张力。这一背景下,特别重要的一方面是自我反思与自然、人、社会的批判性探索之间的张力关系,另一方面是自然和社会的掌握,甚至是建构。强调自然的掌握和社会的积极建构,这一点可能与认知工具性自然观所固有的强调主客二分的倾向密切相关,这种倾向引发激烈批评,认为现代性文化规划必然导致人、自然与社会的相互疏远与异化,在某些更为激进的表述中,还必然导致人与人性的疏远和异化,导致人的极端非人化。(Yack 1986)

与上述密切相关,又出现另一种张力关系,即一方面强调人的自律,另一方面又强调严格的限制和控制。由此产生了许多不同的研究角度,有些和缓,也有些激进,例如诺伯特·埃利亚斯(Norbert Elias)和米歇尔·福柯(Michel Foucault)的研究视角就具有相互补充性,但不管何种研究视角都根源于现代性文化规划制度化过程中的张力。这一进程应当采取什么样的路线?技术官僚型还是道德理想型?用彼得·瓦格纳(Peter Wagner)的话说:是拥抱自由,还是接受控制?

（Elias 1983；Foucault 1965；1973；1975；1988）

从意识形态和政治角度来看，最关键的张力关系一直存在于总体化和多元化观点之间。一种认为该接受不同价值观和理性存在，另一种持以总体方式融合不同的价值观和不同的理性的观点，这两种立场之间始终存在着张力关系。这种张力关系的焦点是理性的概念，以及其在人类社会构成中的地位。斯蒂芬·图尔敏（Stephen Toulmin）堪称追求总体统一的代表（Toulmin 1992），另一方则有更倾向于多元差异的蒙田和伊拉斯谟。多元差异也包括对人类经验的其他文化特征的认可，而不是像笛卡尔所宣扬的那样把一切融入总体化的理想想象中。不同理性的融合中，最重要的理性至上论，这种论调通常被认为是启蒙运动的主要信息，其技术统治模式，或者说总体化乌托邦想象中包含了价值理性（Wertrationalität），也可以说是物质性工具理性（Zweckrationalität）。在某些情况下，可能在同一个总体目标下发展出技术官僚和道德乌托邦的结合，对人类经验的其他维度，特别是情感层面的界定中，也出现了总体化、绝对化与多元化倾向之间的张力。

张力关系存在于不同价值观、承诺和不同理性的多元、多层面的观点和实践之间，应以总体方式将这些不同价值观和理性融合在一起，并且强烈反对绝对化倾向。一直以来，从现代性的不同文化和制度模式的发展及其可能的破坏性潜力的角度来看，这种张力关系的存在可能是最关键的。

九、现代性批判

围绕着这些张力关系产生了现代性批判，最激进的现代性批判否定现代性文化规划的基本前提，无论是社会秩序方面，还是道德方面，特别否定个人的自主性和理性的至高无上性。此类批判否定上述前提可成为任何超验视野的基础，也否定一切与之相关的观点，例如把上述前提和现代性制度的发展视为人类创造力缩影的观点。最激进的现代性批判认为，上述前提和制度发展否定了人类的创造力，导致了人类经验的扁平化和道德秩序的侵蚀，造成人、自然和社会的彼此疏离。（Eisenstadt 1999a；1999b）

激进批判可以从两个相反的角度进行，但在某些方面两种角度也相互补充。第一个角度是宗教或传统，主张传统和宗教权威高于理性和人类自律，强调只有前者才能承载超验理想。理性至上论的另一种批评可能来自另一批人，那些宣称理性至上论否定了人类意志和创造力的自主性，海德格尔和维特根斯坦最激进的批判或许会试图超越现代性的文化规划，将现代性的某个组成部分绝对化。

对现代性的极端批判，特别是那些以自己的方式否定现代性合法性的批评，导致了对作为现代性话语核心组成部分的全面革命的追求。现代性的传播者强烈强调现代程序的新颖性及其对过去的突破，这也加强了现代性话语对彻底革命的渴望。（Yack 1986）

现代性规划中固有的诺斯替末世论取向大大加强了对革命的渴望，其根源不排除基督教宗教传统，但不仅限于此，更包括了宗教传统在现代性文化规划中的转变。（Eisenstadt 2003a；2003b）

十、现代性规划的内部张力和多元现代性

张力关系不仅存在于现代性文化和政治规划的不同前提之间，一些侧重于现代性的基本前提和矛盾与现代社会的制度发展之间也存在着张力和矛盾，韦伯对此类张力和矛盾的分析最成功，尤其是他关于**祛魅**（*Entzauberung*）和铁笼的论述。（Mitzman 1969）现代性矛盾的中心具有强烈的排他性，排他性既植根于现代性规划的本体论前提，也植根于现代性规划的制度化过程中，导致社会各阶层和集体不断错位，导致各阶层和集体被排斥在现代性秩序之外，不能积极参与其中。然而现

代性秩序是随着现代制度结构而结晶发展起来的,现代性规划旨在加强人的自由和自律,至少在原则上将普遍解放扩大到全人类,所有这些"构成"了现代性的基本成分和取向。自律性政治单位(民族国家)该如何自我界定,又该如何构成? 由此引发的一系列张力关系,随着地方和跨国集团的不断发展而加剧(往往相互交织)。这些矛盾中,网络和社会空间超出了看似具有自律性和自我构成的政治单位的控制,或者更为详细地说,各种矛盾中最为重要的矛盾体现在以下方面:一方面,凝结成现代性的理想固有着创造性维度,这些理想体现于文艺复兴、宗教改革、启蒙运动和各种革命中;另一方面,理想走向扁平化,即日益走向常规化,尤其是现代世界的日益官僚化令世界不断走向"祛魅"。如何才能令现代世界变得更有意义? 一方面可靠各种激进理想,另一方面则指望不同制度(无论体现于经济、政治还是"文化"领域)日益自主发展,从而产生出意义的分裂。

张力关系各式各样,尤其存在于人类社会、历史和自然的总体化和多元化两种结构概念之间,同时也存在于人类在这些结构中的能动性地位之间。张力存在于以"逻各斯"为中心的宏大的叙事更为多元的概念与构成之间,存在于对人类生存的不同层面的强调之间,存在于控制与自律之间,存在于现代性文化规划的普遍成分与令现代性文化规划制度化的具体社会传统之间。上述所有张力在现代性规划的整个历史发展中不断产生深远影响,是现代性规划中具有持续性的组成部分。

事实上,正是因为这些张力普遍存在,方才充分体现出确定性标记的丧失,从而激发人们持续寻求确定性的新基础,将其视为现代性文化和政治规划的核心。这些张力和矛盾具有连续性,围绕着它们不断发展出各式各样的话语,这构成了现代性和多元现代性不断变化的文化和意识形态模式的中心。

多元现代性

十一、政治中心的转变

现代性批判话语的主要话题在现代文化创造领域表达得最清楚，包括艺术、文学、哲学话语，也包括种种"大众"文化。但这些批判话语所表达出的张力和矛盾并非单纯的知识、意识形态或学术，而是不断与主要制度领域的发展交织在一起，这些制度领域包括政治、经济、教育，也包括新集体意识形成过程中的社会交往制度。所有这些领域中，现代性文化规划一方面要求加强自由和自律，另一方面又强烈倾向于控制；社会和经济不断扩张，随之而来各种社会部门之间出现错位，各个社会部门试图融入新的更广泛的框架和中心；关于更美好世界存在着各种激进理想，理想却又不断扁平化，最终导致世界的"祛魅"。

现代性规划该如何解释？上述张力和矛盾构成了争论的主要焦点，在人类创造力和社会结构的所有领域，这些张力关系构成了争论的焦点。鉴于政治领域在现代性文化规划中的核心地位，正是在政治领域中竞赛才得以充分展开，而展开的方式则是由政治领域和政治过程的基本特征所决定。第一，通过调整重新界定核心和边缘的关系，令其成为现代社会政治进程的中心；第二，政治竞争表现出开放性；第三，社会各阶层的要求和各阶层之间的冲突有着强烈的政治化倾向；第四，关于政治领域的界定，以及随之而来的公私差别的界定，也引发不断斗争。正是围绕着这些焦点，现代社会和政治秩序的变革趋势以及对现代政治制度的挑战得以具体化。

十二、社会秩序

关于社会秩序主要维度的构成,以及由现代性固有的确定性标记导致的丧失而产生的各种争论,因现代性固有的开放性而加剧。众多的制度和文化可能性中,有一种持续不断的联系,那就是迄今为止存在的社会纽带不断解体,从而产生持续不断的孤立感,正如马歇尔·伯曼(Marshall Berman)所言:"现代性将所有人描绘成模棱两可的痛苦泥沼,永远处于分裂与更新中,处于斗争与矛盾中,现代性是一个'一切坚固的都烟消云散'的宇宙。"(Berman 1988)不断的变化伴随着经验的喧嚣而飘忽不定,夏尔·波德莱尔(Charles Boudelaire)用诗歌语言,乔治·西美尔(George Simmel)用哲学语言有力地描述了这种变化,从而为现代性经验增加了另一个重要维度,也为现代社会自我理解增加了一个重要主题,即现代性规划中固有的模棱两可。这种模棱两可的表现是,所有的现代性规划都包含着"双重"取向(Miller 1997),一方面是对现存霸权安排的肯定,另一方面又试图找到非霸权的私人或公共空间,并为之进行长期探索。不同的现代社会中,何谓非霸权空间有着不同的界定,现代社会的许多不同部分也在同时尝试寻找具有替代性的规划方案。所有这些都证明了一个事实,借用莱泽克·科拉科夫斯基(Leszek Kolakowski)的话说,现代社会的各个部分都把现代性视为一场"永无止境的尝试"。(Kolakowski 1990)

十三、再思现代制度性秩序的结构维度和文化维度

现代性文化规划的凝结成型,对世界的不同解释模式,以及将新模式制度化的尝试,所有这些都与现代社会独特的结构-制度维度紧密相

多元现代性

关,尤其是旧的相对"封闭"的社会形态的解体和新的空间的形成,正是在新的空间中可以形成新的体制结构。开放性凝结成型,现代性文化规划得到发展,相关的新社会制度形态也相应得到发展,三者间确实有着十分亲密的关系,然而与许多现代化理论(无论是"自由主义"现代化理论还是马克思主义现代化理论)假设相反,特定的现代制度形式之间没有必然的联系,无论是不同类型的资本主义经济还是"指导型"(社会主义)经济;特定类型的政治制度之间也没有必然联系,无论是多元主义政治制度,还是专制主义政治制度或极权主义政治制度;同样,现代性文化规划的不同组成部分之间也没有必然联系。

毫无疑问,结构分化过程是现代发展的基本组成部分,是现代性凝结和发展的具体制度背景,资本主义发展的初始阶段首先是重商资本主义,然后是工业资本主义,它们在不断扩张过程中不断增加结构分化,随之潜力也得到发展。借用卡尔·多伊奇的术语,也如上文所述,社会动员能力与日俱增,然而这并不是全部的故事,还要区分现代性的结构成分或维度的以下几个方面,这是十分重要的。

正如我们前面所看到的,第一,可以确定,社会各不相同,有的已经踏入现代的门槛,有的还在现代化的路上,这些社会在社会分化的"范围"和程度上有着很大的差别。第二,各种制度领域无论在界定上,还是在结构上都要具有自律性,其程度究竟如何,不同社会也各不相同;或者由内部规则所规范,或者在不同社会间或同一社会内部,价值变化巨大。第三,与前者密切相关,最重要的是,不同的结构和组织被组织起来,同时也界定着过程中的相关冲突(例如工业冲突),这种模式在不同的现代社会中差异很大,正是这些不同的模式提供了不同现代社会特定的多重复合体的核心特征。

此外,任何程度或类型的结构分化,任何自律制度领域的发展,以及任何特定类型的现代制度构型之间都没有必然的联系。不同的构型可能在分化程度相对相似的社会中发展,相反,相似的框架(例如,多元主义和反维权政体)也可能在分化程度不同的社会中发展,即使它们在具体的制度细节上自然形成重要差异。现代性的每一个维度或方面，现代社会的每一个维度或方面——结构的、制度的和文化的维度或方面——在分析上都各不相同，以不同的方式聚集在一起，形成不同的历史星座，在不同的历史背景中以不同的方式凝聚在一起。此外，在一个历史案例中，即日本德川幕府的案例中，出现了许多制度，特别是经济形态，这些形态可能导致现代市场资本主义经济，但没有独特的现代文化规划的发展与之伴随，只有在西方的冲击下，这种规划，一种十分独特的规划，才真正得到发展。（Eisenstadt 1996）

不同的制度星座，新的世界解释模式的不同维度和组成部分，现代性的文化纲领及其内在矛盾，正因为所有这些要素相互交织，不同的现代社会及其动力系统才能得到发展。

十四、现代性的扩张和国际体系的发展

现代国际"体系"也是如此，其具体特征随着现代性的不断扩张而发展起来。这种扩张确实催生了一种趋势，发展出具有普遍性和世界性的机构，以及具有象征性的框架和系统，这在人类历史上可以说是独一无二的。现代性的扩张与过去各大宗教或帝国政权的扩张不无相似之处，它破坏了融入其中的社会的象征性和制度性前提，造成了剧烈的脱节和动荡，同时也开辟出新的选择和可能。这种文明的扩张不断将经济、政治和意识形态层面的力量结合在一起，范围更广，时间跨度更长，它对不同社会的影响比大多数历史案例都要猛烈得多。军事、政治和经济扩张之后出现了国际"体系"或框架，这种发展在人类历史中，特别是在所谓"伟大"文明史中谈不上什么新意。军事、政治和经济扩张，与根植于不同文化项目中的鲜明意识形态视野相结合，这在人类历史上可谓屡见不鲜。这确实是所有伟大宗教和轴心文明的特征——某种程度上犹太文化属于此，佛家文化也属于此，而基督教、伊斯兰教或儒

家文化在这方面特征鲜明。这同样是希腊和罗马帝国的特点,因此与其他文明相比,现代性的扩张表现出一些非常明显的特点。

近代的新情况首先是:由于巨大的技术进步,以及现代经济和政治力量的动态发展,这一扩张以及随之发生的变化、发展对社会的影响比历史上任何其他时刻都更加密集,更为广泛。这种扩张催生了一种趋势,这种趋势在人类历史上是相当新的,实际上是独一无二的,这种趋势就是全球化体制、文化和意识形态框架和体系的发展,所有框架和体系都以这种文明为基本前提,都植根于这种文明的某个基本制度维度。(Wallerstein 1974)

所有这些框架有着多个中心,具有差异性,每一个框架都产生自己的动态发展,不断地改变与其他框架之间的关系。不同框架之间的相互关系从来都不是"静止"不变的,这些国际框架或外部环境的动态变化导致了各种现代社会的不断变化。因此,各种各样的现代或现代化社会在不同的历史背景中发展起来,既有许多共同的特点,又表现出巨大差异。至关重要的是,这种文明的基本特征在西方基督教文明和社会的动态发展中得到具象化,在现代性的扩张中这种文明不断冲击其他文明,包括其他主要的轴心文明,从而在这些文明的基本前提和欧洲现代性之间不断产生对抗和冲突。

因此,首先要理解特定现代性文化规划所具有的张力和矛盾,理解这些文化规划的特定意识形态和制度性特征,其中蕴含了一些特色鲜明的制度性推论,首先在欧洲得到具体实现,其后逐步扩展到全球。唯有如此,才有可能真正理解现代性扩张,以及多元全球化系统的具体特征。

十五、现代性的扩张和多元现代性的发展

随着现代性从西欧、中欧和东欧扩张到美洲,再扩张到亚洲和非洲,现代性的文化和政治规划中固有的紧张关系紧密地交织在一起,在

现代性话语中产生了一个中心主题，即强调现代文化和政治规划的扩展所带来的危险，这个主题从现代性一开始就已经出现于中欧，甚至更远的地方；人们担心，现代性规划中固有许多形象和比喻，随着这些形象和比喻的传播，以及全球文化的同质化，更特殊、更真实的文化传统将受到伤害，甚至成为牺牲。人们担心地方文化遭受全球化中心的侵蚀，与此同时，对这些全球化中心的矛盾心理也与日俱增，导致了世界主义和特殊主义两种倾向之间的持续动荡。随着现代性在欧洲以外的地区持续扩展，欧洲已经出现了一些反复出现的主题，第一个主题是社会中更"传统"的部分与他们所感知的现代性文化持续对抗。启蒙运动提出现代"理性"或"理性主义"模式，而在"表现主义"名义之下，理性的前提不断遭到否认，启蒙运动不断面临重新解释，被解释为不同社会和传统更"真实"的宗教或文化。文化通常被描述为代表不同社会的真实传统和相应的努力，以适应和重新解释普遍性框架，从而将现代化和西方化区分开来。在不同的时期，不同的国家和中心被视为现代霸权主义倾向的承载者，是维护和延续其他社会传统的主要危险。现代性扩张的早期，最主要的危险来自英法，尤其是法国，最主要的是世俗革命后的法国启蒙运动。后来美国慢慢获得了这样的地位，首先体现于所有拉丁美洲社会，后来也体现于包括欧洲在内的其他社会，现在看来体现于世界上大多数的社会。（Eisenstadt 1975）

第二个是，更多元的现代性规划提出要接受多元"生活世界"，向欧洲现代性规划的霸权主张提出挑战。第三个是，与上一点紧密相关，人们对于不同时期、不同地点出现的霸权现代性的前提和中心产生了强烈的矛盾心理，既为这些中心与其所假定的普遍主义所吸引，同时又强烈感受到这些中心背后的排斥性前提和符号象征。

特别重要的是，非西方社会在各种国际体系（经济、政治、意识形态）中的相对地位与西方社会有很大不同。并不只有西方社会是这种新文明的"始作俑者"，但随着这些制度的扩张，特别是殖民主义和帝国主义的扩张，西方制度在这些制度体系中获得了霸权地位。同样重要的是,国际体系处于动态变化中,既对现有霸权提出了政治和意识形态上的挑战,也使霸权内部的地位不断发生变化,从欧洲转移到美国,然后又转移到东亚。挑战的根源在于,这种扩张导致了西方现代性的文化和制度前提与其他文明的文化和制度前提不断发生冲突,所谓其他文明既包括其他轴心文明,也包括非轴心文明,其中最重要的当然是日本。西方现代性及其制度的许多基本前提和象征(表征性、法律性和行政性)在这些文明中似乎确实已被接受,但与此同时,这些文明发生了深远的变革,带来新的挑战和问题。

对于处于现代文明中的许多群体而言,上述主题以及其中一些制度之所以有吸引力,是因为它们能使许多非欧洲国家的群体,特别是精英阶层和知识分子,能够积极参与新的现代普遍传统(最初的西方传统),同时可以有选择性地拒绝西方传统的"控制"和霸权。吸纳这些主题,许多非欧洲社会中的精英,以及更广泛的社会阶层有可能将现代性的一些普遍性元素纳入新的集体认同的构建中,同时又不必放弃传统身份的特定组成部分,这些传统身份通常也包含普遍主义色彩,尤指一些传统宗教性成分,截然不同于西方的主导思想。

上述政治话语主题吸引了非西方国家的许多社会阶层,同时也导致了国际舞台等级秩序与争取平等的斗争愈演愈烈,波及范围也日益广泛。虽然上述主题最初表述于欧洲,但还是可以在许多社会的政治传统中引起共鸣。这些社会团体颁布的许多规划中,抗争与体制化建设,还有中心构建相互结合,加强了上述转变,其风潮由西欧向中欧、东欧,继而再向非欧洲逐次传播。之所以上述主题可以为非西方社会中的不同群体广泛接纳,是因为人们有可能以自身的象征和前提来对抗现代新文明的制度化现实。因此,中东欧以及亚非社会的各种群体和精英能够既延续抗争的传统,又保持构造中心的传统,并能够在新的背景下处理各种问题,重建自己的中心和传统。(Wittrock 2000)

十六、重新阐释

非西方社会吸纳了西方现代文明的不同主题和制度模式，并不意味接受了其原始形式，与之相反，非西方社会需要不断地选择、重新解释和重新制定这些主题，令新的现代性文化和政治规划不断组合结晶，发展和重建新的体制模式。这些社会不断发展文化和制度规划，对现代性文化和政治规划的不同部分、不同的紧张关系，以及不同的矛盾有着不同的强调；它们认为自己是现代世界的一部分，对现代性，特别是对西方的矛盾态度，构成了这些概念的基本组成部分。这些社会不断发展着自己的文化和制度纲领，对现代性最初的文化纲领、基本概念前提，作出了不同的解释和深远的改造；对于现代性的不同内容强调各不相同，形成了各种不同的张力和集体认同符号建构悖论；有着不同的自我概念，也以不同的方式将自己视为现代世界的一员，对于现代性，尤其是西方现代性的态度有的积极，有的消极，有的矛盾重重。（Giddens 1985）

现代性不同文化规划的差异并非仅仅体现在文化或学术上，也密切涉及现代性政治和制度安排所固有的一些基本问题。在政治领域，它们与以下一系列张力关系密切相关，包括：现代政治建设中的乌托邦与市民成分之间的张力关系，革命政治与常态政治之间的张力关系，普遍意志与全体意志之间的张力关系，公民社会与国家之间的张力关系，个人与集体之间的张力关系。

不同的现代性文化纲领包含着不同的权威及其责任观念，不同的抗争方式和政治活动方式，不同的制度形态模式，对现代秩序基本前提提出疑问。上面考虑了现代性的多元规划，当然不能否定一个明显的事实，即在其制度结构的许多核心方面，无论是职业和产业的结构，还是教育机构或城市的结构，或是政治结构，不同的现代社会都形成了非常强大的融合态势。融合态势产生了一些共同的问题,但不同的文明有着不同的解决问题方式。

不仅亚洲或拉丁美洲社会的内部发展超越了西方社会的最初发展模式,与此同时,西方社会自身也产生了新的话语,这些话语极大改变了现代性的最初模式,大大削弱了现代工业社会的原始视野,即那种霸权和同质化的视野。人们越来越倾向于区分**工具理性**(*Zweckrationalität*)和**价值理性**(*Wertrationalität*),认识到价值理性具有的巨大多元性。认知理性,尤其是以极端科学主义为代表的认知理性,无疑已经失去其霸权地位,同样遭到抛弃的还有征服或控制环境的理念,无论控制的目标是社会还是自然。

十七、不同阐释的冲突

不同社会不断变革经济、技术、政治和文化领域,也不断尝试将现代性的文化和政治纲领及其内在张力关系和矛盾纳入制度框架之内,更就现代性政治、文化纲领的解释引发各种争论,因此在不同历史背景下,形成了各种各样不同的社会形态,有的已跻身现代之列,有的还在通往现代的路上。不同的社会既有许多共同的特点,又表现出巨大的差异,即多种多样的多元现代性。

所有这些发展导致了持续的对抗,对抗存在于现代性的不同解释之间,尤其是对现代文化和政治纲领的多元性或总体性的强调各不相同,同时也存在于集体认同的整体性和整体构成的多面性之间。争论和对抗并不局限于“单一”社会或国家的框架之内,即使某些社会或国家的体制构成了执行这些方案和目标的主要舞台。正是在现代性视野及其制度动力的本质上,不同社会的发展在范围和取向上各不相同,同时又体现出国际性。

文化和政治规划及其制度化进程中,开放和变化持续不断,有鉴于此,无论多元现代性之间有多么不同,它们都面临着相同的挑战,即如何融入变化,合并主要社会经济部门,容纳各种不断发展的需求,这构成了所有现代社会持续存在的主要问题。

无论是现代性的不同文化和制度模式,还是不同社会中现代性规划的具体化过程,这些都处于不断变化之中。现代性的文化和政治规划有着固有的张力关系,同时伴随着现代性的发展和扩张,各种社会政治、经济制度都在不断变化。

因此,现代性的制度和文化轮廓也在不断变化。第一,源于技术、经济、政治和文化领域的内在动力,变化在不同社会中发生,并超出个别社会的范围。

第二,它们不断地改变着不同国家之间、不同政治和经济权力中心之间的政治斗争和对抗,这些政治和经济权力中心是欧洲现代性形成的持续的组成部分,通过欧洲的不断扩张形成了后来美国和日本的现代性。在欧洲内部,这种对抗随着现代欧洲国家体系的具体化成形而发展起来,从16、17世纪开始随着"世界体系"的形成逐步加剧。

第三,经济、政治、技术和文化领域不断发展,不断形成新的中心,不同国际体系中的霸权也在不断变化之中。

第四,不同的中心和不同的精英所提出的现代性文化和政治规划有着不同的阐释,其间持续存在对抗,此外文化和政治规划在具体制度化过程中所引发的冲突和离散也各不相同,其间同样持续存在着对抗。

第五,多元现代性正以相反的方式发生变化,因为对抗激发了人们对现代性文化纲领所固有的矛盾认识,激发了人们对现代性文化纲领的开放性和自反性所赋予的潜力的认识,由此导致了不同社会行动者的持续传播。尤其在不同的社会运动中,人们不断重新解释现代性规划的主要议题,不断重新阐释文明视野的基本前提,以及与之形影相随的各种宏大叙事和现代性神话。

第六,持续改变也是因为,现代性首先出现在西欧和欧洲其他(例如欧洲北部)地区,继而在欧洲以外的地区——美洲、亚洲——发展,逐步进入伊斯兰教、印度教、佛教、儒家文明的框架内,这一过程中从欧洲开始的现代性扩张与具体的社会前提和制度结构之间产生对抗,也导致改变持续进行。

十八、基本本体前提

早期的一些现代化研究往往把现代性的不同文化规划和制度模式描述成不同社会内在潜力的自然演化——实际上这一过程在早期研究中被视为人类所有社会的自然演化;与之相应,早期批评认为多元现代性源于不同社会传统的自然展现,是将不同社会的传统放置到新的国家环境之中。然而,上述论述并非事实,与之恰恰相反,多元现代性是由多个因素持续相互作用形成的,最普遍的现象是形成了各种力量星丛。也就是说,不同社会中普遍存在着不同本体论概念和政治意识形态,影响到精英阶层的相互竞争模式,以及精英阶层与更广泛社会阶层之间的关系,还影响到了现代性新兴话语的性质,各种政治活动家和知识分子与各种社会运动结合到一起,不断构造出新的制度模式,并提出新的阐释。

更详细地说,这些规划的形成最初有着宇宙论和社会秩序的基本本体论前提,这些基本"宇宙论"普遍存在于这些社会中,有的表述为"正统",有的则表述为"异端",在这些社会的整个历史中具化成形。形成这些规划和体制结构的第二个因素是历史经验,特别是这些社会与其他社会或文明的接触历史。

第三是这些社会中发展起来的内部张力、动力和矛盾状况,伴随着现代框架制度化而出现的结构性人口、经济和政治变化,以及这些进程和现代性基本前提之间的矛盾。

第四,现代性的不同规划产生于由上述进程的彼此相遇和持续相互作用,产生于不同社会和文明融入新国际体系的具体方式,也产生于不同社会在全球体系中"安家落户"的具体方式,或者主动,或者被动。

十九、承诺愿景和现代性毁灭力量的发展

正是从这种结合中,发展出了比约恩·威特洛克和其他学者所说的现代性的伟大承诺或愿景(Eisenstadt 2003a;2003b),这种观点认为现代性本身包含着知识的不断进步及合理应用;人类不断解放,不断将社会各阶层纳入现代框架,并将这种解放力量扩大到全人类。然而,现代性的文化和政治规划中普遍存在着张力和矛盾,各种制度发展过程中相互交织,导致了上述愿景难以实现,这本身就意味着现代社会发展具有破坏力。

事实上,无论是欧洲现代性的形成,还是后来的扩张,都绝非和平。乐观看法视现代性为必然进步,与之相反,现代性的具化过程中,内部冲突和对抗不断交织在一起,根源在于资本主义制度发展伴随着矛盾和张力,以及政治舞台上民主化要求日益增长。现代性的发展蕴含着毁灭的可能,讽刺的是,现代性的一些最激进的批评者经常提出这种可能,他们认为现代性是一种道德上的毁灭力量,强调现代性某些核心特征的负面影响,所有这些因素都因国际冲突而加剧,现代国家和帝国主义制度使之更加恶化。战争和种族灭绝算不上历史上的新现象,但是现代性令其彻底转变、强化,产生了现代的野蛮模式,暴力、恐怖和战争的意识形态化成为构建现代国家的最重要组成部分,法国大革命是第一次也是最生动的一次见证。这种暴力意识形态的倾向与民族国家成为集体认同象征焦点密切相关,大屠杀发生在现代性的中心,成为其消极、破坏性潜力的象征,野蛮潜伏在现代性核心。

随着现代文明向西欧以外的地区扩展,先是欧洲,再到美洲,继而又扩展到亚洲和非洲,破坏性的趋势愈演愈烈。不断发展的国际框架或环境的动态变化使现代性文化和政治规划中的张力和矛盾更加明显,增加

了一些新的关键因素,这些因素已成为不同现代社会构成的核心。

二十、多元现代性在当代

上面分析的不同力量相互组合,构成了不同的现代性规划,其中特别重要的是现代性规划所固有的基本观点和不同现代社会的具体制度发展的组合。多元现代性的不断具化成形与现代性之间的对抗贯穿始终——从现代性之始一直到当代,但具体形式是在不同的环境,不同的历史时期或时代发展起来的。

从十九世纪初到冷战这段很长的时期,人们可以用一种非常程式化的方式加以描述:那是一个内部关系非常紧张,不断变化的时期,其特点是民族和国家革命占主导地位。当代竞争依旧激烈,但无论在思想上还是制度上,这种竞争已合理化,被解释为不同文明间的合理竞争,这一状况对早期以国家为中心的现代性概念构成了挑战。

每一个时期,都有一些独特的现代性模式占主导地位,从最初的"原始"欧洲现代性到美洲的各种现代性,从苏联主导的世界现代性到非西方多元化现代性,亚洲国家不断独立,成功实现现代化。当代场景展示了一系列现代性的具化过程,这些现代性不仅仅是初始西方文化规划的多样化发展,而且包含着不同的前提,对当代世界的人类状况作出不同表达。新出现的多元现代性范式提供了系列议题,分析当下这个全球趋同时代中的差异,也分析国际体系轮廓中的变化。与经典现代化理论的假设不同,这些差异和变化不是短暂的,而是深刻的,只有在历史学和理论社会学所提供的框架中才能得到最好的解释。最终,这一切都是为了和平共处。

(在此感谢比约恩·威特洛克教授对本文的帮助和校订。)

参考文献

Arnason, Johann P. , Shmuel N. Eisenstadt and Björn Wittrock. (2005). *Axial Civilizations and World History*. Leiden, Boston: Brill.

Berman, Marshall. (1988). *All That Is Solid Melts into Air: The Experience of Modernity*. New York: Penguin Books.

Blumberg, Hans. (1987). *Die Legitimität der Neuzeit*. Frankfurt am Main: Suhrkamp.

Castoriadis, Cornelius. (1987). *The Imaginary Institution of Society*. Cambridge: Polity Press.

Durkheim, Emile. (1973). *On Morality and Society: Selected Writings*. Chicago: The University of Chicago Press.

Eisenstadt, Shmuel N. (1973). *Tradition, Change and Modernity*. New York, London: John Wiley &. Sons.

—. (1975). *Socialism and Tradition*. Atlantic Highlands: Humanities Press.

—. (ed.). (1986). *The Origins and Diversity of Axial Age Civilizations*. Albany: State University of New York Press.

—. (1992). *Democracy and Modernity*. New York: Brill.

—. (1996). *Japanese Civilization: A Comparative View*. Chicago: The University of Chicago Press.

—. (1999a). *Paradoxes of Democracy: Fragility, Continuity, and Change*. Washington: Woodrow Wilson Center Press.

—. (1999b). *Fundamentalism, Sectarianism, and Revolution: The Jacobin Dimension of Modernity*. Cambridge: Cambridge University Press.

—. (2003a). "The Sectarian Origin of Modernity". In Shmuel N. Eisenstadt. *Comparative Civilizations and Multiple Modernities, Vol. 2*. Leiden: Brill.

—. (2003b). "Barbarism and Modernity: The Destructive Components of Modernity". In Shmuel N. Eisenstadt. *Comparative Civilizations and Multiple Modernities, Vol. 2*. Leiden: Brill.

Elias, Norbert. (1983). *The Court Society*. Oxford: Blackwell.

—. (1978—1982). *The Civilizing Process*. New York: Urizen Books.

Faubion, James D. (1993). *Modern Greek Lessons: A Primer in Historical Constructivism*. Princeton: Princeton University Press.

Foucault, Michel. (1965). *Madness and Civilization: A History of Insanity in the Age of Reason*. New York: Pantheon Books.

—. (1973). *The Birth of the Clinic: An Archaeology of Medical Perception*. New York: Vintage Books.

—. (1975). *Surveiller et Punir: Naissance de la Prison*. Paris: Gallimard.

—. (1988). *Technologies of the Self: A Seminar with Michel Foucault*. Amherst: University of Massachusetts Press.

Giddens, Anthony. (1985). *The Nation-State and Violence*. Cambridge: Polity.

Huntington, Samuel P. (1996). *The Clash of Civilizations and the Remaking of World Order*. New York: Simon and Schuster.

Inkeles, Alex and David H. Smith. (1974). *Becoming Modern: Individual Change in Six Developing Countries*. Cambridge: Harvard University Press.

Kamenka, Eugene (ed.). (1983). *The Portable Karl Marx*. New York: Viking Press.

Kolakowski, Leszek. (1990). *Modernity on Endless Trial*. Chicago: The University of Chicago Press.

Lefort, Claude. (1988). *Democracy and Political Theory*. David Macey translation. Minneapolis: University of Minnesota Press.

Lerner, Daniel. (1958). *The Passing of Traditional Society: Modernizing the Middle East*. London: Macmillan Pub Co.

Miller, Daniel. (1997). *Capitalism: An Ethnographic Approach*. Oxford, New York: Bloomsbury Academic.

Mitzman, Arthur. (1969). *The Iron Cage: A Historical Interpretation of Max Weber*. New York: Grosset & Dunlap.

Sombart, Werner. (1976). *Why Is There No Socialism in the United States*. New York: M. E. Sharpe.

Tiryakian, Edward A. (1985). "The Changing Centers of Modernity". In Erik

Cohen, Moshe Lissak and Uri Almagor (eds.). *Comparative Social Dynamics*. Boulder, London: Westview Press.

——. (1996). "Three Metacultures of Modernity: Christian, Gnostic, Chthonic", *Theory, Culture & Society*, (1)13: 99 – 118.

Toulmin, Stephen. (1992). *Cosmopolis: The Hidden Agenda of Modernity*. Chicago: The University of Chicago Press.

Wagner, Peter. (1994). *A Sociology of Modernity: Liberty and Discipline*. London: Routledge.

Wallerstein, Immanuel. (1974). *The Modern World System*. Orlando: Academic Press.

Weber, Max. (1968). *On Charisma and Institution Building: Selected Papers*. Chicago: The University of Chicago Press.

——. (1968). *Politik als Beruf*. Berlin: Dunker and Humblot.

——. (1978). *Die Protestantische Ethik: Kritiken und Antikritiken*. Guetersloh: Guetersloher Verlagshaus.

Wittrock, Björn. (1998). "Early Modernities: Varieties and Transitions", *Daedalus*, 127 (3): 19 – 40.

——. (2000). "Modernity: One, None, or Many? European Origins and Modernity as a Global Condition", *Daedalus*, 129 (1): 31 – 60.

Yack, Bernard. (1986). *The Longing for Total Revolution: Philosophic Sources of Social Discontent from Rousseau to Marx and Nietzsche*. Princeton: Princeton University Press.

——. (1997). *The Fetishism of Modernities: Epochal Self-consciousness in Contemporary Social and Political Though*. Notre Dame: University of Notre Dame Press.

文化间，还是现代性的文化阐释间的对话：多元现代性在当代

什穆埃尔·N.艾森施塔特

一、多元现代性的概念

我的主要论点是：当代不同社会之间的关系和遭遇不是文化间的对话，而是现代性的不同阐释间的对话（很大程度上确实是文化），最好的理解方式是同时参考文化发展的连续性和多元现代性的变化性。

多元现代性的概念违背了许多经典社会学理论的观点，尤其是第二次世界大战后非常有影响力的现代化和传统社会融合理论的观点，这些观点认为现代性的文化规划首先在欧洲发展起来，形成与之相关的基本制度体系，最终将在所有现代社会（无论已跨过现代的门槛，还是正处在迈向现代的路上）中占据主导地位。多元现代性的概念也与最近出现的关于当代世界的两种观点背道而驰，这两种观点非常有影响力，分别是福山（Fukuyama）提出的"历史终结论"和亨廷顿（Huntington）提出的"文明冲突论"。

与上述观点相反，多元现代性的观点认为，要理解当代世界——事实上是阐释现代性的历史，最佳方式是将其视为多种文化规划和现代性文化模式不断重构的故事。（Eisenstadt 2000）同时，"多元现代性"

一词最重要的含义之一是：现代性与西方化并不相同；西方的现代性模式虽然享有历史优先地位，并继续成为其他国家的基本参照点，但并不是唯一"真实"的现代性。

多元现代性的观点包含了对现代性本质的某些假设，第一个假设是：现代性应当被视为一种独特的文明，具有独特的制度和文化特征。根据这一观点，现代性的核心是对世界的一种或多种解释方式的具化和发展，或者说，参照科尼利厄斯·卡斯托里亚迪斯（Cornelius Castoriadis）的术语，是一种独特的社会"想象"，实际上是一种本体论视野，一种独特的文化规划的具化发展，再加上一套或多套新的制度结构的发展，二者的核心都是前所未有的"开放性"和不确定性，稍后将更详细地阐述这一点。

这种文明是一种独特的文化规划，具有制度含义，它首先在西欧形成，然后扩展到欧洲的其他地区，继而扩展到美洲，最后扩展到世界各地，导致了不断变化的文化和制度模式，以不同方式回应挑战和可能是现代性独特的文明前提的核心特征。

二、现代性的文化和政治规划

现代规划是现代性的文化和政治纲领，首先在西欧和中欧发展起来，具有鲜明的思想前提和制度前提。现代规划导致了一些非常明显的概念转变，包括人类能动性的概念、自主性的概念，以及人类在时间流动中的地位。现代规划包含了未来的概念，在这个概念中，可以通过人类的能动力量——或者通过历史的前进——实现各种可能。这个规划的核心是：社会、本体或政治秩序的前提和合法性不再被视为理所当然，以基本本体论为前提，围绕着社会权威的社会和政治秩序基础，发展出一种非常强烈的自我反思性，一种为所有人所共有的自我反思性，即使是最激进的批评者，原则上可以否认现代规划的合法性，但无法否认这种自我反思性。

或许韦伯最为成功地正式表达出现代性文化规划的核心,参照詹姆斯·D. 福比恩(James D. Faubion)对韦伯现代性概念的阐述:

"韦伯在某种解构中找到了现代性的存在门槛,遭到解构的是这样一个伦理设定:'世界出自上帝的安排,因此世上一切,以某种方式,在意义和伦理上沟通宇宙万物。'"

"……韦伯断言——无论如何都可以从他话中推断出——正是随着命中注定的神性宇宙假设的合法性的衰落,现代性实现了顿悟,跨过了那道门槛。现代性出现了,这种或那种现代性才可以出现,前提是设定中的宇宙合法性不再被视为理所当然和无可非议。现代的反对者们无法接受对宇宙设定的非议,却又不得不接受……"

"……从中可以提炼出两个论点:第一,无论是什么,各式各样的现代性都是对同一个存在问题的反应;第二,无论是什么,各式各样的现代性正是使问题完好保存的反应,它们既没有超越问题,也没有否定问题,而是在问题的内部,甚至在尊重问题的情况下,形成对生活和实践的看法。"(Faubion 1993)

正因为所有这些反应都使问题完好保存,所以在现代性规划中发展起来的自我反思性超越了轴心文明中具化形成的自我反思性。现代规划中发展起来的自我反思性,不仅集中体现于对一个或多个社会中普遍存在的先验视野和基本本体论概念作出不同阐释,而且开始质疑这些视野和与之相关的制度模式的给定性,使人们认识到,视野和模式具有多样性,不同的视野和概念确实都应当接受质疑。

这种意识与现代规划的两个核心组成部分密切相关,两位学者的现代化研究强调了这两个部分,前有丹·勒纳(Dan Lerner),后有亚历克斯·因克尔(Alex Inkeles)。第一个组成部分是承认人有可能超越固定的角色分配,承担多种多样的角色,与之相应,各种宣传开放可能与视野的信息都会广为接受。任何社会,无论主动向现代转变,或是被动不得不变,都包含这个成分,勒纳的著作中关于杂货商和牧羊人的那段著名描述就此作了精彩说明。第二，人们认识到自己可以归属于更广泛、跨区域，同时变动的生活圈。（Lerner 1958；Inkeles and Smith 1974）

与上述意识密切相关，处于现代文化规划核心的是对人的自主性的强调；男性或女性，但在现代规划最初的制定过程中，肯定是只有"男性"，从传统政治和文化权威的束缚中解放出来，个人和制度的自由和活动领域不断提高，人类自由和活动领域不断扩展。这种自主性包含几个方面：第一，自我反思性和探索性；第二，积极建构，掌握自然，可能包括人性和社会。同时，现代规划非常强调社会成员对社会和政治秩序的自主参与，强调社会所有成员可以自主进入这些秩序及其核心。

新本体论视野中，上述组成部分的结合产生了比约恩·威特洛克（Björn Wittrock）和其他学者所说的现代性的伟大承诺和愿景——现代性的愿景本身就承载着知识的不断进步及其合理应用；人的解放，不断将社会各阶层纳入其框架，并将这种解放力量扩大到全人类。

也正是由于这种结合，实现这些承诺的过程本身就孕育着失望和创伤的种子。

三、政治秩序的转变

现代规划要求对政治秩序的概念和前提，政治舞台的构成，以及政治进程的特点进行根本性变革。新概念的核心是政治秩序的传统合法性的瓦解，随之而来的是政治秩序建构过程中的各种开放可能，由此引发了关于人类行动者构建政治秩序方式的争论。其中结合了反叛和知识的对立取向，也包括强烈的形成中心和制度构建取向，催生出各种社会运动，抗议运动本身就是政治进程的一个连续组成部分。

这些观念与现代政治舞台和政治过程基本特征的转变密切相关，第一个也是最重要的特征是政治舞台和政治进程的开放性。第二个是

　　　　　　　　　　　　　　　　　　多元现代性

强调至少有可能使外围的"社会"及其所有成员积极参与政治。第三个是中心渗透边缘的强烈倾向，同时边缘也冲击中心，中心和边缘之间的区别随之模糊。第四个是中心的克里斯马式魅力与抗议的主题和符号相结合，这些主题和符号成为现代超验视野的组成部分，为中心的表在前提提供基本的合法依据。抗议的主题和象征——平等与自由、正义与自治、团结与认同——成为现代人类解放规划的核心组成部分。事实上，正是通过将这些抗议主题纳入中心，表明了各种宗派乌托邦理想发生了根本转变成为现代政治和文化规划的核心组成部分。

四、集体与集体认同的边界

现代规划还包括一种非常独特的集体边界和集体认同的构建模式，传统集体认同包括四个基本组成部分——市民、源始、普遍和超验"神圣"，现代规划对此，以及它们的制度化模式提出了新的具体界定。第一，意识形态的绝对化倾向强烈；第二，市民成分越来越重要；第三，政治边界和文化集体边界之间有着非常紧密的联系；第四，与前面几点密切相关，强烈强调集体性领域边界，强调这些集体性领域和/或特殊成分与更广泛、潜在的普遍成分之间的持续紧张关系。同时，构建集体性的最显著特点也非常符合现代性的一般核心特征，也就是说这种构建不断地以自我反思的方式提出问题。某些情况下，集体认同不再被视为给定，或由某种超验性视野或权威所预先制定，虽然说未必与轴心文明的情况全然不同，区别还是明显的。这些构成了争论和斗争的焦点，通常在高度意识形态化的语言中得到表述。（Eisenstadt and Giesen 1995；Shils 1975）

集体认同构建中，一个非常重要的组成部分是：将社会视为"现代"，视为不同文化和政治规划的承担者，并且从这个角度来看待该社会与其他社会的关系。有些社会自诩为，也有些社会被公认为是现代规划的承担者，更有些社会被视为这样或那样的"他者"，无论如何，所有这些社会都从现代的角度构建相互关系。

五、总体化特征和不断提高的合法性认识

参照克劳德·勒夫特（Claude Lefort）的术语，现代性的文化和政治规划的一个中心方面是，"确定性标记"的丧失，以及随之而来的对此类标记的持续寻找。

关于实现现代性规划的最佳的方式，有两种相互补充同时相互冲突的倾向。第一种倾向是启蒙运动中，尤其是在法国大革命中形成的"总体化"倾向，那场革命也许在人类历史上第一次尝试弥合超验秩序和世俗秩序之间的差距，在世俗秩序和社会生活中，通过有意识的人类行为来实现一些乌托邦的末世幻象。

这种总体化的倾向可以表现为"技术官僚式"多样性，其基本假设是：若理解、掌握自然和人性的秘密，就有资格为实现人类之善和社会之善设计适当的制度安排。总体化倾向发展还有另一种方式，即根据认知——通常是道德或宗教愿景——以非常总体的方式重建社会。上述两种方式有时可以融合到一起。

社会重建进程中的第二大倾向是：人们越来越认识到个人和群体具有多元合法目标，共同利益理应得到多元解释。

六、现代性的持续变化

这些不确定性和克服不确定性的努力因以下事实而加剧：不同社会中形成的现代性具有不同的文化和体制模式，其具体轮廓在不断变化之中。现代性的文化和政治规划内在固有张力关系，伴随着现代性

的发展和扩张,社会制度、政治和经济也在不断发展。

现代性的制度和文化轮廓在不断变化,第一,是由于技术、经济、政治和文化领域有着内在动力,在不同的社会中发展,并向社会外扩展。

第二,现代性的制度和文化随着国家间、政治间和经济权力中心间的政治斗争和对抗而不断变化,这些政治和经济权力中心构成了欧洲现代性的持续组成部分,继而通过欧洲的不断扩张而不断变化,发展出美国和日本的现代性。随着现代欧洲国家体系的形成,这种对抗已经在欧洲内部具化发展,从 16、17 世纪开始随着"世界体系"的成形而进一步加剧。

第三,随着经济、政治、技术和文化领域及其中心的不断发展,不同的国际体系中霸权在不断变化,不断形成新的中心。

第四,之所以发生变化,也是因为不同的中心和精英所提出的解释不断发生冲突,伴随着前提基础的制度化,不断出现具体发展、冲突和位移。

第五,不断变化是因为对抗激活了现代性文化规划所固有的矛盾和矛盾意识,激发了现代性文化规划的开放性和自我反思性所赋予的潜力,导致不同社会行动者的不断传播,尤其是不同的社会运动的传播,不断重新解释现代性规划的主要主题和文明视野的基本前提,以及随之出现的宏大叙事和现代性神话。

第六,不断变化是因为从欧洲开始的现代性的扩张导致了具体前提和体制结构之间的对抗,现代性最先出现在西欧、北欧和欧洲其他地区,继而传播到美洲,再而传播到亚洲,出现于伊斯兰教、印度教、佛教和儒家文明中。

现代性的制度模式和意识形态模式的不断变化表明,现代性的历史最好被视为一个不断发展和形成的故事,以及独特的现代制度模式的多种文化规划不断构成和重建的故事,同时重建的还有各种自我概念,无论这些自我概念多么不同,都以现代为观察社会的视角,都是具有多元现代性的现代。(Eisenstadt 2000)

七、发展和扩张

与那种认为现代性代表了进步、和平的乐观观点截然相反,现代性的发展与扩张具有强大的破坏可能性。事实上,激烈批判现代性的人已经公开揭露了这种可能性,他们将现代性视为道德上的破坏性力量,突出现代性的某些核心特征的负面影响。现代性在最初的具化成形和随之而来的发展过程中,不断与内部的冲突和对抗交织在一起,其根源是资本主义制度的发展所带来的矛盾和张力;政治舞台上,民主化的要求越来越高,现代国家和帝国主义的制度框架也与国际冲突不断交织在一起。最重要的是,现代性的发展与战争和种族灭绝紧密交织在一起,镇压和排斥构成了现代性发展的持续组成部分。战争和种族灭绝当然不是人类历史上的新事物,但是现代性令它们发生了根本性的变化,产生了持续的趋势,特别是现代野蛮主义,其中最重要的表现是暴力、恐怖和战争的意识形态化——这在法国大革命中表现得最为生动。这种意识形态化产生于战争与民族国家基本构成的交织,民族国家成为公民构成和集体认同象征的最重要的动因和舞台;与之相伴相随的是现代欧洲国家制度具化成形,欧洲向欧洲以外的地区扩张,同时伴随的还有通信技术和战争技术的加强。

这些破坏性力量可称为现代性的"创伤",使现代性的伟大承诺受到质疑,这在第一次世界大战之后就已经明显显现了。第二次世界大战中,在种族大屠杀中,这些破坏性力量变得更加明显。第二次世界大战结束的二三十年里,这些破坏性力量被荒谬地忽视,或者从现代性的话语中分岔出去,最近又以一种最可怕的方式再次出现在当代舞台上,出现在新的"种族"冲突中,在巴尔干部分地区,特别是在非洲国家,如卢旺达,以一种最可怕的方式出现。这些不是旧"传统"势力的爆发,而是现代重建的结果,是看似"传统"的现代力量,与宗教激进主义和宗教

多元现代性

公社运动一样,在现代性的框架内发展,离开这个框架就无法完全
理解。

八、具化成形和新历史时期

19世纪和20世纪头六七十年,欧洲和美洲发展起来不同的地域
性民族国家和革命(revolutionary)国家,以及一系列社会运动,由此
"经典"现代性向多元和差异现代性的转变具化成形,依次出现于欧洲、
美洲、亚洲和非洲,这一过程一直持续到二战后的岁月。这些具体过程
构造出现代民族国家和革命国家,以及一系列社会运动的制度性、象征
性和意识形态轮廓,被视为现代性的缩影。然而,在当代舞台上,发生
了巨大变化。

这些变化是在新的历史时期和新的历史背景下发展起来的,其最
重要的特点包括:第一,国际体系的变化和内部霸权的转移的结合;第
二,西方社会内部意识形态的变化;第三,全球化进程的发展;第四,影
响深远的民主化进程,新的社会部门对其各自社会中心以及国际舞台
需求的日益增长。

这一时期发展起来的国际新格局,最重要的一个方面是一些"旧
的"西方霸权遭到削弱,众多非西方社会逐步走向现代。在这种情况
下,活跃于非西方国家的精英对西方霸权的削弱有着强烈的感受,例如
第四次中东战争和西方石油短缺之后的情况。其次,国际舞台上的另
一个重要方面是苏联解体,相应地共产主义与西方的意识形态对抗趋
于缓和。

同时,现代性不同中心的相对霸权也发生了持续变化。第一,中心
首先在欧洲和美国,然后转移到东亚,接着又回到美国,人们认为围绕
着中心的是霸权地位,中心的变化与霸权地位的激烈竞争始终紧密
关联。

第二，这些发展与西方社会内部的意识形态变化密切相关，即所谓的"后现代"或"后唯物主义"取向；以往所谓"文明人"有着相对紧凑的形象和生活方式，要求以一定的方式构建生活世界，而这一切都与最初的现代性息息相关。现如今，这一切不断分崩离析。

第三，在这一时期，出现了多种新的经济和文化全球化进程，表现为世界资本主义力量的日益自律，许多社会部门在社会和经济上出现严重脱离，不同人口之间、不同城市（无论是全球性城市，还是地方性城市）之间的差距越来越大；许多中产阶层遭受严重侵蚀；国际移民剧烈流动，相应出现了国际规模的社会问题，如卖淫、贩毒等。在文化领域，全球化进程与扩张密切相关，特别是通过主要媒体，把居于霸权地位的西方国家，尤其是美国的文化规划或愿景，传播到世界许多地区。

第四，与此同时，世界各地对许多社会部门提出了越来越高的要求，要求更多地参与到社会的核心框架中，即民主化要求日益高涨。

所有这些过程都要求对早期占主导地位的民族国家和革命国家的"经典"模式进行深远的变革，尽管"技术官僚"世俗理性政策在各个领域（无论是在教育领域还是计划生育领域）不断加强，但上述所有进程都在削弱民族国家对自身经济和政治事务的控制。与此同时，民族国家部分失去了在国内和国际实施暴力的垄断权，许多地方和国际分离主义团体（或恐怖组织）部分获取了实施暴力的力量，任何民族国家无论是凭一己之力，还是和其他民族国家协调行动，都不能够控制这种暴力的不断发生。最重要的是，民族国家和革命国家在意识形态和象征中的核心地位遭到削弱，不再被视为现代性文化规划和集体认同基本框架的主要承担者和各种次要认同的主要调节者，形成了新的政治、社会和文明幻觉。

九、基础社会运动

正是在这种新背景下,出现了一些新运动,其中最重要的是在穆斯林、新教徒和犹太人社区发展起来的宗教激进主义运动,特别是在印度教徒和佛教徒社区发展起来的社区宗教运动,所有这些运动都在宣传强烈的反现代,特别是反西方的主题。此外,许多最初在欧美发展起来的所谓"新"社会运动,如妇女运动和生态运动,都与二十世纪六十年代末和七十年代的学生运动和反越战运动有关,由此也发展出许多后来的反全球化运动。所有这些运动与新的社会环境和框架相互呼应,例如新侨民群体的出现,以及新的少数民族类型的出现。

各种运动对不同民族国家所倡导的同质化文化规划进行了质疑,声称自己在各种制度领域中拥有自治地位,包括教育规划、公共传播、媒体出口,提出应当重新界定公民身份及相关权利。并不是说新移民不想在各自的新国家"归化",事实上,与经典的同化模式相比,他们的斗争方式在相当程度上已经"归化"。他们希望在公共领域中得到承认,在相对于国家的市民社会构成结构中,他们希望自身的文化特色得到承认,可以公开宣扬自己的集体认同,而不是把自己的集体认同限制在私人领域中。因此,他们提出各种深远诉求,希望重新界定公民身份以及相关权利。他们确实提出了要求——例如,最近法国关于世俗主义的辩论就说明了这一点,既要建设新的公共空间,又要重建集体认同象征。与此同时,这些运动也发生了重要的,甚至可以说是激进的转变,产生了各种新话语,重新叙述了与现代性的对抗,并就西方和非西方文明间的关系,宗教间或社会间的关系提出新的概念。

许多此类运动支持者往往也活跃在国际舞台上,例如许多分离主义者(既活跃于地方,也活跃于区域环境中)与诸如欧盟这样的跨国框架和组织建立了直接联系。与此同时,各种宗教运动者,特别是宗教激进主义运动者在国际舞台上变得非常活跃,他们影响着自己国家和其他国家在国际事务中的活动,以及它们之间的相互关系。

这些运动中各种固有张力释放出来,包括现代国家构成中的张力、现代政治规划中的张力,特别是多元取向和总体取向之间的张力、乌托邦理想与开放务实的态度之间的张力,以及反对封闭集体认同的多个方面之间的张力。与此同时,在这些运动中,关于现代性对抗的论述,以及西方与非西方文明、宗教或社会之间关系的概念化都发生了重要的,甚至可以说激进的转变。

十、现代性的重新阐释

所有这些变化构成了现代性话语,以及以自己的方式重新阐释现代性的尝试的重要转变,似乎延续了早期不同改良派和传统宗教运动之间的较量。这些运动在新的历史背景下,在新的领域中,以新的方式重建了现代性的问题领域。

第一,新的方式包括这些运动在全球范围内(特别是通过各种媒体)的传播,以及所引起的对抗。第二,各种运动日益政治化,不断与高度政治意识形态化的措辞交织在一起。第三,对现代性重新阐释和利用,其中一个重要组成部分是参照新的全球背景和全球竞争,不断重建集体认同。新的全球竞争确实可以说是"文明间的竞争",但这一说法原本就深深扎根于现代性话语之中,尽管文明竞争论以总体化的绝对话语界定自身,但这些话语还是源发于现代性话语的基本前提。当然,文明竞争论常常可以借鉴旧的宗教对立和冲突,而当这种对立冲突与政治、军事或经济中的对立冲突结合起来时,确实会变得非常暴力。第四,在当代舞台上,各种政治、文化愿景,以及各种集体认同得到重建,其中包含了重要的转变,重新论述西方和非西方文明之间,宗教间或社会间的对抗,也重新论述各种对抗与西方现代性的文化规划之间的关系。

　　上述一系列前提看似矛盾,却不断被接受,不断被重新阐释,这种情况恰恰是早期宗教改革和民族运动的特征,也是当代各种宗教运动的特征(包括宗教激进主义运动和大多数社区宗教运动),更在不同社会中发展出具有更高普遍性的现代性话语,揭示出一个重要事实:至少有一些前提表面否定,实则肯定。部分前提对西方,对被认为是西方的东西,表现出明显的对抗态度,并试图用自己的非西方,通常是反西方的话语来描述现代性和全球体系,但这些话语本就是因现代性话语而得到表述。与西方对抗,其目的并不是寻求自身融入新霸权文明,而是吸纳新的全球格局和现代性为己所用,为自己的传统或"文明"所用——传统和文明也在与西方的接触中,在西方的影响下不断重建。这些运动试图将西方化与现代性区别开来,否定西方对现代性的垄断和霸权,否定接受西方文化规划为现代性的缩影。值得注意的是,许多"后现代"运动也支持这些主题,虽然所用的话语大不相同。

　　所有这些发展和趋势构成了现代性文化规划的不断重新解释和重建,构建起多元现代性;各种团体和运动试图重新评价现代性,用它们自己的话语重新界定现代性的话语,同时也界定不断变化的现代场景中的政治领域的边界。

　　所有这些不同的运动和话语提出不同的现代性规划和话语,而非仅仅延续了古老的传统。就现代性持续话语的再阐释、吸纳和表征产生了各种争论,同时产生争论的还包括一个核心话题,即不同社会的独特传统在面对现代性扩张时的延续和持久性。与此同时,这也要求一系列变化的发生,抗争的主要领域从以民族国家为主转向各种社会运动和社会群体相互交错的新领域,变化同时也体现于多元现代性的具化成形过程,以及现代集体认同的构建过程中。

　　这些运动和发展所产生的不是"封闭"的文明,而是各种不断相互作用的现代文明,即使有包容性倾向,也是以典型的现代方式构建而起,并且在不同的历史背景下,以不同的具体方式不断表达出现代性。

对现代性加以重新阐释和分配,其中一个关键组成部分是对集体认同的不断重新阐释,这种再阐释确实可以用"文明冲突论"的术语加以表达,但这些术语本身已经扎根于现代性话语之中。然而,当代场景中与较古老的传统宗教对抗也有所不同,"文明"往往以总体化和绝对化的话语加以界定,而这些话语原本就是从现代性话语的基本前提中衍生出来的,虽然利用了更为古老的宗教对立。

　　各种运动之间的对抗或冲突,以及更普遍的现代性话语,不是不同文明之间的对抗或冲突,而是现代性的不同阐释或规划之间的对抗或冲突,其中与"文明"相关的成分主要是集体和集体认同的构建,当然也可能与不同社会内部或不同社会之间的权力对抗密切相关,从而加剧了现代性的破坏性潜力。此外,不断进行的重新阐释和争论并非一成不变,所有的社会在不断变化的历史力量的影响下,对现代性的再阐释尝试也在不断变化。每一个时期不仅发展出一种现代性模式,而且发展出多种现代性模式,在多种现代性模式的形成过程中,不同社会的历史经验和文化文明遗产发挥了非常重要的作用,欧洲的情况就是如此。

参考文献

Eisenstadt, Shumel N. (1986). " The Axial Age: The Emergence of Transcendental Visions and the Rise of Clerics". In Shumel N. Eisenstadt et al. (eds.). *The Origins and Diversity of Axial-Age Civilizations*. New York: State University of New York Press.

——. (2000). "Multiple Modernities", *Daedalus*, 129 (1): 1 - 30.

Eisenstadt, Shumel N. and Bernhard Giesen. (1995). "The Construction of Collective Identity", *European Journal of Sociology*, 36 (1): 72 - 102.

Faubion, James D. (1993). *Modern Greek Lessons: A Primer in Historical Constructivism.* Princeton: Princeton University Press.

Inkeles, Alex and David Horton Smith. (1974). *Becoming Modern: Individual Change in Six Developing Countries*. Cambridge: Harvard University Press.

Lerner, Daniel. (1958). *The Passing of Traditional Society: Modernizing the*

多元现代性

Middle East. London: Macmillan Pub Co.

Shils, Edward. (1975). "Primordial, Personal, Sacred and Civil Ties". In Edward Shils (ed.). *Center and Periphery: Essays in Macrosociology*. Chicago: The University of Chicago Press, 111 - 126.

艾森施塔特的普通社会学

格尔哈德·普耶尔

引言

要更好地把握艾森施塔特的社会学,有必要对其理论社会学的核心进行重构,涉及分析行动(创造力、人的能动性)与结构、文化(包括宗教)与社会结构(宏观秩序)之间的相互关系。艾森施塔特对分析人类状况和社会秩序问题所作出的特殊贡献要包括在这一参照系中,他将其重新界定为**权力、信任和意义**之间的关系,这个问题源于他和布伯的共同研究。应当记住,艾森施塔特的认识论理论并不代表分析实在论(Parsons),在他看来,这关系到如何从文明研究和比较研究的角度理解结构演变的历史,其成果最终转移到多元现代性的研究规划中。对艾森施塔特来说,"历史"并不是一个完整的过程,正如他在 20 世纪 90 年代对福山(1992)的批判中所指出的,"我们在当代社会所体验的并非历史的终结,而是强化"。(Eisenstadt 2003,511;关于艾森施塔特作品的历史参见 Preyer 2011)

艾森施塔特主张理论社会学应当为分析社会的结构演变构建一个"构成性的基本参照体系",这一观点是合理的。从他对社会学史的重新解读来看,这种方法的基础是他不期望社会学中出现一种新的具有总体性和普遍性的范式。他的主张是将理论社会学确立为比较文明研究中的一个研究规划,关于社会学史,他同意施卢克特(Schluchter)的看法,将社会学的核心内容重构为一个具有"系统意图"的研究规划。(关于社会学理论的系统化参见 Schluchter 2006,1-18)人类创造力问题可以放入艾森施塔特一般社会学的参照体系内,这是很有教益的,对他来说,创造力及其局限性(创造力和结构)是相互关联的,也可以称为创造性概念的涂尔干母题(Durkheimian motif)。

一、结构的问题

(1) 行动(创造力)和结构。艾森施塔特的现代化理论创新是对社会结构演进的系统化研究的贡献,在他看来,社会结构的演变是一种结构变化。在艾森施塔特的一般社会学中,行动(创造力)与结构的关系如何呢?

在艾森施塔特看来,20 世纪 50 年代以来社会学理论的主要问题就是分析社会结构、文化与社会变化之间的关系,其理论背景是创造力问题:

> 创造力问题,以及与之密切相关的另一个问题,即社会背景下人的自由潜力范围问题,最近在社会科学的理论讨论中反复出现,表现为与社会结构有关的人的能动性问题。当然,这个问题早已是古典社会学理论的核心。(Eisenstadt 1995,1)

上面这段文字引出了艾森施塔特一般社会学中的行动(创造力)、结构和克里斯马式魅力之间的关系。(关于克里斯马式魅力和中心-边缘关系的作用,参见 Shils 1975)行动的克里斯马式魅力融入人类的自由和创造力中,创造力,包括行动,由自主性的提高、区分行动,以及社会背景的愿望所触发,这就是社会结构中持续存在着特殊利害关系的原因,这些利害关系在抗争和革命中得到了表达。

（2）认识的客观性和主观性——本体的客观性和本体的主观性。艾森施塔特赞同帕森斯的系统论，认为社会系统是一种边界保存实体，具有特殊的认识论和本体论地位。社会系统不是环境的一部分，系统的结构与系统与环境的区分密切相关。为了确定社会系统的本体地位，艾森施塔特建议以"认识的客观性和主观性"与"本体的客观性和主观性"为初步取向（参见 Searle 2010,17-18），例如，社会宏观秩序是客观的，因为它并不存在于成员的纷繁意见之中。象征和交流不是主观的，而是社会成员通过参与交流而客观地体验到的事实，与此同时，这种宏观秩序只有通过行动和交流，从认识的角度再现时才存在。在这方面，主客观区别有两种解读：一种是认识论解读，一种是客观论解读，认识论解读关注社会系统交流参与者的态度，本体论解读关注社会交流的存在。社会本体论要回答下面这个问题：

> 如何对一个本体上具有主观性的领域进行一系列认识上
> 的客观陈述？（Searle 2010,18）

如果我们用艾森施塔特的方法来具体说明这个问题，那么社会系统的客观性和主观性是由行为及其先决条件从认识论的角度产生的。从客观的角度看，社会系统成员的客观性和主观性是由"开放空间的存在""人的普遍倾向"及其对这些"倾向"的具体规定所决定的。（Eisenstadt 1995c，331）这是艾森施塔特版本的系统环境关系重建。艾森施塔特的社会学中，认识论与本体论的客观性和主观性关系的分析涉及结构与行为（创造力）的关系，结构及其条件，社会交往的内在不确定性，以及建构中发现的宏观社会秩序语义图示的"构成性基本参照体系"。语境主题化是元思维（反思）的焦点，通过社会结构演变中符号维度的分化来实现。在社会学理论方面，"参照体系"适用于"变化的社会情景"中的具体研究方案。

多元现代性

(3) 基本人类行为和主权。 在这一关系中，结构与行动有着特殊的关系，因为"基本人类行动"受制于主权的产生，也受制于不同群体获得资源的机会。（Eisenstadt 1995；Sewell 1992）结构限制着社会系统成员交流的选择，结构，社会交换的结构，以及其对于作为社会宏观秩序的结构贡献，受制于社会系统内部关系和外部关系之间的社会交换界限。在这一点上，艾森施塔特同意吉登斯的观点，认为行动和相应的活动通过结构化既复制，同时又改造社会。（Eisenstadt 1995；Giddens 1979；1984）艾森施塔特将社会结构演变系统化为结构的变化，因为行为和交流的"构成性基本参照体系"产生于人类的行为，也只有在这个"参照体系"（结构）中，行为和交流才是可能的：

> 变化的过程，特别是（但不仅仅是）那些超出现有调节机制（也就是说，根据社会互动模式的前提，尤其是在"宏观社会"秩序之上"吸纳"或重组变化）的发展变化，往往具有一些具体特征，在激烈的"局势变革"中变得特别明显。这种局势变革的主要特征是：在现有体制框架内部"解冻"资源和活动，使这些资源和活动"开放"，"自由浮动"，从而可以重新构造。

> 因此，在某种意义上，这种结构，或这种结构化的趋势，构成了任何已知社会的所谓"演化宇宙"（evolutionary universals），构成了采取任何行动的基本框架。但它们的具体参数在历史上不断变化，体现于框架内部发展出的相互作用过程。这些过程必然与框架变化的具体参数交织在一起，但不会改变其内部人类活动结构化的一般趋势。（Eisenstadt 1995c，376，389）

因此，社会系统的再生产，结构的再稳定在功能上必不可少。这些"先决条件"由社会系统中所有成员履行，每个成员都具有特殊的作用，社会系统成为一种成员系统。正是在这个前提下，艾森施塔特社会学中，权威性和权力在所有社会中的作用得到解释。应该把演变的普遍性视为观点问题,这也就引出了艾森施塔特社会学中的超越问题与存在问题。

(4)空间社会学。在艾森施塔特看来,社会结构演变的基本方面是社会交往延续的内在不确定性(Eisenstadt 1995c,331 – 334),这涉及他关于社会系统的概念,该概念将社会系统与环境区分开来。艾森施塔特同意梅耶尔(Mayer 1976)所提出的开放遗传程序的不确定性方法,然而社会边界并非由遗传程序来界定,而是由沟通、互动和结构共同决定的。不确定性是所有人类活动所固有的,因而是交往行为参与者的不同目标间的相互关系,是参与者所拥有的资源,参与者凭此拥有组织交往行为。由此产生出一个核心问题:凭借总体倾向性及其具体参数,来填充开放的空间。在这方面,艾森施塔特的社会学是一个空间和存在的社会学:

> 人类活动的所有领域中,人类的普遍倾向和这些倾向的具体参数之间存在着开放空间,这意味着人类具体活动的关键是"填充"这些空间。这种"填充"只能通过社会互动来实现,然而社会互动也具有不确定性和空间开放的特点,它始于年轻人的社会化进程,并贯穿于社会成员的成年生活。(Eisenstadt 1995c,331;关于不同精英在填充开放空间中的关键作用,以及艾森施塔特对帕森斯结构分化论和内系统增长演变论的批判,参见 Marangudakis 2016)

这种模糊性是交际的前提条件,也是在时间上复现交际事件及其可能关联安排的前提条件。不确定性的局限性和开放空间的形成,要求构建信任、团结、合法、意义,以及权力使用规范,以之为必不可少的功能性要素。

(5)存在论基础。对社会系统结构的分析包括组织社会系统成员行为的认知和评价图示,然而,这些图示不仅具有认知性,而且与人生命的存在和社会的组织有关联。元思维使自我知觉、自我反思和问题形成成为可能,艾森施塔特社会学是存在论基础之一。自我反思性的中心是实现社会秩序和社会取向的任意性和偶然性,从而引发对于社会秩序的矛盾心理。艾森施塔特将其基础描述如下:

> 人类的自我意识,意义、自我反思性的建构,以及所有人类社会中的元思维倾向,并不是完全随机发生的,虽然这样的构造也不是由人类物种的遗传禀赋(如一些社会生物学家所建议的)或人类思维的恒定规则(如许多结构主义者所暗示的那样)预先决定所有细节。意义建构是通过上述认知图式来实现的,图式的构成包含了不同的参数,而这些参数源于所有社会和文化中共同的结构化倾向,结构主义者突出了康德主义的共同结构化倾向。在最一般的层面上,图式围绕着时间、空间与环境相关的自我反思主体加以构建,人类自我反思的一个中心方面是,主体自身也成为反思的对象。
> (Eisenstadt 1995c,339)

社会传播的管理和再创造包含了对存在状态的描述不断地被重新解释为核心符号、本体论、社会秩序设计和社会规则(艾森施塔特在这一方面受到了韦伯宗教社会学的启发,关于韦伯的宗教社会学,参见Preyer 2010)。此外,还包括新的社会制度和交往行为的发生条件。如果不同的社会制度具有较高的互补性,那么通过共同的社会期望(社会规范)进行整合的可能性不大。在艾森施塔特看来,结构演化中存在一个根本的整合问题,始终难以消除,也无法通过价值观的普遍化和社会群体的包容来弥补(帕森斯)。社会制度的成员资格是社会斗争和冲突的结果,导致斗争和冲突的动机是宇宙观、威望、暴力处置手段,以及经济和技术资源。

（6）边界维护。社会制度的核心功能是保持内外分化的边界，这关系到社会制度的结构。艾森施塔特提出"构成性基本参照框架"，以分析社会系统及其结构，其基本概念是边界概念。边界是社会系统自我选择的构成要素，社会系统由群体边界、互动系统边界和组织边界加以区分。结构保存总是会引发冲突和矛盾，导致社会制度的变革、转型，边界的拆除和边界的重建：

> 社会系统、集体和组织边界的构建必然会勾画出它们与环境的关系。然而，认为存在着一种适合任何社会和社会互动模式的自然环境，这种假设是错误的。根本不存在所谓"外在""自然"环境。（Eisenstadt 1995c，358–359）

在艾森施塔特看来，决定结构和组织的不是社会系统的环境，因为环境本身受制于作为一般交流条件的结构变化。社会领域具有系统特征，是由内部和外部之间的基本边界决定的，界限建立于参与交往的限制。从这个角度出发，艾森施塔特分析了文化与社会结构（宏观秩序）之间的关系，因为每个宏观秩序都必须履行结构保护的功能性要求。

在艾森施塔特看来，结构的概念、结构的变化、社会交往的内在持续不确定性、社会系统的关联边界，以及社会成员所作的存在阐释，所有这些区分构成了分析社会结构演变的"构成性基本参照系统"，在理论上具有指导性作用。在语义图示的辅助下，艾森施塔特分析了社会结构演变中的结构变化（艾森施塔特将社会结构演变中的结构变化系统化，认为自由资源配置引发了意外后果，参见Marangudakis 2016）。

之所以建立上述区分，是为了确定社会变革中，系统-环境关系演化差异顺序的前提和先决条件：

> 正是由于人类交往在不同层面上存在着不确定性，普遍

的结构化倾向与许多层次的相对开放性不断交织结合，才产生了自由、创造和革新的可能，也产生了结构调整的趋势，这种结合为人类的创造与自由从结构和历史角度作出辩证阐释。（Eisenstadt 1995c，389）

二、语义图示

（1）宏观社会学分析。艾森施塔特对文化与社会结构的关系进行了新的分析，将其视为宏观社会学分析的重点（关于西方社会起源这个经典社会学问题，参见 Eisenstadt 1987）。在艾森施塔特看来，具体社会应视为具有宏观秩序的集体，对其成员的社会交换行为施加限制，没有成员的集体认同就没有社会，集体认同不会随着社会结构变化和现代化而消失。值得特别注意的是艾森施塔特的文化概念，艾森施塔特将自己的文化概念与帕森斯的以行动系统分析为参考框架中的文化定位（关于现代性文化，参见 Münch 1986）区分开：

> ……格尔茨提出"为社会所有，为社会所用"，这种文化和社会秩序模式揭示了社会现实的实在属性，这种社会现实就是：社会的核心符号，人类活动不同领域的评价，以及不同的象征性（"文化"）活动所处的位置，正是它们产生出人类经验的基本困境和不确定性。这些模型提出了界定约束性文化秩序、社会传统参数和集体认同象征的标准，以及主要领域内制度和文化活动的适当行为准则。（Eisenstadt 1995c，351；Geertz 1973，S. 93-94。关于文化和社会结构之间的关系，参见 Eisenstadt 1986/1995a；1995b；1995c；1995d）

因此，文化和社会结构不是本体性实体，也不构成存在领域，而是社会成员实现社会互动的两个分析性维度,为社会学分析提供指导性问题参照。必须参照艾森施塔特关于本体主观性和客观性的观点,将分析性维度的认识主观性和客观性重新定义为"人的普遍倾向"和"开放空间的存在"(系统-环境关系)。

(2) 语义图示的极点。 我们称之为现代化的社会结构演变始于社会行为不同维度的结构分化,艾森施塔特在语义图示的指引下,考察了文化与社会结构关系中不同维度的重组和重新嵌入。

语义图示上,各种关系沿两极(轴)安排。与"构成性基本参照体系"的各组成部分的本体地位相关,行动(创造力)与结构之间的关系将社会的宏观分析和社会秩序结合起来,产生互动。为了分析这种关系,艾森施塔特依赖于结构概念(Giddens)。

首先,从第一个极点的视角看来,存在问题是对宇宙秩序和与世界关系的界定,调和了世界领域和先验领域之间的区别,对这个问题的回答涉及参与社会交往的社会成员的生活。

其次,从社会领域第二个极点的视角来看,存在问题界定了宇宙秩序及其符号结构,从而在社会交换的结构过程中产生冲突和紧张:

> 为社会或其中某部分的基本传统或前提构建语义地图,需要明确两个基本轴相关的合法问题的范围该如何界定,这些问题及其答案如何表达,以及它们在元意义范围内具有怎样的合法性。其中包含着它们的主要制度含义,以及它们向社会秩序基本前提的转变,即上述社会秩序的基本维度之间关系规范,亦即劳动分工、信任、集体边界、权力规则,从这些基本的极点和轴心来构建人类活动的意义,及其制度含义。
> (Eisenstadt 1995a, 298)

因此,艾森施塔特的社会学主张将权力、信任和意义之间的关系归类为社会秩序的基本问题,在分析行动(创造力)和结构之间关系的"构成性

多元现代性

基本参照体系"时,将社会结构演变的集合划分为社会秩序的基本问题,此类问题存在于文化和社会结构之间。

艾森施塔特通过社会交际过程的模糊性来分析行为(创造力)与结构之间的关系安排,补充了文化与社会结构之间的关系,涉及社会宏观秩序的组织及其演变结构。

(3) 不确定性和存在的不安全感。 为了实施语义图示,艾森施塔特将社会成员与集体之间的社会交往过程的内在不确定性、社会成员目标,以及所拥有的资源等概念系统化,对不确定性的意识伴随着社会秩序的构建,是社会成员自我解释和自我感知的一部分:

> 所有社会都建立于这样一种社会和文化秩序之上,其部分目的是克服既定存在所带来的不确定感和焦虑,具体方法是建立个人和集体认同(涂尔干)的象征性界限,根据普遍的生物原始类别,如年龄、世代、性别和领土依附来界定不同群体成员,"回答"宗教信仰中死亡和不朽等长期存在的问题,区分既定的世俗世界和它之外的另一个世界,从而也对世俗和神圣加以区分。(Eisenstadt 1995b,310)

存在性的不安全感和恐惧是塑造圣人的先决条件,也是通过建立宇宙和社会秩序去寻求有意义世界的活动的先决条件。塑造圣人是人类克里斯马式魅力活动的核心,这个核心建立了进入宇宙秩序的途径,社会结构演变中的革命局面由此开始。

基本语义图示对人类和社会存在的中心问题进行了界定,并提供了具体解决方案,其与社会秩序基本假设的关系如下:

> 一个社会、社会某些部分,以及社会中个人的语义图示制度化有一个非常核心的方面,就是对人类活动的不同领域,特别是政治领域的基本前提从象征和意识形态角度加以界定。

正是因为前提得到界定，这些活动在各自的社会或社会领域中才具有特定的意义和合法性。这种政治经济学象征性定义不必与它们的结构分化相一致，不必根据相对分化和专门化的经济和政治秩序，从象征意义上来指定所有社会都存在具有鲜明自律性的那些社会领域。（Eisenstadt 1995b）

艾森施塔特认为，基本规则包括分工之间的联系、社会角色的具化成形，以及"自由资源流动"的调节。它们首先界定的是集体的象征性界限，其次界定了资源的获取及其调节，最后界定了集体目标的重要性。（Eisenstadt 1995c，344－345）

（4）克里斯马魅力维度和轴心时代。基本规则的解释和相应的制度框架决定了人类行动的焦点和克里斯马魅力维度在社会交流中的作用，在这个参照体系中，艾森施塔特在制度建设和社会秩序方面插入了克里斯马魅力的维度：

人类生命中克里斯马魅力维度的本质，就是试图去探索存在的本质，去探索存在、宇宙、文化和社会秩序的根源，去探索被视为神圣和根本的东西。（Eisenstadt 1995b，312）

克里斯马魅力维度既有建设性，也有破坏的可能，同时有着自身的内在属性。社会系统成员对不确定性的感知也会触发对既定社会秩序偶然性的体验，在艾森施塔特看来，这证明了任何社会秩序都是"脆弱的"，没有尽善尽美的社会秩序。

艾森施塔特对社会结构演化中轴心时代（axial-time）文明演化创新的分析可归类为语义图示的实施参照系统，基于分析的参照框架，艾森施塔特将第一个轴心时代（轴心文明）归类为社会结构演变中的结构创新（Jaspers 1949；Schwartz 1975；Arnanson 2005；Bellah 2005；

Eisenstadt 1982；1986；1987；2000；2012)。① 随着轴心时代文明的到来，社会结构演变中的行动（创造力）和结构之间的关系发生了结构性变化。社会秩序的每一个建构都是人类创造力的表现，同时也引出创造力的限度，以及对创造力限度的感知，这些界限传达给社会成员并得到象征。在艾森施塔特看来，这导致了一个根本问题，即社会秩序及其恢复，因为人们意识到，社会秩序是一种建设，因此应当有所选择。社会秩序偶然性经验的自我感知中，艾森施塔特对社会结构演变中的抗争和社会变迁进行了分类分析，这方面一个关键概念是自由资源。

（5）结构变化。轴心时代文明引发了文化与社会结构的分化，并通过语义映射进行重组。这种文明是社会演变探索的关键，因为它带来了社会政治和宗教中心分化的社会结构突破，也产生出社会融合这个无法消除的新问题。结构变化由两种趋势共同引发。

首先，超验世界和此岸世界之间出现了根本的区别，由于自我反思性（次级思考）提高，引起宇宙和社会秩序的概念和前提问题化，由此也引发另一个问题，即缩小两个层次之间的差距。

其次，社会交往及其归属复杂组织，特别是亲属制度和地域整合，有一种脱离倾向。

自由资源的开发和分配日益组织化，导致了社会系统的分化和复杂，对制度化的既定社会秩序提出了挑战。在这一背景下，艾森施塔特分析了社会结构演变中的抗争和社会变革，寻找新的社会秩序模式，以此作为区分超验维度和世俗生活的基础。通过这种方式，一种潜在的普遍性取向，与古代思维，以及现实本体层面的等级世界观形成对比。与此同时，宇宙秩序的指导原则声言，自己先于生活方式，并为其设定

---

① **轴心时代**（*Achsenzeiten*）一词可追溯到雅斯贝尔斯（Jaspers），指一系列相继出现的古代文明，包括古以色列文明、古希腊文明、基督教文明、部分伊朗索罗亚斯德教文明、早期中国文明、印度教文明、南传佛教文明以及伊斯兰教文明。艾森施塔特的文明概念及其社会形态概念需要对文明（例如"美国"或"基督教"）与制度组织框架（例如"美利坚合众国"）进行特殊分析。"构成"这个词可追溯到 19 世纪地质学。

方向。

一致性(congruent)社会与非一致性(noncongruent)社会分化开来,其核心是结构维度与符号维度的脱钩,而这种脱钩始于基础精英的分化。艾森施塔特从他的调查中得出结论,社会变革不是一个自然事件,不是由普遍存在的文明本体引发的,也不是由社会结构本身引发的,而是由文化和社会结构层面在具体情境中"相互交织"而引发的。在他看来,这也关系到对结构演变和历史的理解。

(6)深层结构和协商秩序。艾森施塔特将文化与社会结构的关系视为社会成员沟通、互动和创造力的组成部分,对其加以探讨。这些部件相互"交织"在一起,社会结构分化的过程中,一些成员从归属性的社会组织和权力手段的处置方式中独立出来,从而获得了控制其他成员的权力,这对社会交往的"深层结构"和"协商秩序"都产生影响。令二者产生联系的主要问题是:如何把文化的视野和取向转移到文明和政治社会秩序的根本前提上来? 这一前提明确了社会分工、权力使用规制、信任和意义建构之间的关系,并由不同的精英阶层加以阐释和传播。(艾森施塔特的精英概念不同于帕雷托的精英流通概念,本·拉斐尔和斯特恩伯格强调艾森施塔特对精英在社会背景和历史社会变革中的作用的研究,参见 Ben-Rafael and Sternberg 2005。)

这是通过象征性控制和制度性控制的不同机制实现的,这些机制是社会秩序的前提,是社会"深层结构"的基本制度领域和形态。艾森施塔特认为,分工组织和市场机制并不足以解释社会秩序的构建和维护,这是社会学创始人涂尔干和韦伯的共同假设,即体制的进程和机制影响结构。

(7)创造力的限制。艾森施塔特实施语义图示,以指导结构、社会结构和行为(创造力)之间的关系,同时探讨了这个问题。社会结构具有先决条件,也就是社会系统成员和社会成员创造力的局限性,这些先决条件决定了社会的交换结构(关于这方面研究的总结,参见 Eisenstadt and Roninger 1995;也可参见 Preyer 2011,148 - 158)。这是分析社会结构和行动之间关系的重点：

> 前面的分析说明了"社会结构"和"人的能动性"之间关系的性质，分析表明，结构基本上是"象征性"和"物质性"资源获取、使用，以及这些不同资源（经济资源、权力、威望，以及信息）之间相互转换的过程中出现的可能性规范。根据不同的图示，这种转换以不同的代码方向为基础。通过社会精英、有影响力阶层，以及更广泛阶层之间的相互作用，规范了准则取向，将一些"客观的"人类或自然既定因素转化为可用于社会互动的资源……结构的构建创造了霸权，使不同的人能够使用资源，与此同时，也使所有与之相关，可获取资源的人获取了权力，正是这种资源的获取构成了人类"活动"的基础核心。（Eisenstadt 1995,359-360）

每一种社会秩序和每一种社会互动都是由人类活动的象征性维度所决定的，特别是由基本的文化和本体视野所决定的。创造的局限是由制度化的结构，以及特殊的社会角色所决定的，而制度化的社会角色又是已呈现可能的选择。克里斯马魅力式创造走向制度化，也开始了正常化的历程。自 20 世纪 70 年代以来，艾森施塔特一直在关注轴心文明的抗争角色，以及大革命与西方现代性的关系来研究这个问题（参见 Eisenstadt 1978；2003。关于社会运动的系统化，参见 Münch 1995a；Preyer 2018）。

（8）研究规划的结果。在语义图示的指导下，艾森施塔特将社会演变的结构变化系统化，提出了分析社会变迁的研究规划。他认为，社会结构变化不可能彻底完成，根本原因是人类状况的建构性，这一观点适用于一切宇宙论和本体论意义上的、支配所有社会和交往行为的说服系统。艾森施塔特的研究对文化与社会结构之间的关系作了新的分析，这种分析涉及秩序的社会学分析，同时将社会的结构演变描述为

"秩序维护"和"秩序转换"的过程。集体认同、制度和组织构成限制,在结构演变层面的社会变革中不断重现,这些身份由社会系统的成员条件编码。在艾森施塔特看来,集体认同不是自然属性,而是建构性和想象性实体(Eisenstadt and Giesen 1995)。社会成员的集体认同,其建构和重新阐释,这些构成了结构、文化和社会结构之间的联系,构成了社会秩序的表现形式和克里斯马魅力活动,并以基本本体论为取向。

三、几点批判:从成员身份制度社会学角度出发

(1) **认识论途径**。对于社会领域及其本体,我们假设有一个观察者(阐释者),这个观察者不仅面对其领域,而且属于这个领域,我们假设这个领域只有在有观察者的情况下才能存在。与现代自然科学不同(量子物理学例外),观察者属于社会学领域,但这并不排除这样一种可能,即观察者可以保持距离和超然的视角,这关系到本体论和认识论的客观性和主观性之间的根本区别。例如,一个领域在本体论上可以是主观的,但这并不意味着不能对其作出客观陈述。

我们在日常生活中体验和交流(行动),有一个社会框架,我们不断复制这个框架。我们也可以这样表达:我们发现自己所属的日常系统,这个系统不在我们的支配之下,对于这个系统我们只有部分的意识。每一项交往和行动都有先决条件(初步决定、各种先决条件),在这个框架中,交往是由结构决定的,即它们面向对预期规律性的抽象。当一个系统在其自己的领域中以不同的方式运行时,例如区分成员/非成员、连接/非连接,并以这种方式运行时,它在结构上是确定的。

从这方面来说,社会学的根本研究对象是由结构所决定的系统和成员次序。社会制度以满足成员条件为"先决条件",继而实现自我决定,这就对成员条件和交往系统参与提出了特殊要求,这是导致社会制度与无法实现的非社会环境结构性分化的断裂点。在社会系统的交往

中,成就感是可以观察到的,关系到对其成员的期望。

（2）作为先决条件的成员选择。 动因（创造力）与结构之间的关系将成员理论描述为社会系统的自我构成,通过成员资格的决定及其作为参与交往系统的运作条件来实现。作为意义的选择,行动在交往中被"标记"起来,成为社会系统成员自我观察的个体行为选择和归因,被贴上与交往相关的社会标签。在这方面,艾森施塔特的行为理论必须从交往理论的角度重新解释。他的行为理论过于倾向实现者-情境-定向模型,有着浓厚的帕森斯背景。在这方面,必须对其理论社会学加以改造。"构成性基本参照框架"和社会系统成员资格的先决条件,从成员资格理论的角度来看,这涉及成员资格条件的编码,成员资格的正式、非正式安排,以及权力规则。每个成员次序都基于权威,权威决定是否可以参与交往,权威秩序是由基层精英及其联合所实施的。

社会制度以满足成员资格为"先决条件",继而自我决定,对成员资格和交往系统参与提出了特殊要求,这是导致社会制度与无法实现的非社会环境结构性分化的断裂点。在社会系统的交往中,实现是可以观察到的,关系到对其成员的期望。艾森施塔特将这种结构称为限制创造力的基本规则,这些"规则"包括期望的期望,以及它们作为参与者对分散的交流的方向的投射。（认知预期和反现实预期之间的区别见Luhmann 1972,40-53）在这方面,交往的内在不确定性应被解释为成员选择的决定对社会制度的自我刺激,内部不确定性与成员决策相互作用,这是社会系统区别于环境系统的特殊条件。在例外作为成员选择的决定中,无论例外由谁作出,成员身份制度自我构成都具有基本主权,因此,成员身份制度只能是社会制度。

如果我们把社会成员身份制度的自我构成作为一种社会本体论来对待,也就放弃了规则的概念。规则的分析者正在犯错误,但紧急状态并不是一个错误,紧急状态排除了,同时也包括了基本主权。因此,这是一个制度与环境相区别的不确定性地带（Ort 2003,94-95）。我们认识到,作为成员系统的自我构成,制度与环境的不对称解决了创新及其自我限制的理论之谜。当我们从第二阶段观察成员资格决定时，我们已经洞悉了这种结构的形成，但这总会导致社会成员的自我观察。

成员资格的决定由时间维度所支配，我们倾向于将其服从于社会系统的空间位置，但这并不排除其他观察。艾森施塔特的观点基于这样一个事实：在非功能性差异的情况下，种群受空间条件的约束，尽管成员规则也存在流动性。成员决策作为一种结构选择，在社会系统的非社会环境中没有回应。在这方面，艾森施塔特的社会系统结构理论与成员理论紧密关联。

（3）对第一和第二极点的纠正。从成员理论的角度看，语义映射的构造必须加以修正。语义映射的首要功能不是界定宇宙秩序，从而填补"第一极点"的语义，而是决定成员地位的演化确立，从而决定各自的社会生活方式。宇宙学对社会的自我描述涉及观念的演变，可以把观念的演变归结为分化的形式。成员理论可以用存在自我知觉问题来促进分析思想演变的问题，因为观察到的系统环境中断解决了系统环境差异的自我描述。（卢曼［Luhmann］，语义学与社会结构［semantics and social structure］；关于系统环境关系中存在反映的分类，参见 Preyer 2012）

"第二极点"从成员理论的角度，通过成员地位的斗争来重新解释。艾森施塔特将权力、信任和意义的关系设定为权力媒介对语义图示的实现，因为符号维度的分化和实现是由基层精英实施的，社会秩序以主权权力为基础。艾森施塔特重塑文化与社会结构的关系，以及维护秩序和文化转型来形成社会秩序，使这一问题系统化。然而，艾森施塔特有成员制度理论，因为基层精英们建造的中心负责传递社会生活的意义，这涉及主权权力的分类，在理论上应解释为成员资格的决定，不管是谁都适用。例如，实施者包括氏族首领及其执行者、正式组织及其胁迫手段，也包括秘密机关及其影响。成员理论/社会学可以遵循这一点，通过自由资源处置，社会结构演变中的成员条件得到了重新解释和制度化，例如通过社会分层走向亲属制度和功能分化与社会分层的包容次序,这关系到基层精英在社会结构和分工组织中的地位。这是艾森施塔特意图揭示的一个"深层结构"的主题,即一个文明的基本前提向政治和社会秩序的转移,这是成员社会学描述所能做到的。然而,为了达到这个目的,必须通过对系统环境关系的成员理论重新界定语义映射。此外还有一点,涉及艾森施塔特将韦伯的合法性问题纳入他的社会学,他通过语义图示实施过程中的主权权力对其进行了不同的解释。这一点一再被高估,因为政治制度具有作出具有集体约束力的决定的功能,合法性从属于这一点,是政党市场上的一种修辞,失败源于社会交往的复杂性。

(4) **最终。** 艾森施塔特用基本规则将限制创造力的结构主题化,将这些规则包含在期望中,同时也包含在作为交往参与者的方向投射中,这种投射往往给人带来挫折和失望。在这方面,交往延续的内在不确定性被解释为成员选择决策的开放性对社会制度的自我刺激,其决定由时间的维度所支配,处于社会系统的空间位置之前,当然这并不排除其他观察结果。艾森施塔特的观点是合理的,事实上,在非功能性差异的情况下,人口被限制在空间条件下,即使成员秩序中依旧存在流动性。成员决策作为一种结构选择,在社会系统的非社会环境中没有回应。在这方面,艾森施塔特的社会系统和集体认同的结构理论可以与成员理论联系起来。

艾森施塔特将权力、信任和意义的关系设定为权力媒介下语义图示的实现,因为符号维度的分化和实现是由基层精英实施的,社会秩序以主权权力为基础。艾森施塔特通过重新思考文化与社会结构的关系,以及通过维护文化的秩序和秩序转换来形成社会秩序,从而使这一问题系统化。然而,艾森施塔特有一个成员理论,即基层精英对中心的建构传达出一个社会生命历程的意义。这涉及地位的主权权力分类,根据成员理论,这被解释为关于成员资格的决定。这一点适用于任何人,可以是氏族首领及其协助人员、正式组织及其协助手段,也可以是秘密当局及其影响。成员理论/社会学可以从这一点继续下去,因为成员条件在社会结构演变中以不同的方式重新解释和制度化，这是自由资源配置的结果，例如，与亲属制度有关的社会分层和与社会分层有关的功能分化，这关系到基层精英在社会结构和分工组织中的地位。

艾森施塔特以程序化的方式协调研究的分析参考框架，研究行动、文化视野、制度规定和历史偶然性之间的关系，所关注的是为分析"所有社会"提供一个参考框架，在这些社会中，这些事件以不同的方式发生，呈现出不同的星丛，构成比较文明研究的主题。从艾森施塔特的角度来看，对西方现代社会的分析并没有证明其全面性，而只是体现出这一问题的社会结构演化分析的参照框架的一部分，而他自己的研究是对这一框架的进一步深入阐述。

参考文献

Arnason, Johann P. (2005). "The Axial Age and Its Interpreters. Reopening a Debate". In Johann P. Arnason, Shmuel N. Eisenstadt and Björn Wittrock (eds.). *Axial Civilizations and World History*. Leiden, Boston: Brill, 19 – 49.

Bellah, Robert. (2005). "What is Axial about the Axial Age?", *European Journal of Sociology*, 46(1): 69 – 89.

Ben-Rafael, Eliezer and Yitzhak Sternberg. (2005). "Social Change: Contribution of S. N. Eisenstadt". In *Encyclopaedia of Sociology, Vol. 9*. Oxford: Oxford University Press, 4370 –4374.

Eisenstadt, Shmuel N. (1978). *Revolution and the Transformation of Societies*. New York: Free Press.

—. (1982). "The Axial Age: The Emergence of Transcendental Visions and the Rise of Clerics", *European Journal of Sociology*, 23(2): 294 – 314.

—. (1986). *The Origins and Diversity of Axial Age Civilizations*. New York: State University of New York Press.

—. (1987). "Macrosociology and Sociological Theory: Some New Dimensions", *Contemporary Sociology*, 16(1): 602 – 609.

—. (1995). *Power, Trust, and Meaning: Essays in Sociological Theory and*

Analysis. Chicago: The University of Chicago Press.

—. (1995a). "Culture and Social Structure Revisited". In Eisenstadt. *Power, Trust, and Meaning*. 298 – 299.

—. (1995b). "The Order-Maintaining and Order-Transforming Dimensions of Culture". In Eisenstadt. *Power, Trust, and Meaning*, 306 – 327.

—. (1995c). "Action, Resources, Structure, and Meaning". In Eisenstadt. *Power, Trust, and Meaning*, 328 – 389.

—. (1995d). "Charisma and Institution Building: Max Weber and Modern Sociology". In Eisenstadt. *Power, Trust, and Meaning*, 167 – 201.

—. (2000). "The Civilizational Dimension in Sociological Analysis", *Thesis Eleven*, 62(1): 1 – 21.

—. (2003). "Introduction: Comparative Studies and Sociological Theory—From Comparative Studies to Civilizational Analysis: Autobiographical Notes". In Eisenstadt. *Comparative Civilizations and Multiple Modernities* Ⅱ. Leiden: Brill, 1 – 28.

—. (2012). "The Axial Conundrum: Between Transcendental Visions and Vicissitudes of Their Institutionalizations: Constructive and Destructive Possibilities". In Robert N. Bellah, Hans Joas (eds.). *The Axial Age and Its Consequences*. Cambridge: Harvard University Press, 277 – 293.

Eisenstadt, Shmuel N. and Bernhard Giesen. (1995). "The Construction of Collective Identity", *European Journal of Sociology*, 36(1): 72 – 102.

Eisenstadt, Shmuel N. and Luis Roninger. (1995). "Patron-Client Relations as a Model of Structuring Social Exchange". In Eisenstadt. *Power, Trust, and Meaning*, 202 – 238.

Fukuyama, Francis. (1992). *The End of History and the Last Man*. New York: Free Press.

Geertz, Clifford. (1973). *The Interpretation of Culture*. New York: Basic Books.

Giddens, Antony. (1979). *Central Problems in Social Theory: Action, Structure and Contradictions in Social Action*. Oakland: University of California Press.

——. (1984). *The Constitution of Society: Outline of the Theory of Structuration*. Oakland: University of California Press.

Jaspers, Karl. (1949). *Vom Ursprung und Ziel der Geschichte*. München, Zürich: R, Piper & Co.

Luhmann, Niklas. (1972). *Rechtssoziologie*. Reinbek bei Hamburg: Rowohlt Verlag.

Marangudakis, Manussos. (2016). "Multiple Modernities and the Theory of Indeterminacy: On the Development and Theoretical Foundations of the Historical Sociology of Shmuel N. Eisenstadt". In Gerhard Preyer and Michael Sussman (eds.). *Varieties of Multiple Modernities*. Leiden: Brill, 48 – 64.

Mayer, Ernst. (1976). *Evolution and the Diversity of Life*. New Haven: Yale University Press.

Münch, Richard. (1986). *Die Kultur der Moderne*. Frankfurt am Main: Suhrkamp Verlag.

——. (1995a). "Soziale Bewegungen Ⅰ: Zwischen Moderne und Antimoderne". In Richard Münch. *Dynamik der Kommunikationsgesellschaft*. Frankfurt am Main: Suhrkamp Verlag, 36 – 54.

——. (1995b). "Soziale Bewegungen Ⅱ: Die Dialektik von Fundamentalismus und Moderne". In Richard Münch. *Dynamik der Kommunikationsgesellschaft*, 55 – 76.

Ort, Günther. (2003). *Regel und Ausnahme Paradoxien sozialer Ordnung*. Frankfurt am Main, Berlin: Suhrkamp.

Preyer, Gerhard. (2010). *Max Webers Religionssoziologie. Eine Neubewertung*. Frankfurt am Main: Humanities Online.

——. (2011). *Zur Aktualität von Shmuel N. Eisenstadt. Einleitung in sein Werk*. Wiesbaden: Springer/VS Verlag für Sozialwissenschaften.

——. (2012). "The Problem of Subjectivity: Dieter Henrichs Turn". In Sofia Miguens and Gerhard Preyer (eds.). *Consciousness and Subjectivity*. Berlin: Duncker und Humblot, 189 – 211.

——. (2018). *Soziologische Theorie der Gegenwartsgesellschaft, Ⅲ: Mitgliedschaft und Evolution*. Wiesbaden: Springer/VS Verlag für Sozialwissenschaften.

Schluchter, Wolfgang. (2006). *Grundlegungen der Soziologie, Bd. 1*. Tübingen: Mohr Siebeck, 1 - 18.

Schwartz, Benjamin I. (1975). "The Age of Transcendence", *Daedalus*, 104 (2): 1 - 7.

Searle, John R. (2010). *Making the Social World: The Structure of Human Civilization*. Oxford: Oxford University Press.

Sewell, William F. (1992). "A Theory of Structure: Duality, Agency, and Transformation", *American Journal of Sociology*, 98(1): 1 - 29.

Shils, Edward. (1975). *Center and Periphery: Essays of Macrosociology*. Chicago: The University of Chicago Press.

第二部分

延伸研究计划

从多元现代性到多元全球化

艾利泽·本-拉斐尔

一、艾森施塔特的理论概念

艾森施塔特于 2010 年 9 月 2 日在耶路撒冷去世,在全球社会科学界留下了巨大的空白。艾森施塔特认为世界现代性轨迹的起源和结果具有多样性,这一观点引起了社会科学界的注意。艾森施塔特的论点始于对现代化的线性目的论叙事的强烈反对,这种线性目的论将现代化等同于西方化,他要求承认,现代性的象征性和制度性具有可变性。艾森施塔特认为,任何对现代性的研究都必须承认,现代性有着多种潜在路径和模式,而且还可能包括暴力和压制性序列。

回顾雅斯贝尔斯(1953),艾森施塔特看到了人类历史上的一个重大突破,即轴心时代文明的成形,以及超验性世俗秩序的新本体论概念的出现,这些概念具有进一步转变的潜力。其中最引人注目的转变是现代性的增长,在许多情况下,现代性通过波澜壮阔的革命进入世界。艾森施塔特确信,新型精英是轴心转型和进一步变革的源泉,在他看来,社会变革不仅仅局限于冲突,变革也可能借助于精英的行动,与社会凝聚力建构联系在一起。事实上,艾森施塔特认为,相对于与社会的联系,社会行动者的自主性在现代性中达到了巅峰,在这个阶段,人们体验到了一种新的反思性与他们的行为和目标之间的关系。艾森施塔特认为,现代性为新的理解、行为和冲突开辟了道路。

艾森施塔特研究中反复出现的一个主题是:强调地方性的变化因素,内在的张力、矛盾和冲突解释了社会现实的变化(Eisenstadt 1965)。艾森施塔特将这一辩证原则应用于文明的动态分析。

艾森施塔特(Eisenstadt 2000;2001)对宏观社会历史变革的看法既不是进化论,也不是周期论。尽管他描绘了宏大的周期性阶段,但他的方法也明显不同于罗斯托(Rostow)提出的线性进化论。艾森施塔特认为,社会变革并非不可避免,但最终会导致制度领域和社会之间的差异,乍一看可能被认为是发展的"相似阶段"的转变,可能会转向不同的方向(Eisenstadt 2003)。艾森施塔特坚持认为,轴心文明和现代性模式都可能具有多样性,同时具有共同特征。简而言之,他呼吁关注社会发展的潜在趋同和分歧,并明确反对任何目的论和进化论。

这种观点下,人们将现代性的出现和发展视为一种正在展开的规划(参见 Boudon 1990;2007)。关于现代性的这一概念意味着社会秩序的动态变化以关键特征为基础,包括张力和矛盾,这些特征可以推测出无法事先预测的发展路径,因为它们在所有步骤中都会出现变化。例如,与马克思主义不同,这对生产关系(Plekhanov 1956)或关注生计来源的"技术专家-生产主义"模型(Kerr et al. 1962)给予了压倒性的重视。另一方面,后现代性作为一个新时代的概念,其本身的表述与艾森施塔特的方法相比,几乎没有实质性的内容,所谓"晚期现代性"概念也是如此(Giddens 1991)。

艾森施塔特拒绝宏观社会变革"单一原始动机"的因果解释,接近于马克斯·韦伯(Weber 1977)对任何决定论的反对;他最初设想现代性轨迹有着许多可能,将在多元现代性的标题下深入阐述。这一概念重新制定并扩大了韦伯对现代社会潜在差异的评估,现代社会因其法律体系和制度而各不相同。

开放的多元现代性概念化能够避免阐述狭隘和单向现代性概念的方法和理论僵局,此外,哈贝马斯(Habermas 1989)挑战后现代主义,认为其提供了一个对当代社会总体化的、令人困惑的视角，与之相呼应，艾森施塔特也批评了福柯（参见 Rabinow 1983），因为福柯倾向于完全强调现代性的压制性方面。

这些思考不仅是对现代性理解的突破，而且还指出作为理解和描述当代社会现实的工具的多元现代化概念所附带的一些问题。关于现代社会的观点描绘在一个广泛的范围内，强调了多种具体化过程，这种开放性也可能有着弱点，所面临的一个实际困难是难以界定后续评估的问题，因为它无法提出充分条件，标志出一个时代的结束。与多元现代性模式相比，更简单的做法是指出实现某些要求，标志着资本主义时代的结束，即新的阶级结构的出现，或者工业时代的结束，即技术的彻底变革导致非工业活动的盛行。从这个角度来看，多元现代性这个概念自现代性出现以来，在时间上不受约束，这是一个永无止境的规划。

这里揭示的是：艾森施塔特对社会变革的辩证方法仍然具有片面性。事实上，辩证法分析一般认为，由于基本矛盾的最终发展，一种创新类型的现象将从现有系统中出现，而基本矛盾从一开始就预示着一个新时代的到来。至于艾森施塔特，他并没有指出当今社会世界中任何可能否定和超越多元现代性概念的东西，更不用说现代性了。从这个角度看来，多元现代性规划具有福山（Fukuyama 1992）"历史的终结"主题的一个特点，现代性不仅像艾森施塔特引用的科拉科夫斯基（Kolakowski 1990）所说的那样"处于无休止的考验中"，而且"处于无止境的探索中"。

我们的论点是：三大社会变革力量在多元现代性的时代蜕变中发挥着至关重要的作用，对此艾森施塔特自己非常清楚，但他没有详细阐述。这三种力量包括全球化、多元文化和国家原则，这些现象都不是新的，都源于当今的现实。在我们看来，这三种力量在当代社会中扮演的角色似乎将社会带入新的环境，所带来的影响也难以全然符合多元现代性的观点。

二、全球化

可以断言,当代社会是源自地球表面的多元活动中心,有着多样起源(2018 年世界经济论坛)。这些活动以丰富的语言景观为标志,不仅包括街道和道路的名称,还包括机构的招牌。如语言研究人员所示(Coulmas 2003;Chiswick and Miller 2002),这些语言符号与经济相互作用,并在商业发展中印刷出来,这些现象的背景是以国际金融和工业网络为基础的不断扩大的全球经济体系,控制着各种各样的便利设施(Sassen 1998)。

许多研究者(James and Steger 2014)在世界城市中看到了全球化的例证和具体过程,即行动者、组织、机构和企业的全球互联性(参见Lechner and John 2012)。这些场景由强大的行动力量所塑造,根据地点和环境对社会现实产生不同的影响。在这些行动力量中,主要的是跨国公司和众多企业,以及具有世界影响力的官僚机构,其他参与者不直接经营金融或物质资产,但仍有助于全球互联互通,能想到的是文化机构、艺术时尚或专业的国际场景(Friedman 2000)。

专门机构计算了全球化指数,以确定世界城市及其所属国家在全球的相对重要性,如泰勒(Taylor 2004)创建的全球化和世界城市研究网络(GaWC),此外还有《全球城市指数和新兴城市展望》以及《全球力量城市指数》(定义见下文)。

根据调查结果,《外交政策》于 2009 年发布了一份全球城市排名,这些城市是其所属国家以及世界的普遍增长引擎。2015 年,有 35 个超大城市人口超过 1000 万,人口最多的是东京和上海,分别为 3880 万和 3550 万,这种人口密集的城市是最近才出现的。1800 年,世界上只有 3％的居民生活在城市,但到 20 世纪末,这一数字为 47％。1950年,人口超过一百万的城市有 83 个;到 2007 年,这一数字已升至 468。

世界城市的概念是指提供新形式的资本、人力、服务和生产组织的城市，尽管如此，一些行动者将杰出经济实力与低工资和低技能工人队伍（Knox and Taylor 1995）相结合。

《全球城市指数和新兴城市展望》（the Global Cities Index and Emerging Cities Outllok）由美国全球管理机构 A. T. Kearney 发布，它在 40 个国家设有办事处。其基本假设是：城市是商业和创新的生态系统，其指数根据影响商业环境的因素而制定。自 2008 年以来，该指数一直在收集世界上最重要城市的数据，2017 年第七版《全球城市报告》证明了世界上许多大城市的持续实力。该指数使用数字和图表，通过功能特定排名中涵盖的 6 个功能（经济、研发、文化互动、宜居性、环境、无障碍性）以及城市行动者的观点，介绍城市的力量。该指数由莫里纪念基金会（Mori Memorial Foundation）出版（来源：http://www.lboro.ac.uk/gawc/）。

当代全球化的进步可以视为许多社会中新的社会力量和特定组合的兴起，以及通信技术、交通工具和媒体发展的函数，这些变化和进步极大地增加了全球的互联性。全球化已成为一个最常用的概念，在许多人心目中，全球化主要指网络的跨国扩张和特色体制结构的扩散（Albrow and King 1990），全球化表明了当今由利益相关的跨国和国际行动者所推动的国家边界的渗透性。

一些学者在这些过程中发现了进步的步伐（Friedman 2000），而罗伯森（Robertson 1992；2002）谈到了人们日益增长的意识，即所有人是全球实体的一部分，其愿望超越了直接环境。其他研究人员对他们所理解的国家文化和政治自主性的削弱表示遗憾，并认为全球化是一个世界越来越不协调和文化混杂的时代，甚至是去文化的时代（Urry 2002；2005）。理想中的乌托邦无边界世界（Ohmae 1999/2005）总能找到新的支持声音，在这儿或那儿。

不少学者通过提出全球化的概念指出全球化与地方进程之间的相互作用来采取中间立场。正如瑞泽尔（Ritzer 2000）所主张的，尽管环境可能具有一定程度的一致性,但不同地方的发展会产生独特的环境,杂糅概念(Nederveen Pieterse 2015)表明了国际、国家和民族文化和语言的相互影响和相互渗透。两位学者(Appadurai 1990;Berger 2013)以非常相似的方式谈到了不同领域中这些相互作用产生的文化变形,作为一个整体,这预示着一个新时代(Albrow 1997)。贝克(Beck 2002)补充道,全球化是一个非线性的、辩证的过程,导致世界政治化,并指导新的话语和实践方法。简而言之,一个新的多方面交流的全球体系正从全球互联中诞生,尽管数百万人仍然生活在同一个城市,更不用说居住在周边地区,但前几代人无法知晓的生活方式如今得以实现。

因此,技术是全球化的主要驱动力,它改变了经济的含义。全球化带来的一个特别令人感兴趣的发展是一种无所不在的通用语言的出现——英语,其在全世界的传播是前所未有的。《牛津词典》记载,英语是世界范围内主要的全球化手段,它标志着各国经济已在国际上对使用不同母语的行为者之间的交流开放。如今,英语已成为各大洲约60个国家的官方语言(Crystal 2006),也是非英语国家中作为第二语言学习最多的语言。绝大多数国家的许多人以某种形式学习英语,许多国际、地区和国家组织选择英语作为其工作语言。

走在当今大都市中心区的街道上,可以看出英语在当今消费主义文化中的重要性。结合这一通用语言,我们还发现,其他流行的全球化符号类别由不属于常规语言的标志组成,没有语法和语义,只包含名称或图标。这些标志指明在什么地方有什么样的商品或服务,因而为路人所熟知,我们称之为大商业名称(Big Commercial Names,BCN),一种新的语言,以自己的方式主张当今典型的消费主义。大商业名称没有语法,所以它们属于"没有语法,却可以说点什么"的标记类别(Jackendoff and Wittenberg 2014)。正因为如此,一些语言景观研究人员(Edelman 2009)将这些项目排除在语言景观分析之外,或者认为它们没有语言价值(Tufi and Blackwood 2010)。在我们自己看来,这些标志可以从涂尔干的理论角度视为社会事实,其重要性在于它们对全

多元现代性

球化的依恋，以及它们对公共空间结构的贡献。大商业名称可能来自某一特定语言，或散发出一种将它们与之联系起来的味道，但就其自己而言，并没有说任何与其所代表的内容相关的话。大商业名称在这一点上最好地说明了高夫曼所说的自我呈现原则（Goffman 1963），因为它们只针对环境如何感知它们（Abrams and Hogg 1990）。然而，后一种观点只涉及全球化的一个方面，其他论争涉及对我们时代的更全面理解。全球化和全球化消费主义的支持者认为，全球化保证了世界生活水平的进步和提高，反对者则认为，建立一个不受约束的国际自由市场有利于西方世界的跨国公司，牺牲了西方以外的当地企业、当地文化和普通民众。

艾森施塔特本人将全球化视为社会发展的一种延伸，其发展沿着多元现代性范式。对这一评估，应当补充的是：全球化的一些主要方面和影响使社会超越了所有形式的现代性所评估的范围。我们认为，一些现象或多或少不受国家控制，例如跨越国家边界的相互联系，国家主权与更广泛妥协的国家群体的出现，全球范围内对发生在地球表面任何地方的事件的反应和干预，跨国侨民的形成，等等。简而言之，当代社会实体，甚至是个人，在他们的观点、兴趣和习惯方面比以往任何时候都受到非严格意义上的地方或国家因素的影响，这些因素属于现代性，但它们的全球化维度为它们提供了一种意义——实用性和概念性，超越了多元现代性范式所具有的预测意义，挑战当地社会环境限制的维度。

三、多元文化

全球化和世界互联互通的一个关键后果是，人们有机会将自己的困境与数千英里之外的其他人进行比较，最终意识到自己的相对匮乏。在这种背景下，全球各地发生的危机可能会鼓励人口向全球更繁荣、更安全的地方流动。当今技术所提供的便捷交通工具创造了条件,大批移民踏上了他们所期待的更光明的未来。新移民在新的环境中定居后,为这些环境的人类景观作出了贡献(James 2014),随之而来的人口文化和社会异质性被称为多元文化,作为社会的一个方面,其重要性可能会在各种影响中具体实现。正是这样,我们在这里看到了当代社会和社会现实的另一个推动者(Waldinger and Fitzgerald 2004)。过去几十年人口流动激增之前,世界上已经有很多地方存在着不同程度的多元文化,但它最近受到了特别的推动和影响,在过去25年中,仅欧洲的移民人数就接近2000万。

多元文化意味着不同的社会文化实体在同一环境中共存,在城市空间中,往往表现为具有相同血统或文化相近血统的人倾向于集中在某些社区。在那里,人们经常会看到异教场所、文化中心、教育机构或政治组织。因此,发展代表身份政治的种族压力团体,争取社会认同和特殊性主张的路径并不漫长(McShane 2017)。

这种事态发展可能会在公众中引发辩论,辩论的核心是:多元文化是处理移民融合问题的适当方式吗?辩论主要发生在西方民族国家,这些国家自早期现代以来,大多渴望实现同质化民族认同。

多元文化将文化社区视为社会秩序的一部分,许多竞争者将其视为公平的制度,人们捍卫自己的权利,在不否认自身遗产的情况下,谨慎地适应自己的环境。特洛特曼(Trotman 2002)认为,西方国家具有抵制种族主义、保护少数群体的传统,以及反对机会歧视的意识形态,他认为多元文化是有价值的,因为它促进人们尊重非主流的尊严。通过缩小社会差距和提高对过去的认识,多元文化为一个社会分裂的时代恢复了一种完整感。

其他作者对多元文化持批评态度,他们认为,长期以来具有鲜明民族特征的民族国家,在侵蚀民族文化的多元文化面前败下阵来。帕特南对多元文化如何影响社会信任进行了一项大规模研究,他发现,官方越是认可社区中的种族多样性,群体之间的相互信任就越弱。在理论化的努力中,多元文化背景下人口的多方面特征导致一些学者将社会现实描绘为超级多样化,在沃特维克(Vertovec 2005;2007)看来,这种超级多样性强调了不同群体的共存及其可能的配置的多样性带来了社会文化背景的特定特征。然而也有人断言,多元文化的现实也可能削弱社会机构管理社会的力量(Glick et al. 1995)。

除了上述考虑,一些研究人员强调,与过去相比最近的移民表现出了新的特征(Portes et al. 1999)。全球化为移民提供了新的沟通方式,使他们能够与原籍国和定居在其他地方的同胞保持不间断的联系(Wimmer 2015)。这种可能性与民主政体的演变相结合,对社会融合的可能性进行了质疑,不一定会作为单一群体消失。

一些观察人士否认,这些现象与之前的移民潮产生了真正的差异(Van Hear 1998),虽然他们同意当代技术有助于保留社会文化,但他们也认为这些事实本身并不新鲜,在某种程度上,过去的例子已经说明了这一点。至少在一段时间内,一些移民群体一直在证明,在某种程度上保持相同,同时又变得有所不同(Castells 1994)。

与这一观点相反,有学者认为(Smith and Guarnizo 1998),当代发展的空前规模证明了新现象的存在,新现象包括坚持集会,与"旧"国家建立联系,保持明示性社区标记,最后是使用原初语言标记。所有这些都不排除对新环境不可避免的适应,致力于新的忠诚认同,并获得新的语言(Dufoix 2008)。

上述特点界定着对跨国侨民概念作出反应的实体,这一概念通常与语言元素和选定的符号联系在一起(Van Hear 1998)。移民的原初语言可能会被遗忘——这种情况经常发生,尤其是在新环境中出生的年轻一代中,即便如此,典型的关键词、惯用的表达方式、问候形式和习惯性粗口仍然被人们记住,在熟悉的言语中得到使用。一些团体可能比其他团体更强烈地保留标记,特别是将这些标记赋予特殊意义的宗教团体。美国的阿米什社区就是一个例证:在离开他们的原籍国德国几十年后,社区成员保护着他们的习俗和原始的德国血统。由于文化中心、寺庙、教区学校、社区出版物和媒体的影响，即使是不那么坚定的社区也可能保留特殊文化形式。

然而一些评论者认为，为数不少的少数群体并没有保持自身鲜明特色的决心，而是渴望削弱自己的特色，令其不那么引人注目。这种思想倾向于本质主义，认为集体忠诚总是好的，无论在什么样的环境和关联中都是好的。实证研究倾向于根据所考虑的案例验证本质主义和环境主义方法（Modood 2005），许多研究证实，多元文化是张力和争议蓬勃发展的有利基础，因为它使不同背景的群体在受监管的环境中直接会面，这种会面往往由主流精英主导的公共机构所主导，尽管依旧困难重重，但毕竟可以面对面交流。（Fortier 2008）

艾森施塔特的多元现代化范式承认社会文化多样性，尽管如此，我们自己的结论是：多元文化对社会演变和跨国人口流动形成的影响代表了潜在的辩证过程，与全球化一样，它引出了超越多元现代性所暗示的发展观点。最终，在每一个特定的环境中，人们都会谈到集体认同、利益和政治目标的倍增，这些目标根据在场的参与者、权力关系和对社会秩序价值前提的质疑而波动。各个民族国家在形成时所制定的宪法可能会受到当时没有预料到的行为体的挑战，这些行为体一方面造成新的裂痕，另一方面又预示着新的前景——无论前景是好还是坏。这方面的考虑将注意力转向了我们心目中社会现实的第三个推动者——国家原则。

四、国家原则

可以预期，全球化和多元文化会对确定国家的机制产生影响，问题是，在萨森（Sassen 1998）的论点之后，这些影响意味着对历史上被视为国家的东西的非国家化吗？对于有些学者而言（Urry 2002），国家的衰落本身就是一个无可争议的现象，这一现象对社会概念在一个明确界定的领土空间中具体化这一观点进行了质疑。

尽管没有多少数据倾向于否定这种评估,但在许多方面,国家的实力仍然是社会发展的一个毋庸置疑的焦点。即使在今天,国家结构仍然是突出的社会特征:到目前为止,公务员在所有西欧国家的活跃人口中占很大一部分。

表 1　公务员的重要性——选定的欧洲国家(2016 年)

欧洲国家	公务员人数/人	活跃人口/人	在职人口中公务员的百分比
丹麦	800000	2951000	27.11%
比利时	840000	5006100	16.78%
荷兰	1000000	8941575	11.18%
瑞典	1125000	5446700	20.65%
西班牙	2500000	18998400	13.16%
英国	2750000	32005050	8.59%
意大利	3400000	26064215	13.04%
波兰	3500000	17212675	20.33%
德国	4900000	41931650	11.69%
法国	5200000	29207125	17.80%

数据来源:(1)公务员人数参见 www. planet. fr/actualities/ Retrieved on 18/3/2016;(2)活跃人口数据参见联合国经济合作与发展组织(2012),各国活跃人口统计表 2012 年度数据。

正如韦伯(Weber 1994)所认为的,国家原则基于公民对国家机构的假定团结感,除去其他目标,这一团结感意味着维护文化价值观和保护国家语言。在一些社会学家的眼里,一个国家只是一个想象中的社会共同体,尽管如此,这个集体——无论假设的还是真实的——涉及一系列结构和资源,这些结构和资源指的是特定的属地人口。

过去和现在国家原则都是社会和社会现实的推动者,民族主义是现代性的产物,包含了一套为国家身份、文化和语言辩护的理念(Triandafyllidou 1998)。大多数情况下,一个国家建立在原初和历史的基础上,虽然就像它的意识形态一样,一个国家的形成和制度化是进入现代时代的标志,要求民众尊重集体象征并效忠国家。

国家原则为多元现代性范式完全采纳:它是现代概念含义的标志之一。多元现代性范式的阐述没有充分包括这一原则与全球化和多元文化的混合,换言之,这三个方面的多种配置方式可能会形成特定的意义,并且这些配置的每一个方面在社会现实中可能具有意义,我们建议从多元全球化概念的角度来看待这三个维度之间的联系互动。

五、多元全球化

以上所述都源自这样一个假设,即当代社会现实是由上述三个主要推动者(全球化、多元文化和民族国家原则)的共存甚至对抗所形成的,尽管此外还可能有其他影响要素存在。揭示这三个推动者在当代社会生活秩序和框架中的影响的不同配置,可能会引出这些推动者的各种混合。这些影响的配置在不同的空间中是否或多或少地一致出现,独立于在这些空间中演化的不同种群,或者相反,这些不同的配置是否将这些空间彼此区分开来?这正是多元全球化概念所要解决的问题,也是当今社会前景研究的一个主要问题。

我们从艾森施塔特的多元现代性概念中得出了多元全球化的概念。艾森施塔特使用后一个概念来分析现代性众所周知的某些特征——从特殊性框架中解冻社会资源,社会和经济组织的合理化,公民身份方面的国家人口,所有人对于公共场合的积极参与,民族国家机构的制度建设。首先,社会秩序的合法性原则以公众意愿为基础,艾森施塔特的新发现是,这些过程并不一定会删除所有预先存在的取向和社会安排,因此可能会在不同的社会中呈现出不同的新旧安排模式和价值取向。现代性的例证可能在某种程度上随处可见,但与此同时,现代社会也存在着本质上的差异。如上所述,这种方法与社会朝着相同的现代形式发展的长期线性观点截然相反(Preyer and Sussman 2016)。

我们对全球化提出了类似的先验论点,我们的基本评估是:全球化的特点是全球范围内众多领域的国家社会相互联系的过程,以及其人口的异质化,其具体实现过程并不一定会在任何地方都形成相同的模式。每一个特定的环境中,全球化都可以在特定的物质、政治和文化环境的约束下采取不同的重点、路径和视角(Martell 2010)。不要忘记,全球化也处处遇到可能以不同措辞表述的国家原则,由此产生的各种全球化模式证实了我们所说的多元全球化概念。

我们使用这个概念的目的是强调我们这个时代的新鲜感,因此我们加入了复数意义的全球化,以强调就像对于具有多元性的现代化一样,我们在不同地方遇到的全球化特征也会对多元性作出反应。全球化到处都是等价的(尽管不完全相同)"材料",但其配置和组合可能会在每个特定的例子中显示出特殊性。

多元全球化现实可以从非常不同的角度出发,通过与不同学科立场相对应的许多研究策略来捕捉和研究,每一种战略方法都希望有助于证明多元全球化的重要性,这一概念应该使我们能够在实证数据分析的基础上,为制定多元全球化的范式提供基本要素。

我们认为,如果将全球化作为一组多方面的推动者,从其经济消费主义意义上讲,全球化是社会种族意义上的多元文化,从其对社会秩序的影响意义上讲是民族国家原则。民族国家原则完全符合多元现代性的观点,然而全球化和世界互联性与跨国人口流动在广泛范围内所产生或放大的多元文化相结合,与民族国家原则的影响相结合,形成了"不同"的现实,由此产生出各种可能的配置要求。我们建议的多元全球化的标题下,将其视为一个整体,对其自身进行概念化。

多元全球化概念与我们在社会学文献中发现的其他标志重叠,例如一些作者从不同的角度提出了所谓跨全球性,使用这个概念来描绘超越世界和边缘空间的力量来源(Münkler 2007)。对于有的学者而言,跨全球性几乎是跨国人口流动的同义词。拉盖尔(Laguerre 2009)将跨全球性视为各种活动和实体之间的国际相互联系,这些活动和实体与当地利益之间存在张力关系。

全球化或全球主义的概念也由学者以各种方式构想出来,主要被理解为一个新的经济时代的到来。就像有些学者所提出的(Bhagwati and Arvind 2014),全球化或全球主义可以理解为世界福利的巨大进步,或者相反,按照斯蒂格利茨(Stiglitz 2017)的看法,是严重损害非西方世界的发展。其他学者强调,全球化是一种危及民族国家在民主国家中重要性的力量,为了实现繁荣的承诺,必须因地制宜。伯格和亨廷顿(Berger and Huntington 2013)讨论了"许多全球化",认为这是一系列不同的过程,带来了一种全球文化的出现。在他们的心目中,这种文化展现了价值观和规范在世界范围内的延伸,将全球各组成部分结合在一起。

在我们看来,多元全球化概念支撑着对现象的共同发生的分析,这些现象主要依附于我们所确定的现实的三个推动因素,我们将其视为由不同配置组成的整体的相互作用。这三个推动因素的配置不仅是公共领域中不同代码的共同表现,而且代表了不同方向和视野的结合。在这种情况下,这些推动因素的共同出现带来了紧张局势,在某种程度上,也带来了矛盾的立场——强调与全球化相关的国际流动,评估集体特殊性特征,以及对民族国家原则的忠诚。这些推动因素在不同空间中共同发生,表明它们并不彼此排斥,尽管它们与社会环境中不同类型的影响相互联系,揭示出不同的前景。

我们可能会追求当代世界城市景观中这些典型张力,阐明嵌入基本社会方面的困境。多元全球化作为一个概念,重新加入了马丁·奥尔布罗(Martin Albrow)的部分理论,该理论将全球化描述为世界同质化的强大因素。多元全球化增加了对多元文化的关注,保留了民族国家原则,这些原则也参与了当今社会现实的塑造。此外,多元全球化绝不意味着与现代性的长期方面甚至前现代的参照物的断裂,它标志着

多元现代性

越来越多地参与社会创造的新取向的兴起。

　　总之,这种方法支持一种观点,即当代社会现实正在孕育一种新的现实,这种现实很难还原为现代性本身的概念,即使多元现代性概念也无法胜任。从这个意义上说,这种方法接近于普耶尔(Preyer and Sussman 2016)提出的超越现代性的下一个社会的概念,他指出德拉克尔(Drucker 2001)在其研究中使用过这一概念。根据普耶尔的说法,这条路线导致了一种观点,即社会融合的调控更多地取决于社会行为者的自我引导,而不是中心的决定。根据这一观点,我们认为这条路线是多方面的,不一定是对一种独特模式的回应,并提出了从多个现代化到多个全球化的理论转变。

　　最后,但依旧十分重要的是,多个推动因素的存在可能会给人留下混乱和不协调的印象(Urry 2002;2005),但正因为存在多种推动要素,人们的感知最终形成"格式塔"。从这个角度来看,人们可能会提出一种自然的、急剧多样化的全景画的类比,这些全景画从给定的地点出发,可以理解山脉、山谷、河流、森林和房屋,它们都是同一景观的一部分,因此可以在同一张图示上被捕捉到。这种格式塔来自可能是最不和谐的物体的外观集合,通过它们的伴随表现,产生了集合(一个整体)的感觉,这种整体属于多元全球化概念所承认的现实。

参考文献

Abrams, Dominic and Michael A. Hogg. (1990). *Social Identity Theory: Constructive and Critical Advances*. New York: Springer-Verlag.

Albrow, Martin. (1997). *The Global Age: State and Society beyond Modernity*. Stanford: Stanford University Press.

Albrow, Martin and Elizabeth King (eds.). (1990). *Globalization, Knowledge and Society*. London: Sage.

Anderson, Benedict. (2006). *Imagined Communities: Reflections on the Origins and Spread of Nationalism*. New York, London: Verso Books.

Appadurai, Arjun. (1990). "Disjuncture and Difference in the Global Cultural Economy", *Public Culture*, 2 (1): 1 - 24.

Barkan, Elliott R. (ed.). (2003). *Immigration, Incorporation and Transnationalism*. Somerset: Transaction Publishers.

Beck, Ulrich. (2002). "The Cosmopolitan Society and Its Enemies", *Theory, Culture & Society*, 19 (1 - 2): 17 - 44.

Ben-Rafael, Eliezer. (1994). "A Sociological Paradigm of Bilingualism: English, French, Yiddish and Arabic in Israel", *Israel Social Science Research*, 9 (1 - 2): 181 - 206.

—. (2009). "The Transformation of Diasporas: The Linguistic Dimension". In Eliezer Ben-Rafael and Yitzhak Sternberg (eds.). *Transnationalism: Diasporas and the Advent of a New (Dis)Order*. Leiden, Boston: Brill.

Ben-Rafael, Eliezer and Yitzhak Sternberg (eds.). (2002). *Identity, Culture and Globalization*. Leiden: Brill.

Berger, Peter L. (2013). "Introduction". In Peter L. Berger and Samuel P. Huntington (eds.). *Many Globalizations: Cultural Diversity in the Contemporary World*. Oxford: Oxford University Press, 1 - 16.

Berger, Peter L. and Samuel P. Huntington. (2013). *Many Globalizations: Cultural Diversity in the Contemporary World*. Oxford: Oxford University Press.

Bhagwati, Jagdish and Panagariya Arvind. (2014). "Why Growth Matters: How Economic Growth in India Reduced Poverty and the Lessons for Other Developing Countries". US: Public Affairs.

Boudon, Raymond. (1990). *La place du désordre. Critique des théories du changement social*. Paris: Quadrige.

—. (2007). *Essais sur la Théorie Générale de la Rationalité: action sociale et sens commun*. Paris: Puf.

Castells, Manuel. (1994). *Technopoles of the World: The Making of 21st Century Industrial Complexes*. London, New York: Routledge.

Chiswick, Barry R. and Paul W. Miller. (2002). *The Economics of Language*

International Analyses. London: Routledge.

Coulmas, Florian. (2003). *Writing Systems*. Cambridge: Cambridge University Press.

Crystal, David. (2006). *The Fight for English*. Oxford: Oxford University Press.

Delanty, Gerard. (2007). "Public Sphere". In George Ritzer (ed.). *Blackwell Encyclopedia of Sociology*. Oxford: Blackwell Publishing.

Drucker, Peter F. (2001). "The Next Society: A Survey of the Near Future", *The Economists*, November 3rd. In Drucker. *Managing in the Next Society*. New York: St. Martin's Griffin.

Dufoix, Stephane. (2008). *Diasporas*. Los Angeles: University of California Press.

Edelman, Lee. (2009). "What's in a Name? Classification of Proper Names by Language". In Elana Shohamy and Durk Gorter (eds.). *Linguistic Landscape: Expanding the Scenery*. London, New York: Routledge, 141–154.

Eisenstadt. Shmuel N. (1965). "The Study of the Process of Institutionalization: Institutional Change and Comparative Institutions". In Shmuel N. Eisenstadt. *Essays in Comparative Institution*. New York: Wiley, 1–68.

—. (2000). "Multiple Modernities", *Daedalus*, 129 (1): 1–29.

—. (2001). "Civilizations". In N. J. Smelser and P. B. Baltes (eds.). *International Encyclopedia of the Social and Behavioral Sciences, Vol. 3*. Amsterdam: Elsevier, 1915–1921.

—. (2003). *Comparative Civilizations and Multiple-modernities, Vol. 2*. Leiden: Brill.

Fortier, Anne-Marie. (2008). *Multicultural Horizons: Diversity and the Limits of the Civil Nation*. London: Taylor & Francis.

Friedman, Jonathan. (2000). "Globalization, Class and Culture in Global Systems", *Journal of World-Systems Research*, 6 (3): 636–656.

Fukuyama, Francis. (1992). *The End of History and the Last Man*. New York:

从多元现代性到多元全球化

Free Press.

Giddens, Anthony. (1991). *The Consequences of Modernity*. Cambridge: Polity Press.

Glick, Schiller Nina et al. (1995). "From Immigrant to Transmigrant: Theorizing Transnational Migration", *Anthropological Quarterly*, 68 (1): pp. 48 – 63.

Goffman, Erving. (1963). *Behavior in Public Places*. New York: Free Press.

Habermas, Jürgen. (1989). *The Structural Transformation of the Public Sphere*. Cambridge: MIT Press.

Jackendoff, Ray and Eva Wittenberg. (2014). "What Can You Say Without Syntax? A Hierarchy of Grammatical Complexity". In Frederick J. Newmeyer and Laurel B. Preston (eds.). *Measuring Grammatical Complexity*. Oxford: Oxford University Press: 65 – 82.

James, Paul. (2014). "Faces of Globalization and the Borders of States: From Asylum Seekers to Citizens", *Citizenship Studies*, 18 (2): 208 – 223.

James, Paul and Manfred B. Steger. (2014). "A Genealogy of Globalization: The Career of a Concept", *Globalizations*, 11 (4): 417 – 434.

Jaspers, Karl. (1953). *The Origin and Goal of History*. London: Routledge and Kegan Paul.

Kerr, Clark et al. (1962). *Industrialism and Industrial Man*. Cambridge: Harvard University Press.

Knox, Paul L. and Peter J. Taylor (eds.). (1995). *World Cities in a World-System*. Cambridge: Cambridge University Press.

Kolakowski, L. (1990). *Modernity on Endless Trial*. Chicago: The University of Chicago Press.

Laguerre, M. S. (2009). "The Transglobal Network Nation: Diaspora, Homeland, and Hostland". In Eliezer Ben-Rafael and Yitzhak Sternberg (eds.). *Transnationalism: Diasporas and the Advent of a New (Dis) Order*. Leiden, Boston: Brill, 195 – 210.

Lechner, Frank J. and Boli John. (2012). *The Globalization Reader*. Oxford:

Wiley Blackwell.

Martell, Luke. (2010). *The Sociology of Globalization*. Bristol: Policy Press.

McShane, Karl. (2017). "Getting Used to Diversity? Immigration and Trust in Sweden", *Economics Bulletin*, 37 (3): 16.

Münkler, Herfried. (2007). *Imperien. Die Logik der Weltherrschaft. Vom alten Rom bis zu den Vereinigten Staaten*. Berlin: Rowohlt.

Modood, Tariq. (2005). *Multicultural Politics: Racism, Ethnicity, and Muslims in Britain*. Edinburgh: Edinburgh University Press.

Nederveen Pieterse, Jan. (2015). *Globalization and Culture: Global Mélange*. Lanham: Rowman and Littlefield.

Ohmae, Kenichi. (1999/2005). *The Borderless World: Power and Strategy in the Interlinked Economy*. New York: Harper Business.

Plekhanov, Georgi V. (1956). *In Defence of Materialism: The Development of the Monist View of History*. Moscow: Foreign Languages Publishing House.

Portes, Aleiandro et al. (1999). "The Study of Transnationalism: Pitfalls and Promise of an Emergent Research Field", *Ethnic and Racial Studies*, 22(2): 217 – 237.

Preyer, Gerhard and Mathias Bös (eds.). (2002). *Borderlines in a Globalized World: New Perspectives in a Sociology of the World System*. Dordrecht: Kluwer.

Preyer, Gerhard and Michael Sussman (eds.). (2016). *Varieties of Multiple Modernities*. Leiden, Boston: Brill.

Rabinow, Paul and Dreyfus Hubert. (1983). *Michel Foucault: Beyond Structuralism and Hermeneutics*. Chicago: The University of Chicago Press.

Ritzer, George. (2000). *The McDonaldization of Society*. Thousand Oaks: Pine Forge Press.

Robertson, Roland. (1992). *Globalization: Social Theory and Global Culture*. London: Sage.

—. (2002). "Opposition and Resistance to Globalization". In Richard Grant and

John Rennie Short (eds.). *Globalization and the Margins*. Bassingstoke: Palgrave Macmillan, 25 – 38.

Sassen, Saskia. (1998). *Globalization and Its Discontents: Essays on the New Mobility of People and Money*. New York: New Press.

Smith, Michael Peter and Luis Eduardo Guarnizo (eds.). (1998). *Transnationalism from Below: Comparative Urban and Community Research*. New Brunswick: Transaction Publishers.

Stiglitz, Joseph E. (2017). *Globalization and Its Discontents Revisited*. New York: W. W. Norton.

Taylor, Peter J. (2004). *World City Network: A Global Urban Analysis*. London: Routledge.

Triandafyllidou, Anna. (1998). "National Identity and the Other", *Ethnic and Racial Studies*, 21 (4): 593 – 612.

Trotman, C. James. (2002). *Multiculturalism: Roots and Realities*. Bloomington: Indiana University Press.

Tufi, Stefania and Robert Blackwood. (2010). "Trademarks in the Linguistic Landscape: Methodological and Theoretical Challenges in Qualifying Brand Names in the Public Space", *International Journal of Multilingualism*, 7 (3): 197 – 110.

Urry, John. (2002). "The Global Complexities of September 11th", *Theory, Culture & Society*, 19 (4): 57 – 69.

—. (2005). "The Complexity Turn", *Theory, Culture & Society*, 22 (5): 1 – 14.

Van Hear, N. (1993). "Mass Flight in the Middle East: Involuntary Immigration and the Gulf Conflict". In R. Black. and V. Rodinson (eds.). *Geography and Refugees: Patterns and Processes of Change*. London: Belhaven, 64 – 83.

—. (1998). *New Diasporas: The Mass Exodus, Dispersal and Regrouping of Migrant Communities*. London: University College of London Press.

Vertovec, Steven. (2005). "The Political Importance of Diasporas", Migration

Policy Institute Data Hub, www. migration information. org.

—. (2007). "Super-Diversity and Its Implications", *Ethnic and Racial Studies*, 30 (6): 1024 – 1054.

Waldinger, Roger and David Fitzgerald. (2004). " Transnationalism in Question", *American Journal of Sociology*, 109 (5): 1177 – 1195.

Weber, Max. (1977). *Economy and Society*. Berkeley: University of California Press.

—. (1994). *Political Writings*. Cambridge: Cambridge University Press.

Wimmer, Andreas. (2015). "Is Diversity Detrimental? Ethnic Fractionalization, Public Goods Provision, and the Historical Legacies of Staten", *Comparative Political Studies*, 49 (11): 1407.

多极意味着多元思维：多种现代性

扬·内德文·彼得斯

多极意味着多元思维。冷战时代的两极，涉及资本主义和共产主义在许多方面的比较，冷战结束后的单极时期，美国是唯一超级大国，相对不受约束，在资本、金融以及后期的地缘政治上扩张。这是新自由主义和华盛顿共识的时代，是新兴经济体反复出现金融危机的时代，并且在小布什执政期内发生了三场新战争。这一时期美国过度扩张，玩过头了。

二十一世纪进入了一个由两种力量——美国霸权的弱化和新兴社会的崛起——塑造的多极化时代。一组参考点令美国霸权和英美资本主义失去其作为模式的吸引力，其他值得注意的参考点正逐渐出现在东南亚、波斯湾地区和拉丁美洲（Nederveen Pieterse 2008）。国际事务上谈论的是"脱钩"，发展研究中对话的话题往往是"亚洲动力"，投资者和资产管理人谈论金砖国家（巴西、俄罗斯、印度、中国、南非）和其他新兴经济体，其中有几个已升级为投资级别。国际事务中，谈论的是"其他国家的崛起"（Zakaria 2008）以及从 G7 到 G20 的过渡，后者已经成为世界经济的主要论坛，世界银行行长观察到："多极经济使得对美国消费者的依赖程度降低，经济将会更稳定。"

这种情况下，以多元形式思考现代性是有意义的，因为新兴社会不再处于历史的候车室，转而成为舞台上的主要演员。一个典型的例子是全球南方主权财富基金作为金融参与者的角色，尤其是自 2007 年

多元现代性

以来（Nederveen Pieterse 2009a）。"发展中国家"这个标题已经不再合适了，巴西、墨西哥和印度尼西亚等国家不再只是发展中国家，它们既是国际排名中的发展中国家，也是国际经济金融指数中的新兴经济体。

　　上述观点有什么利害关系？难道仅仅是词汇的技术调整，或是不断变化的地缘经济格局中的委婉术语？所涉者甚大，涉及历史观的改变，从欧洲中心，自上而下转向多线性历史变革。马克思总结了单线的历史："越发达的社会显示出越不发达的未来形象"。20世纪40年代以来，多元线性演化已被接受，但欧洲中心主义和西方中心主义顽固不化，尤其是当等级制度与地缘政治断层线重合并且充当现代性堡垒的各种看门人时。"单一现代性"经常成为主题，毫不奇怪，从海德格尔到杰姆逊（2002），这是西方中心主义的一次实践。从世界体系理论到"全球社会学"（Cohen and Kennedy 2007），现代性已被理论化为以欧洲为中心的堡垒，现代性的传统范式所承认的变化通常是时间上的变化——现代性只有先来和后到之别，早期现代性、高度现代性、前现代性、现代性、后现代性。承认地理空间的变化时，现代性主要是沿着中心—外围发展，大都市中心比外围更现代，西北欧比天主教的地中海欧洲"更现代"，根据这种"现代性地理"，土耳其位于欧洲和现代性的边缘，中东和伊斯兰世界也是如此（参见 Taylor 1999；Therborn 1995）。

　　以对西方与伊斯兰教和中东之间关系的讨论为例，用亨廷顿的话来说，这是一场文明的冲突（Huntington 1996）。这是维护欧洲和美国的模式，认为中东社会背离这个标准。然后，我们和伯纳德·刘易斯（Bernard Lewis）一起发问：出了什么问题？启蒙宗教激进主义产生了"硬现代性"，与硬地缘政治同步进行。哈尔敦·萨曼（Khaldoun Samman）在《现代性的冲突》（2010）中提出了一种截然不同的观点：冲突不是现代性与"失败的现代性"之间的相遇，而是指不同的、对立的现代性之间的竞争，双方都有缺点。这种观点与中东和伊斯兰社会作为替代现代性的描述，中东和北非的"震荡与抵抗"（LeVine 2008）以及土耳其的现代伊斯兰教（Göle 2000）相适应。

根据艾森施塔特,"现代性是一个开放的地平线,其中有多种解释的空间"(Eisenstadt 2000),这一看法为他人所共享(Deutsch 1991;Kaya 2003)。这意味着从遵循单一逻辑的单线演化路径向多条路径转变,可以说是通向历史变革的意大利面条式方法。

本文中,在第一部分,我首先论证现代性具有混合性和复合性,如果我们不考虑抽象的现代性理想类型,而是考虑现实存在的现代性,它们都包含前现代性。在第二部分,我论证现代性具有分层性——一些成分为所有现代社会所共有,构成了跨国现代性,其他成分则根据历史和文化环境而有所不同。第三部分将东亚作为另一种现代性进行反思,并勾勒出其主要特征。这种处理沿袭了本人先前对现代性的讨论(Nederveen Pieterse 1998;2000;2009b)。

一、现代性是混合的

"现代性"这个词有意义吗?我梳理出几种含义,但并非详尽无遗。艾森施塔特(Eisenstadt 2000)的早期表述之一中,多元现代性指的是欧洲和美国之间的差异,这是一个有充分理由的观点,在社会学中得到证实。一个不同的考虑是,虽然现代社会学通常将现代性视为单一(例如 Giddens 1990),但研究现代性的社会学发现实际存在的现代性,例如意大利、斯堪的纳维亚和日本是截然不同的(Bauman 1992)。

表1　现代性中的特殊主义或前现代元素

庄园、行会-同业联盟、职业协会	西北欧
职业规则、工艺规范、学徒制	德国
君主制、社会地位系统、校友网络、俱乐部	英国
志愿者协会、辛迪加、俱乐部	美国
民族团体、犯罪网络、黑帮	流动人口

一个层面或视角将现代性视为一种理想类型、一种范式,如韦伯的合理化和塔尔科特·帕森斯的模式变量,另一个层面或视角关注真实存在的现代性,这里出现了复数和多元。

每一种真实存在的现代性具有复合性和混合性,包含着前现代性的线索和特征,当我们对现代性采用"现代眼光"或理想型视角时,其中许多特征往往被忽视和掩盖。

一些分支继续存在并被纳入"现代制度"(参见,例如 Lash and Urry 1994;Kotkin 1992)。如果我们关注的不是作为最终状态或条件的理想型现代性,而是作为一个过程的"成为现代"或现代化,那么它通常是通过对前现代制度的调整和适应来实现的。由此产生了过渡性的中间社会形态,这些社会形态通常构成了重要的形成期,埃里克·霍布斯鲍姆谈到了 16 世纪和 17 世纪西班牙和意大利的"封建资本主义"(当时经济盈余被投资于大教堂建设),这与低地国家形成鲜明对比,后者中贵族、商人和教会之间有着不同关系,盈余被投资于企业。低地国家中贵族地位弱势,特别是在沿海地区,产生了诸如"贵族商人"之类的中间类别。"自由贸易帝国主义"是 19 世纪大英帝国的一种过渡形态,曼彻斯特学派自由主义展示了其中一些特征,作为帝国统治和商人利益的交织——"不列颠统领四海"。"保守现代化"是 19 世纪法国(波拿巴)、德国(俾斯麦)、俄罗斯(维特伯爵)、奥斯曼帝国(坦济马特改革)和日本(明治维新)的许多统治阶层政策的特征,其一般原则是实施改革,采用新技术和新制度,以维持核心权力结构。西方殖民地和附属地的各种形式的"殖民现代化",包括建设基础设施、种植园、制造机械,进行行政改革,以及后来的发布伦理政策,表明了混合社会形态的形成,"殖民现代化"本身就是一种过渡性社会形态(参见 Scriver and Prakash 2007)。

表2　混合社会构成

贵族商人	低地国家，1300 年开始
封建资本主义	西班牙和意大利，16、17 世纪
帝国自由贸易	英帝国，19 世纪
保守主义现代化	法国、德国、俄罗斯、日本，19 世纪
殖民现代化	殖民地，20 世纪

许多前现代和现代元素的混合在具有持久意义的机制中得以延续，威斯敏斯特的上议院和许多欧洲议会的上议院都表明地主、贵族以及农业利益集团的作用延续至今。（可以说，欧盟共同农业政策或农业补贴制度是欧盟最大的支出项目，其长期存在归功于这些利益，这些利益部分具有晚期封建性质，并且经常在基督教民主党中得到代表。）欧洲福利国家的某些起源要归于其后封建特征，封建意味着一种权利和义务制度（贵族义务），它注入了 19 世纪的工人阶级运动，并在工业时代中得到了重新阐述。现代企业的某些特征也归功于旧形式的国家市场合作，当时主要的行会大楼位于市政厅旁边，就像在博洛尼亚和弗莱堡等许多老城区一样，其中一些特征在后现代时代依旧存在，过去表现为植根于旧社区传统的地方主义和身份政治，如今则表现为对品牌和徽标的忠诚。

同样可以证明不同的现代性在一个社会或国家结构中同时并存、相互作用的典型的例子是美国南部和西南部，以及意大利南部地区。美国内战的一个普遍解释是：它是两种生产方式的冲突，东北部是工业化和机械化生产，南方种植园经济则是以奴隶制为基础的体力劳动，机械化劳动，作为一个更高效的生产系统，战胜了体力劳动。两者都利用了当代技术和经济机会，包括南方的自由贸易和北方的保护，因此这可以视为现代性竞争之间的较量。此外，两者都是现代性，尽管在某些方面趋于一致（特别是南方的现代化，尤其是 20 世纪 30 年代以来的现代化，以及田纳西河谷管理局和州际公路系统等公共规划），但差异一直

多元现代性

存在,在 20 世纪 70 年代,南方的低工资、低税收、低服务和无工会,这是一种源自种植资本主义的制度框架,经过二战后的人口暴涨,各行各业面临利润挤压,这种制度证明自己依旧具有吸引力,引发了从霜带到阳光带的巨大转变,这种转变仍在进行中,对美国社会政治产生了巨大影响。①

罗伯特·帕特南(Putnam 1993)和其他一些学者认为,分权政府和地方行政等现代机制在意大利北部和南部的运作方式不尽相同。尽管帕特南重复了对意大利南部地区的刻板印象,但他提到的差异是有意义的,多种现代性共存于单一国家形态中的概念也可能适用于此并具有分析价值。这两种结构都是现代的,因为它们利用了当代技术和制度,不同之处在于它们根据不同的历史和文化遗产来部署。机制相似,但功能不同,因为它们植根于不同的文化、历史和地理环境。对战前日本的分析也采用了一个国家内部存在多元,实际上是相互竞争的现代性这一主题,指的是"农村现代性"和"城市现代性"之间的竞争。

提里亚基安关于现代性中诺斯替教派和冥界"元文化"的看法(Tiryakian 1996)提出另一种现代性混合血统,将我们带回更远的时间,并将现代性置于更广泛、更多层次的文明框架中。另一个转折是新中世纪论:跨境主权和超国家现象(如网络空间)的兴起在某些方面与中世纪断裂而重叠的国家主权状况不无类似之处(Kobrin 1998;Winn 2004)。中世纪的现代性是另一种选择,有学者发现(AlSayyad and Roy 2006),封闭式飞地、受监管的棚户区和营地是"监管领地或'无法律'区域",与欧洲和阿拉伯的中世纪城市有相似之处。

将农民融入工业、服务业和城市化是现代性的主要挑战,如果失败,结果之一可能是中世纪的现代性——现代性适应或保护自己不受广大农民腹地的影响,当代美国称之为"后工业化农民"的状况(Leicht

---

① 我曾称之为"迪克西资本主义",将其视为新自由主义的真实模板,也是"南方邦联的复仇"。

and Fitzgerald 2007)。

　　吸纳其他文化元素，就会出现不同类型的混合。在日本，父母、同龄人、老师和媒体共同努力，让年轻人了解圣诞老人。日本圣诞老人身着 19 世纪美国插画家托马斯·纳斯特笔下为人所熟悉的红白相间服饰，然而在日本的广告中，圣诞老人通常被描绘成一位迷人的年轻女性，圣诞老人的雌雄同体可能反映了母亲在日本社会中日益增长的影响力（Plath 2007，313）。圣诞节的流行似乎为人们提供了在现代环境中理解生活的方式，这是"圣诞节全球化"的一个例子。当然，其他形式的混合来自当代移民流动和多元文化，"全球多元文化"（Nederveen Pieterse 2007）是跨国现代性的一种表现形式。总而言之，真实存在的现代性是混合的社会形态，因为它们跨越过去和现在，从其他文化中引进和转化风格和习俗。

二、现代性是分层的

　　作为另类现代性的标准之一，社会形态随着时间的推移是持久和可持续的，并显示出足够的凝聚力，体现于历史、地理、文化等方面。现代性意味着重叠：根据定义，所有现代性都具有现代性的核心特征，多元现代性并不排除部分趋同。在西方，随着时间的推移，我们不会看到欧洲和美国完全趋同，日本也不会。存在部分趋同——在技术、工业主义、后工业主义、信息技术、银行业、跨国公司、企业间合作、国际条约和公约、安全合作等方面，但并没有完全趋同，也不太可能发生这种情况。仔细看，在金融等合作领域，银行各司其职，会计准则发挥的作用也各不相同。二十世纪，即使每个社会或地区发生了重大变化，许多差异依旧相当稳定。在欧洲内部，西北欧、北欧、南欧、中欧和东欧之间也存在持久的差异，尽管欧盟一体化，许多差异将持续相当长一段时间。我们可以区分暂时的和随着时间的推移而消失的差异，以及深深嵌入的和

多元现代性

结构化的差异。

一个相关的讨论是米歇尔·阿尔伯特（Albert 1993）发起的关于"资本主义反对资本主义"或不同资本主义之间相互竞争的辩论。最初所对比的是欧美资本主义，或者说是在莱茵资本主义和英美资本主义之间进行对比，另一个参照点围绕日本资本主义和"日本挑战"展开，这场辩论催生了各种资本主义论点和大量全球政治经济学文献，指的是经济和政治制度之间的经验和广泛观察到的制度差异。国家资本主义之间差异的争论不一定重要，但地区差异确实很重要。另一种观点是：跨国资产阶级的论点假设了阶级利益缔结跨国结盟，资本主义最终在制度方面趋于相同。很明显，上述观点可以结合起来，可以认为资本主义是分层的，在某些层面上趋同（信用评级、国际金融机构、企业间合作），在其他层面上趋异（制度框架、法律标准、国家、市场、社会关系的不同模式）。

费尔南德·布罗代尔将世界贸易解释为三层结构，其中"资本主义"处于顶端，其成员在各自领域获得最大利润，中间层是由买卖活动的定期参与者组成的"市场经济"，最底层是人们参与易货交易或自给自足的"非市场经济"（Arrighi et al. 2003，263）。这些层次既存在于社会结构内部，也存在于社会结构之间。

正如复数资本主义概念在国际政治经济学中存在争议一样，现代性在社会学中也是如此。然而，经济和财政制度，商业环境和公司治理方面的差异普遍而明显，在经济学中，对复数"资本主义"的批评大体上关注的是概念化和理论化，而不是广泛接受的分析和实证差异化。主要的替代观点是跨国资本主义和跨国资产阶级，追随者相对较少。资本主义的多样性得到广泛认可和接受，但就现代性而言情况并非如此，尽管从逻辑上讲，资本主义（"现代资本主义"）是现代性的制度维度之一。在这方面，社会学更加传统，并且与 19 世纪和 20 世纪初的经典范式紧密相连，康奈尔在《为什么经典理论是经典》（1997）的分析中提出，经典传统的建构反映了帝国主义和西方力量的消亡。

可以将现代性视为分层的,有的层次具有共同特征——技术和制度,有的层次部分共享属性,有的层次上暂时性差异可能会随着时间的推移而消退,也有的层次上文化"语法"差异根深蒂固。① 世界各地的社会共享现代惯例,例如世界标准时间组织空中、海上和陆地交通,国际和卫星通信共用代码和规则,以及许多国际条约和公约,现代社会共享从内燃机到工业标准和信息技术的基本技术。共性并不排除差异,英语是许多社会的通用语,但根据当地方言的不同,英语的表达方式也各不相同,因此英语是"全球语"而不是"英国语"(Nerrière 2004)。英语是共享的,但只是部分共享,英国英语、美国英语、印度英语、加勒比英语和加纳英语等之间存在差异,除了不同的措辞和词汇,有时还有不同的意义,每个人都产生独特的文学作品。

三、看东方

马来西亚的马哈蒂尔-本-穆罕默德(Mahathir-bin-Mohamad)指出,如果国家可以西化,那么也可以东化(Mahathir and Ishihara 1995)。过去的规矩是要工业化就必须西化,现在要实现工业化就必须东化(Luna and Klein 2006;参见 Kaplinsky 1994)。对于发展中国家来说,向东而非向西寻找发展范例已成为相当长一段时间的标准做法。一段时间以来,亚洲经济体的发展经验一直是非洲、拉美、中东、世界银行("东亚奇迹")和联合国开发机构的榜样。对于一些较小的国家,例如阿拉伯联合酋长国,新加坡承担了模范职能,马来西亚及其新经济政策一直是南非和巴西等多民族社会的榜样。发展即现代化即西方化即美国化的时代早已一去不复返,欧洲、美国和日本在某些方面并没有停

---

① 关于文化的层次,我曾提出过大致相近的观点,包括跨国文化、特殊文化,以及"深度文化"。参见 Nederveen Pieterse 2007。

多元现代性

止成为榜样,但现在出现了更多的榜样,这些榜样在许多方面更适合发展中国家,所以现在有多个模式。

发达国家和跨国公司也将目光投向亚洲,并在劳动实践、管理技术和福利政策方面树立亚洲榜样。英国保守派过去常常将新加坡视为"精益福利国家",我们可以将这种对亚洲实践的积极评价称为"亚洲主义"。"东亚模式"概念受到质疑和批评(White 1988),东亚地区差异很大,该地区的政治制度、经济制度和性别关系各不相同。然而,有几个组成部分广泛共享,可视为东亚现代性的基石,有些适用于东北亚,不适用于东南亚,它们共同构成了另一种现代性,成为许多发展中国家的路标。

发展型国家

查尔莫斯·约翰逊(Chalmers Johnson)的发展型国家概念最初适用于日本,其普遍的教训是:没有一个坚定而有能力的国家,历史上就没有成功的社会经济发展。我们可以将这种国家资本主义广义地包含几个变体,例如官僚协调的资本主义(日本)。

企业制度

密切的国企关系是所有早期发展的特征,欧洲也是如此,军事工业始终是工业化的主要纽带和推动力(政府合同涉及钢铁、铁路、机械、能源、武器和海军)。然而,这并不是工业化后发国家的典型模式。日本从 19 世纪末开始走上这条路,但大多数新兴工业化国家没有走,大概是因为轻工业是典型的起点,冷战时期的军备竞赛,还有美国的压倒性军事存在,使得发展民族军事工业既没有必要也不可行。

银行业的公共服务性

长期以来,政府与银行之间的密切关系一直是产业政策的一部分。熊彼特将公共服务性银行业视为莱茵河左岸地带和中欧的主导趋势,这与英美银行业形成鲜明对比。这一传统也适用于东亚社会。

后封建社会形态

这不仅适用于亚洲,也适用于大多数社会生态,这方面与欧洲的现代性具有类似特征。在这方面,美国摆脱封建制度的模式独树一帜,是历史上的反常现象,众多社会都背离了美国模式。

分配性社会改革和政策

这一直是东亚经济体的主要趋势,部分原因是冷战和美国的影响。土地改革和进步教育政策一直是日本、韩国发展的标志,土地改革和教育政策使东亚社会能够将农民融入现代社会,从而迎接现代化最重要的挑战。住房和强制性储蓄计划的社会政策在新加坡的城邦经济中发挥着重要作用(Hill and Fee 1995),这表明东亚强调人类发展和人类安全。可以说,人类发展方法(以及人类发展指数,结合识字率、医疗保健和收入)在很大程度上归功于东亚经验。亚洲精益福利国家的缺点是它们依赖家庭支持,而大部分支持负担落在女性身上(White and Goodman 1998)。

东亚现代性的其他组成部分包括:后殖民主义观,即对殖民经历的集体记忆;战略融入世界经济的方法,例如,避免或尽量减少外债;安全系统是防御性的而不是进攻性的,军队的作用通常有限(这在泰国、缅甸和印度尼西亚是不同的),国家领土扩张几乎没有发挥作用。①

当然,东亚格局一直是动态变化的,随着时间的推移,韩国企业集团的财阀系统导致了腐败和裙带资本主义,就像现代汽车丑闻。这种体制在政治和劳工制度上一直是专制的,逐渐向民主化开放,尽管并不全面。亚洲危机导致国际货币基金在韩国组织干预,转向亲市场政策,国际金融的影响导致信用卡和消费主义的扩张,从好的方面来说,这减少了对出口的依赖。

这些社会形态越来越具有反思性,并进行自我批评和自我纠正,韩国的劳工和民主运动就是一个很好的例子。反威权主义是整个地区的一股强大潮流,基础设施、城市规划、公共交通系统和建筑都在持续审视中,生态限制越来越受到关注,对涡轮快车式资本主义的批评比比皆

---

① 我在别处也讨论过这个问题,参见 Nederveen Pieterse 1998。

多元现代性

是(Bello 1992)。公民社会倡议和人与人之间的联系发挥着越来越大的作用，并激发了"新区域主义"，一个替代方案是"公民区域主义"，而不是国家或市场主导的区域主义(Sakamoto 2000)。这种配置的各种要素已成为主题，既出现在人类发展和人类安全的讨论中，例如世界银行提出的"东亚奇迹"，何塞·库珀·拉莫(Jose Cooper Ramo)提出的"北京共识"(Ramo 2004)，也出现在东亚和中国的反思中(例如 Wei-Ming 2000；Shijun 2006；Nonini and Ong 1997)。

其他另类现代国家包括巴西、智利、乌拉圭和哥斯达黎加，它们是拉丁美洲最稳定和繁荣的四个国家。它们过于多样化，无法构成一个有凝聚力的拉丁美洲现代性，但在整个地区，拉丁美洲的情况越来越不再是痛苦、被截断或不完整的现代性，而是一种另类的现代主义(Ortiz 2000)。

现在让我们转向对多元现代性的批评。一种批评是：通过使现代性多元化，我们失去了现代性和现代思维所带来的批判优势和"断裂"，这在早期或新生的现代性中尤其重要，外部参考点（"现代性"）有助于打开僵化的地方条件。

我认为这是一种软弱的批评，批判性思维是内在于现代性之中的，每一种现代性都会产生自己的反思性，产生自己的社会、政治和文化辩论，从而产生自己的批判理论。外部参考点既可能是扭曲的（在具体境况之外应用标准和准则）和理想化的（没有大屠杀的海德格尔），也可能是鼓舞人心的。在全球大众营销和传播的时代，有大量关于遥远的现代标志的明信片魅力图像——曼哈顿摩天大楼、大本钟和威斯敏斯特教堂，以及作为西方现代性熟悉的天际线一部分的埃菲尔铁塔。然而，迪潘卡尔·古普塔(Dipankar Gupta)拒绝多元现代性的想法：

> 一旦我们开始考虑"多元现代性"一词的可行性，我们将在某个时候暂停我们的批判性判断，并原谅当代社会中表现出来的许多令人震惊的特征。如果有新娘被烧死，那也将是

一种特定的现代性；如果爆发宗派迫害，那也将是现代性的另一种形式。（Gupta 2005，7）

　　某种程度上这没错，每一种现代性都有其病态，否认这一点是唯心和非历史的。然而，在古普塔看来，"现代性的目的"是一个开启主体间性的"审慎计划"（参见 Gupta 2000；2005，4）。古普塔认为，"现代性与过去无关"，"让过去与现在和未来无关是现代性的任务"（Gupta 2005，15）。在这种观点下，现代性是历史的抹杀，因为现代性"寻求未来"，那么现代性就是一种净化，一种清洗石板的项目，这种观点与将历史和传统视为现在和现代性的源泉的观点截然相反。从"现代性规划"的理想角度来看，人们可以保持现代性的整洁和干净，缺点是它只存在于抽象中。古普塔的现代性是一个目的，一个未实现的、遥远的理想，与哈贝马斯的"现代性作为一个未完成的规划"（尚未实现启蒙运动设定的目标）没有什么不同。这是乌托邦而不是社会学的观点，这是没有阴暗面的现代性。

　　认为启蒙是进步的，因此现代性也是进步的，这实在是一个迷人而神奇的概念。诚然，启蒙给我们带来了科学、废奴主义和解放运动，可启蒙带来了"种族科学"（以及奴隶制的新理由）、民族主义（和激进民族主义）、新帝国主义（代表进步和文明）、第一次工业战争（美国内战）、对自然的掌握压制（和风险社会）。遵循利奥塔（Lyotard 1979）的看法，启蒙给了我们现代性的伟大假设（及其幻灭）：科学（广岛）、革命（古拉格）和人道主义（与大屠杀相对）。保守的现代性是主流，[1]没有阴暗面的现代性意味着没有历史的现代性，就好像它尚未发生一样。

　　每个社会都有不同的潮流和不同的现代性角度，在印度：有实业家塔塔和贝拉（都是帕西家族）等现代化者；也有另类现代性的支持者，例

---

　　① 《新构成》期刊（the journal *New Formations*，28，1996）曾出过一期专刊，专门讨论保守现代性的特征，其中文章讨论的问题包括极端民族主义、英国保守主义、庇隆主义。

134　　　　　　　　　　　　　　　　　　　　　　　　多元现代性

如地下研究小组中的许多参与者；也有新传统主义者，例如印度人民党和希夫塞纳，以及那些提出替代传统的人。印度没有经历过工业革命，然而其手机用户从 2000 年的 300 万增加到 2005 年的 1 亿。印度有680000 多个村庄，11 亿人口，但只有 3500 万纳税人（Luce 2007）。到21 世纪 20 年代，其现代性将是各种不同流派的拼凑。

总之，现代性是我们这个时代的主题，应当认识到现代性是多元和多样的，超越现代性的理想类型，承认二十一世纪全球化和"其他国家的崛起"的多极现实，更应当进一步认识到所有现代性都是混合和分层的，在西方也是如此。从作为乌托邦的现代性，我们转向扎根于其中的现代性，这开启了接受真正的现代性所面临的困境的可能性。

参考文献

Albert, Michel. (1993). *Capitalism against Capitalism*. London: Whurr.

AlSayyad, Nezar and Ananya Roy. (2006). "Medieval Modernity: On Citizenship and Urbanism in a Global Era", *Space and Polity*, 10 (1): 1 - 20.

Arrighi, Giovanni, Po-Keung Hui, Ho-Fung Hung and M. Selden. (2003). "Historical Capitalism, East and West". In Giovanni Arrighi, Takeshi Hamashita and Mark Selden (eds.). *The Resurgence of East Asia: 500, 150 and 50 Year Perspectives*. New York: Routledge, 259 - 322.

Bauman, Zygmunt. (1992). *Intimations of Postmodernity*. London: Routledge.

Bello, Walden. (1992). *People and Power in the Pacific*. London: Pluto Press.

Cohen, Robin and Paul Kennedy. (2007). *Global Sociology*. London: Palgrave.

Connel, Raewyn W. (1997). "Why is Classical Theory Classical?", *American Journal of Sociology*, 106 (6): 1511 - 1557.

Deutsch, Eliot (ed.). (1991). *Culture and Modernity: East-West Philosophic Perspectives*. Honolulu: University of Hawaii Press.

Eisenstadt, Shumel N. (2000). "Multiple Modernities", *Daedalus*, 129 (1): 1 - 30.

Giddens, Anthony. (1990). *The Consequences of Modernity*. Stanford: Stanford

University Press.

Göle, Nilüfer. (2000). "Snapshots of Islamic Modernities", *Daedalus*, 129 (1): 91 – 118.

Gupta, Dipankar. (2000). *Mistaken Modernity*. New Delhi: Harper Collins.

—. (2005). *Learning to Forget*. New Delhi: Oxford University Press.

Hill, Michael and Lian Kwen Fee. (1995). *The Politics of Nation Building and Citizenship in Singapore*. London: Routledge.

Huntington, Samuel P. (1996). *The Clash of Civilizations and the Remaking of the World Order*. New York: Simon &. Schuster.

Jameson, Fredric. (2002). *A Singular Modernity: Essay on the Ontology of the Present*. London: Verso.

Kaplinsky, Raphael. (1994). *Easternisation: The Spread of Japanese Management Techniques to Developing Countries*. London: Frank Cass.

Kaya, Ibrahim. (2003). *Social Theory and Later Modernities: The Turkish Experience*. Liverpool: Liverpool University Press.

Khilnani, Sunil. (1997). *The Idea of India*. New Delhi, London: Penguin.

Kobrin, Stephen J. (1998). "Back to the Future: Neomedievalism and the Postmodern Digital World Economy", *Journal of International Affairs*, 51 (2): 361 – 386.

Kotkin, Joel. (1992). *Tribes: How Race, Religion, and Identity Determine Success in the New Global Economy*. New York: Random House.

Lash, Scott and John Urry. (1994). *Economies of Signs and Space*. London: Sage.

Leicht, Kevin T. and Scott T. Fitzgerald. (2007). *Postindustrial Peasants: The Illusion of Middle Class Prosperity*. New York: Worth Publishers.

LeVine, Mark. (2008). *Heavy Metal Islam: Rock, Resistance and the Struggle for the Soul of Islam*. New York: Three Rivers Press.

Lewis, Bernhard. (2002). *What Went Wrong? The Clash between Islam and Modernity in the Middle East*. New York: Perennial.

Luce, Edward. (2007). *In Spite of the Gods: The Strange Rise of Modern*

India. New York: Doubleday.

Luna, Francisco and Herbert Klein. (2006). *Brazil since 1980*. New York: Cambridge University Press.

Lyotard, Jean-François. (1979). *La Condition Postmoderne: Rapport sur le Savoir*. Paris: Minuit.

Mahathir, Mohamad and S. Ishihara. (1995). *The Voice of Asia*. Tokyo: Kodansha International.

Nederveen Pieterse, Jan. (1998). "Hybrid Modernities: Mélange Modernities in Asia", *Sociological Analysis*, 1 (3): 75–86.

—. (2000). "Globalization North and South: Representations of Uneven Development and the Interaction of Modernities", *Theory Culture & Society*, 17 (1): 129–137.

—. (2007). *Ethnicities and Global Multiculture. Pants for an Octopus*. Lanham: Rowmann & Littlefield.

—. (2008). *Is There Hope for Uncle Sam? Beyond the American Bubble*. London: Zed.

—. (2009a). "Representing the Rise of the Rest as Threat: Media and Global Divides", *Global Media and Communication*, 5 (2): 1–17.

—. (2009b). "New Modernities: What's New?". In E. Manuela Boatca, G. Rodriguez and Sérgio Costa (eds.). *Decolonizing European Sociology: Transdisciplinary Approaches*. Aldershot: Ashgate.

Nerrière, Jean-Paul. (2004). *Don't Speak English, Parlez Globish*. Paris: Eyrolles.

Nonini, Donald. (2005). "Diasporas and Globalization". In Melvin Ember, Carol Ember and Ian A. Skoggard (eds.). *Encyclopedia of Diasporas*. New York: Springer, 559–569.

Nonini, Donald M. and Aihwa Ong. (1997). "Chinese Transnationalism as an Alternative Modernity". In Aihwa Ong and Donald M. Nonini (eds.). *Ungrounded Empires: The Cultural Politics of Modern Chinese Transnationalism*. New York: Routledge, 3–33.

Ortiz, Renato. (2000). "From Incomplete Modernity to World Modernity", *Daedalus*, 129 (1): 249 – 260.

Plath, David. (2007). "The Japanese Popular Christmas Coping with Modernity", *The Journal of American Folklore*, 76(302): 309 – 312.

Putnam, Robert D. (1993). *Making Democracy Work: Civic Traditions in Modern Italy*. Princeton: Princeton University Press.

Ramo, Joshua Cooper. (2004). "China has Discovered Its Own Economic Consensus", *Financial Times*, May 7.

Sakamoto, Yoshikazu. (2000). "An Alternative to Global Marketization: East Asian Regional Cooperation and the Civic State". In Jan Nederveen Pieterse (ed.). *Global Futures: Shaping Globalization*. London: Zed, 98 – 117.

Samman, Khaldoun. (2010). *The Clash of Modernities: The Islamist Challenge and the Unmaking of "the New" Jew, Arab and Turk*. Boulder: Paradigm.

Scriver, Peter and Vikramaditya Prakash. (2007). *Colonial Modernities: Building, Dwelling and Architecture in British India and Ceylon*. London: Routledge.

Shijun, Tong. (2006). "Chinese Thought and Dialogical Universalism". In G. Delanty (ed.). *Europe and Asia beyond East and West: Towards a New Cosmopolitanism*. London: Routledge, 305 – 315.

Taylor, Peter J. (1999). *Modernities: A Geohistorical Interpretation*. Cambridge: Polity.

Therborn, Göran. (1995). *European Modernity and Beyond: The Trajectory of European Societies 1945—2000*. London: Sage.

Tiryakian, Edward. (1996). "Three Metacultures of Modernity: Christian, Gnostic, Chthonic", *Theory Culture & Society*, 13 (1): 99 – 118.

Wei-Ming, Tu. (2000). "Multiple Modernities: A Preliminary Inquiry into the Implications of East Asian Modernity". In Lawrence E. Harrison and Samuel P. Huntington (eds.). *Culture Matters: How Values Shape Human Progress*. New York: Basic Books, 256 – 266.

White, Gordon (ed.). (1988). *Developmental States in East Asia*. London:

Macmillan.

White, Gordon and Roger Goodman. (1998). "Welfare Orientalism and the Search for an East Asian Welfare Model". In Roger Goodman, Gordon White and Huck-ju Kwon (eds.). *The East Asian Welfare Model*. London: Routledge, 3 – 24.

Winn, Neil. (2004). "Introduction". In Neil Winn (ed.). *Neo-medievalism and Civil Wars*. London: Frank Cass, 1 – 7.

Zakaria, Fareed. (2008). *The Post-American World*. New York: Norton.

作为全球学术景观的多元现代性论争：更多机遇，还是穷途末路？

巴里·阿克斯福德

引言

将全球的概念和学术研究与通常的社会科学区分开来暗示着双重转型。首先，当然是世界实际事务处理方式的转变，以及世界秩序方式的转变。其次，随之而来的是关于世界的社会科学知识的转变，例如学科划分的理所当然的地位，方法论民族主义对科学想象力的控制，以及将存在划分为不同的意识和活动领域的趋势，然后将解释性优先权归于其中一个或另一个，所有这些都搁置一旁（Axford 2013a）。实现这样的承诺困难重重，总之，它们存在于全球化这样不精确又包罗万象的概念中，同时也存在于现有知识体系及其解释世界的方式的顽固性中。因此，全球研究仍然处于一个不安定的位置，夹在一些学科之间，牵涉其他学科，通常将规范和实证分析方法混为一谈，并且可能过于愿意将几乎所有主题都包含在其标题之下。

这些问题绝不是全球学术所独有，但削弱了人们对其作为社会生活知识建构中明显的游戏规则的重要主张。范式的改变，或者更具体地说，全球观念中固有问题的转变，很容易与更长期建立的学科传统和世界观进行明确或有时默契的适应（Lakatos 1970）。这一点并不奇怪，旧习惯很难改掉，然而在学科内部，现在有一些证据表明正在出现一种全球心态，为赋予研究领域真正全球性而努力。以历史学科和世界与全球历史之间的明显区别为例（Mazlish 1998），世界历史考察了前全球时代，因此比全球历史具有更长的谱系，在许多方面是后哥伦布时期西方五个世纪历史的产物，带有强烈的烙印。全球历史指的是一个相当新近的、不同的史学领域，尽管国际关系学者越来越关注历史和历史方法（其实不那么全心全意），但其关注人群仍然相对不足。全球历史的特点是超越领土民族主义的空间和时间的替代概念，从这个意义上说反映了全球学术研究的更广泛变化，包括"第三世界"历史、后殖民研究、女权主义历史和最近对"帝国"的关注。尽管如此，全球历史的支持者可能仍然对某些说法感到眼花缭乱，人们说现代性自 16 世纪以来就已经存在，全球化不过是现代性在 20 世纪末期的复苏。尽管如此，世界历史通常包含社会和文明趋同理论以及社会变革的线性轨迹，全球历史以明显的方式挑战这些假设，后文详述。

这种转变受到欢迎，因为它挑战学科知识的特殊性和获得知识的方法，拓宽学术视野。就更广泛理解的全球学术而言，在对创造世界的实践和意识进行研究时表现出对跨学科性和多维度性越来越敏感。所有这些都与我在本章中关注的问题紧密相关，即多元现代性分析的见解如何（是否）通过对全球关系提供包容性、历史知识和文化敏感的处理来促进全球学术研究，反之亦然。我不太关心为全球研究确定规划——尽管有些可能我不得不说，对任何此类努力有明显的影响——而是提供全球方法的指针，以理解新世界的起源和形态，而不是理解关于全球的许多话语。讨论全球化研究议程及其大纲时遇到的困难之一是：仅仅说明该领域已经具有，或者应当具有跨学科性、跨国性/全球性、当代性、历史性、后殖民性和批判性（Juergensmeyer 2013），通常比调节情绪的轻音乐多不了多少内容，因为实际上并没有在概念上为该领域提供足够的界定和焦点，无论是在分析上还是在程序上。

一、全球学术：寻找全球研究

这项研究中，我受到了《全球化》杂志（Axford 2013b）中一组有趣但不一定是结论性的意见交流的启发，这些交流直接关系到我在这里的论点，其中各种评论对扬·内德文·彼得斯（Nederveen Pieterse 2013）的一篇文章作了回应，该文题为《何谓全球研究》。[①] 在最初的文章中，彼得斯重点关注了"全球化研究"和"全球研究"之间的差异：为什么前者实际上是现有学术体系的附属组成部分，后者则不同？全球化仍然是一个广泛使用和知识丰富的概念，具有意识形态、政治和政策影响，但是——这里重申了彼得斯的观点——将其作为一个研究领域来处理，往往带有特定社会科学和人文学科的印记。如果全球化概念确实有用处，也是与这些学科的特定议程相关。另一方面，全球研究的发展程度要低得多，并且其缺乏明晰、一致的界定。在全球研究（尤其是在美国）和一些优秀成果文献（例如 Appelbaum and Robinson 2005）的推动下，本科和研究生课程有所增长，但该领域仍然有些难以捉摸，有着很大吸引力，但缺乏聚焦。

全球研究的信条，实际上也就是全球学术的信条，当然是全球概念的日益突出。彼得斯是这样说的：

> 全球研究反映了全球关系和影响的增长速度、范围和强度。由于全球关系、动态和问题呈指数增长，全球研究一直在增长，是对不断扩大、强化和深化的全球化进程的回应。全球研究一直在传播，因为全球关系和问题需要全球性的方法，世

---

① 很幸运，我能够参与这些交流（Axford 2013b）。总的来说，对彼得斯观点的回应显示，学术界一定程度上认可他对全球问题常规研究方法的批评，不过许多地方学术界也表达了挫折感。

　　　　　　　　　　　　　　　多元现代性

界各地的社会力量、国际组织、政府和公司都感受到了这种
需求。

换句话说,对全球知识的需求不断增长。但是,关于全球知识的构成既
有争议又有差异,这些条件存在于全球知识的三个"层次"中,每个层次
都朝着不同的方向发展,并服务于不同的学术和非专业社区和利益。
总而言之,他们表达了对全球本质以及如何研究全球的日益关注、求知
欲和学术反思。

第一层是关于全球数据,即各种行为者——政府、公司、国际组织、
认知社区、安全组织——出于各种目的收集的大量信息,的可用性不断
增加。从学术的角度来看,这个级别包括原始数据,并且在很大程度上
是未理论化的。然而,正是在这个层面之外,出现了大量早期的"超全
球主义"学术和争论,并且正是在这里,这个概念在学术话语之外产生
了最多的共鸣。

第二个层次包括全球化研究,主要由学科加以组织,有时用意识形
态或规范议程加以掩饰。全球化"是什么",应该如何研究全球化,这些
问题受到学科的支配,有时还受其中主流思想流派的规范或意识形态
的支配。关于这一点及其后果,一个典型例子是,大量的学术研究(马
克思主义、新马克思主义甚至非马克思主义国际政治经济学的研究),
尽管令人惊讶地缺乏反思,但在多大程度上将全球化等同于资本主义
和/或新自由主义。当然,上述学术派别中一些自诩具有"批判性"的全
球化研究试图将自己与这种简单的归纳区分开来,但同时又产生出另
一种简单归纳。将全球化视为西方化现代性的一种形式,由其衍生出
来,甚至与之分离,此类研究已经将自身锁定在以欧洲为中心的(更不
用说英美)构想世界和世界历史的方式中。还有其他方面的批评,包括
国际关系甚至社会学中关于全球化进程的许多工作中,国家中心主义
异常坚定(Axford 2013a)。文章中,最令彼得斯愤愤不平的是知识视
野的缩小,以及世界创造动力起源和来源所遭受的不必要限制,这是西

方主导的学术研究下学科分工影响的结果。

第三个层次是全球研究的领域，这里事情变得有点警告性，因为许多全球研究项目不过是现有国际项目的翻新，声称提供了学术视野中更广阔海岸的诱人一瞥。警告也出于一种完全合理的主张，即新的世界研究，也包括一些旧的世界研究，需要不那么在乎边界的界定，但学术研究仍然必须提供必要的智力承诺和教学发展。在这方面，彼得斯所提出的批判性全球研究相当与众不同，但很大程度上仍然处在普遍抽象的层面上。彼得斯提议：

> 超越国家和国际，将全球提升为主要参考框架，同时承认行为者以不同方式与之相关，并对其自身以及其行动所处的社会环境产生不同的影响。
>
> 全球研究必须是多中心的，必须接受对欧洲中心主义和东方主义的有力批评。
>
> 需要多层次思考，认可和应用"全球本土化"概念，审视多个社会尺度的全球关系，①摒弃严格的微观-宏观区分以及其他过于简单的分析二元性。
>
> 学术研究在其覆盖范围以及其"学科角度"方面是千变万化的。
>
> 寻找全球化的证据，不是武断地将其局限于特定的存在领域，而是视其为无处不在。

关于彼得斯所构想的全球学术，可以作出这样的评价：该构想是符合目的的，即具有警惕性，同时受经验研究的影响不重。我在自己的批评的短文中（Axford 2013b）注意到，彼得斯呼吁进行细微差别和

---

① 也可以使用"回路"或"网络"等概念，这样一来"层次""尺度"这样的概念就多余了。

战略相关的全球研究,可能只是将同样的弱点转移到更高的抽象层次。[1] 但我目前的目标不是辩论这一点,因为更迫切需要的是尝试更准确地预测他所倡导的那种批判性全球学术。问题是,他的构想有用吗?

跨学科、多层次和多维度思维指定了全球学术参与的两个关键规则,所谈论的方法不受边界的束缚,无论构想如何。当然,围绕如何实现跨学科和多维性作为指导原则存在各种问题,这些在许多已发表的文章中都有所阐述(参见 Axford 2013a；Mittelman 2004；Robinson 2009)。在这里,我想集中讨论多中心主义的实质性和复杂性问题,然后讨论其关键的理论和经验研究之一,即多元现代性。多元现代性不仅仅是一种方法,同时也召唤出全球学术变革的潜力。

二、作为全球学术分析的多中心方法和多元现代性

全球学术研究的多中心方法可以视为一种平白无奇的意图声明,在这种伪装下,我们只是在谈论一种使全球研究全球化的学术研究,正如弗雷德·里格斯(Fred Riggs)所说,所做的不过是研究来自世界各地的主题。然而即使这样至少也需要一定程度的"认知重组",因为它挑战了全球化作为西方(或北方)规划的概念,坚持认为所谓全球性,所谓全球性问题,必须从多个视角加以审视——北方和南方、东方和西方、国家和地区、集体和个人。多中心或多中心主题当然具有包容性和千变万化的优势,可能是杀手级巨大优势,并且正如彼得斯所认为的那样,可能会引起过于习惯于从有限范围的角度看待全球问题的学术研究。正因为如此,它对二十一世纪现实的把握——世界政治和经济的

---

① 对于我的回应,彼得斯反驳说,他提出的建议恰恰相反,多中心主义和多层次观点"采取全球研究,进行深度描述,以达到历史深度"。(Nederveen Pieterse 2014, 168)

风度,全球北方和全球南方之间不断变化的权力格局,以及受多种经验和世界观影响的新全球性的出现——可能也就多那么多。与此同时,作为规划基础的规范假设以及所提供的分析框架的概念和经验稳健性的问题仍然存在,我将在下面回到这些问题。

正如彼得斯所说,从认知、情感和评价的角度认真对待全球化,意味着在全球范围内观察人类状况的多样性(同上)。这个看法并不新鲜,思想史充满了几乎相同框架下的反思,世界主义思想,当然是在其伦理和跨文化变体中,以及对文明冲突的警告(Huntington 1996),西方化的普遍现代性,无论其中有无世俗成分,世界主义观点在斯多葛学派的古典思想以及一些伊斯兰学术研究中也得到表达(Casanova 2011)。① 排列成多个中心,并且在认识论上去中心化,相对于全球态势的西方/欧洲中心主义解释,这样的世界显然是巨大进步。也就是说,我们确实需要更深入挖掘,以评估所取得的成果并找出仍然存在的问题。

一旦学者与趋同和线性理论,以及西方主导的全球发展模型分道扬镳,困难不仅在于能够讲述具有多个中心和多个叙事的故事,更在于讲述一个有时没有中心的故事(Crossley 2008)。一个好的起点是接受不同全球叙事的日常现实,但在这样做的过程中,学者们不能假设全球历史、全球进程和全球事件对所有这些叙事都是平等的。如果存在需要纠正的知识和道德错误,那么最好的方式是无视西方现代性——西方文化的解释。用福阿德·阿贾米(Fouad Ajami)的话来说,在文明和其他集体的脸上刻下了深深的皱纹,事实上,是在其他现代性上刻下印记(Ajami 1993)。

正是在这里,多元现代性的论点具有重要意义,因为这引起大家关注的一方面,很大程度上总结了当前全球学术的关注点。其中包括美

---

① 即便消除西方或北方偏见,中心论也不会自动消失。彼得斯指出,增加中心研究只会复制问题,即使对于挑战西方文化的欧洲中心主义这种做法不无裨益。每个中心内人们的观点怎样? 方法论的去中心化必须走多远? (Nederveen Pieterse 2013)

多元现代性

国霸权的削弱和继任者的崛起，也可能这种情况根本没有发生；也包括流动性更强的多极化的出现以及（西方）现代性现有秩序中的危机或变革潜力。所有这一切中，现代性仍然是全球化研究中具有开创性的"未竟事业"（Browning 2011），但许多研究继续将后者视为西方世俗现代性的全球传播，或者视其为美国外交政策和文化经济所传递的犹太教-基督教传统的一个方面，掩盖了现代化和人类发展的普遍过程（Casanova 2011；Wohlrab-Sahr and Burchardt 2012）。[①] 后殖民理论和多元现代性方法使非西方观点比过去更接近辩论的主流，但深刻的问题仍然存在。

在这方面，很难不同意《国际政治社会学》最近一篇文章（Kamola 2013）中表达的观点，即许多撰写全球化文章的学者发现，很容易将某些事物视为"内在具有"（这个词正确吗？）全球性（例如互联网、麦当劳等）而非相反（卡莫拉提到卢旺达的种族灭绝、难民营等）。全球化理论由倾斜知识生产政治经济学所塑造，不平衡尤其体现在全球北方和南方的学者之间。卡萨诺瓦（Casanova 2011）就许多全球化理论的假设提出了相关且完全有说服力的观点，在这些假设中，世俗化可能是分析和规范的核心。世界主义思想中（Archibugi 2008），甚至在某些特殊主义版本中（西方文明有缺陷，其胜利非常脆弱），宗教和宗教身份要么被忽视，不被视为世界创造实践或替代全球性的来源，要么仅被认为是"宗教激进主义者"抵制现代性的世俗意识形态（Barber 1994；Appadurai 1990）。在这里，宗教成为原始主义和/或狂热主义的温床，而不是多元化全球性的基础。

下面让我先更笼统地谈谈多元现代性方面的文章，然后再拆解分析，突出那些直接关系到全球学术的组成部分。什穆埃尔·艾森施塔特（Shmuel Eisenstadt）的现代性和现代化观点与至少隐含在"经典"现

[①] 还有一个方面，包罗万象且表达随意的概念，例如西方现代性，实际上未能正视多个版本的实际差异。最明显的是，在划分任何总体文明结构时，我们可能会避开美国的宗教信仰和欧洲的世俗主义之间存在的张力关系。

代化研究中的版本形成鲜明对比,后者不仅强调工业化社会的融合,而且有时还设想在政治、经济和文化领域实现这一目标(Eisenstadt 2000a;Preyer 2007)。正如格尔哈德·普耶尔(Gerhard Preyer)所认为的,多元现代性的想法是"西方社会作为所有社会的规范取向和一般原型的自我处方"的解毒剂(Preyer 2007,10)。同样,它也是对20世纪80年代以来关于全球化和全球体系的大量理论化的间接回应(Eisenstadt 2009b)。普遍论是当代全球化的一个轴心组成部分,在某些方面也是一种特殊主义,因为它起源于关于包容性西方化或美国现代性的构想(Robertson 1992;Ikenberry 2010)。尽管认可程度可能不同,但在这些论述中,现代性是现代世界体系的产物,从西方出现并产生单一的全球现代性,通过演化变化实现全球融合。

多元现代性概念提供了一种不同的范式,其核心理念是现代性的特征可以在世界不同地区以不同的方式出现、表达和嵌入。就其本身而言,这一主张并不拒绝"现代化"过程的历史和当前影响,这些影响在全球范围内体现——工业革命、城市革命、科学革命等等。在这方面,我们必须警惕诋毁世界政治研究中关于全球标准化和合理化的有价值的实证发现,这种做法掩盖了对世界社会形成的深刻意识形态观点(Schmidt 2006)。但一些人认为现代化论点中的意识形态组成部分——统一、标准化、世俗化,当然还有西方的优越性——被忽视了。简而言之,现代的理念不应该要求在任何方面(宗教信仰、文化、道德甚至科学和哲学)都像英国、法国或挪威。显而易见,以这种方式重视多样性看起来像是另一种形式的非本质主义,或者是一种相当幼稚的规范性处方,两者都在智力上损害了良好的科学,其效果和以西方为模式进行不恰当的概括并无太大区别。

无论现代化学者,还是多元现代性论点的支持者,二者都假设现代化是一个持续开放的过程,并承认一旦现代规划在西方建立起来,就会传播到全球。二者意见分歧之处在于下面这个假设,即经历现代化的社会往往会随着时间的推移趋于相同。有学者赞成多元现代性这一司空见惯的现实，强调在现代化过程中文化和制度差异的持续显著性。我要说明的是：多元现代性论点的明显逻辑是，作为普遍性的结果，现代性的"开放式"规划必须承认这样一种可能性，即有多少个已经实现了现代化的社会，就有多少种现代性。这种逻辑将荷兰、印度或北欧的现代性作为历史决定论的真实证据，这个过程可能看起来像是一个普遍的、不懈的趋同过程。

因此，核心立场是现代性存在于西方范式之外，理解西方现代性的类别和分析工具并不能解释现代性的起源，也不能假设现代性代表着与西方的制度和文化形式不可避免地趋同。大多数情况下，这被视为文明分析的一种变体，尽管具有更明显的历史主义色彩，因为复数的现代性仍然围绕主要人类文明聚集或结晶（Huntington 1996）。这些文明身份在特定社会的制度和实践上留下了重要的印记，从而通过指向一个更加多中心的全球历史观，使简单的交往或社会变革的演化模型成为可能。

现代性现在看起来不那么普遍，或者受制于任何演化逻辑，更多地作为不同社会系统中可变结构变化的一个特征而存在（Preyer 2007）。对于现代化理论的任何翻新，这种洞察力的理论结果是，这个过程不再需要被视为单一或多元、普遍或特殊，相反，它产生于所有社会系统共有的可变扩张过程。文化翻译的困难以及其他障碍可能会限制这种扩张，从而削弱外来和/或普遍化力量对特定地点和根深蒂固的身份的影响。上述见解与人类学和社会学对于全球本土化的研究相一致，其中本土化和杂糅化可以视为以更谦虚，但更有根据的方式支持了多元现代性论点，同时对文化元叙事作出整体批评（Preyer 2007；Nederveen Pieterse 2009b）。

三、多元现代性和全球学术

下文中，我想更密切地关注多元现代性研究的四个错综复杂的方面，这些方面通过缓和过度唯物主义的感觉，关注时间性和历史来加强全球学术。每个方面在全球学术中都具有真正的智力吸引力，尽管处理它们的方式留下了许多悬而未决的问题，后文将详述。这些领域是：（1）时间性——历史和重新历史化全球理论的斗争；（2）文化构成社会关系的观念；（3）现代性的核心主题是单一性还是多元性；（4）宗教在后世俗世界中"回归"的社会分析。

首先是时间性问题。大多数关于全球化的研究都将时空连续体的空间轴放在首位，但是时间中变化的叙述也是全球化理论化的核心，甚至允许不同的时间概念。大多数论述通过全球化与现代性的关系将全球化视为一种时间现象，而那些具有更强空间变化的论述则探讨了受约束的民族国家与无国界资本主义之间的关系。前者没有全球化单一起源的概念，全球化被视为不同起源，有的认为全球化早于现代性（Frank 1998；Therborn 2000），有的认为全球化强化了现代性（Giddens 1990；Scholte 2005）或超越了现代性（Albrow 1996；Hardt and Negri 2000；Robertson 1992）。具有更强空间变化的解释有时将空间视为社会的组成部分，并关注两种公认的全球化动力的作用——民族国家的变化和社会进程规模的变化。

一些学者认为（Corbridge and Agnew 1995），全球化的纯粹空间叙事使空间和民族国家去历史化，将后者简化为一个静态的、本质化的概念，距离现实主义模型相去甚远（Teschke 2003；Rosenberg 2005）。对全球化、国家体系的变化以及现代性的产生方式和地点作出更具历史依据的描述，某种程度上是为了纠正这种错误。

至于历史，许多关于全球化的学术研究仍然表现出理论存在主义，在这种情况下，事件被认为只能求助于"当前因果变量"来解释。在这里，全球化呈现为全新发展，与过去及其影响脱节。历史和历史方法是长期、大规模社会和政治变革学术研究的核心，此类学术研究包括对那些可能解释所有社会和文明变革的过程的宏观历史研究（Mann 1986）。相比之下，年鉴学派的著作使用比较微观历史方法，将重点放在小的社会和文化单位上，关注人们如何在其中生活，其研究寻求"在小地方回答大问题"（Ginzburg 1980，26；Braudel 1979）。例如，费尔南德·布罗代尔的开创性工作，有时被称为"新"历史主义，更多地在于历史学术传统，优先考虑特定的社会背景，包括时间、地点和当地条件，反对那些社会变革基本普遍规律的抽象概念。现代化理论、帝国主义理论和依附学派（Frank 1998）的研究都依赖于历史研究的某些要素。

随着社会学从 20 世纪初发展成为一门学科，尤其是在美国，它对以历史为依据的理论承诺让位于社会变革和现代化的非历史模型和理论。在结构功能主义和相当图示化、抽象化的现代化方法中，详细的历史和背景分析转向关注识别和分类社会变革的跨历史特征，在很大程度上与欧洲现代社会的出现相一致（Parsons 1966）。20 世纪 70 年代后期情况开始发生了进一步的转变，标志着历史探究的回归，最初是马克思主义者，然后是韦伯式的问题。得益于关于历史变化的经典文本阅读，一个新的、更具包容性的研究议程已经明显显现，包括"对制度的高度关注，代理人和意义的理论化，性别分析和对欧洲中心主义的拒绝"（Adams et al. 2003，3）。这些学术研究的大部分内容仍在争论如何提供现代性的历史社会学以及与之相关的变革，但这不是坏事。与全球化相关的历史社会学面临一个主要挑战：是想象一个不受资本主义现代性影响的过去和一个超越或远离资本主义现代性的未来，还是将所谓的全球进程和意识形态的变革性影响视为现代化和普遍自由主义的进一步发展（Adams et al. 2003，66；Morris 2010；Fukuyama 2011）。

当然，在这些理论流派内部和之间存在着重要的差异，其中一些差异涉及一个关键问题：全球现代性的出现过程中，谁的历史被描述为具有开创性？这种张力关系最显著的例证是将几乎所有西方思想家指责为"欧洲中心主义"，从马克思和韦伯，到道格拉斯·诺斯和米尔顿·弗里德曼，再到伊曼纽尔·沃勒斯坦，甚至冈德·弗兰克（主要是他的早期著作）。正如罗伯特·德内马克（Robert Denemark）总结的那样，"一旦欧洲占据主导地位，那里的学者们便会很方便地忘记世界历史的其余部分，并开始把'其他国家'的不足之处理论化（无论是在产权方面还是在剥夺直接生产者的生产资料方面）"（Denemark 2009，235）。

如此对复杂学术研究的争论性总结仍然是一个有益的提醒，即不应视"历史"为单一和无可争议。萨米尔·阿明（Samir Amin）更加尖锐地指出，欧洲中心主义是我们这个时代主要的"意识形态扭曲"之一，对现代世界的风度产生了巨大的经济、政治和文化影响（1989）。他的观点是，欧洲中心主义扭曲了希腊理性和基督教教义，以证明新建立的资本主义社会和道德秩序，西方对世界的经济、政治、文化和军事征服以及对所有非欧洲国家的系统性剥削是正当的。①

其次是文化领域和文化阐释，文化是，或者说应该是，全球学术交流的沃土，可实际中文化参与和尝试相当有争议性，并不能令人满意。关于这个问题，我已经写了多篇文章（Axford 1995；2013b），这里就不再赘述了。可以说文化是全球化研究中的一个充满活力的主题，因为文化是主体解释实践的语境表达；换句话说，文化是主体间的，甚至是偶然的（Axford 1995）。与此同时，必须权衡现实建构实际上发生在文化脚本或文化结构的背景下的感觉（Benhabib 2002），否则就会陷入建构主义或现象学自负。世界政治研究利用这种明显的张力来建立全球文化同构理论，但究竟如何解释这一理论，仍然是许多关于地方和情境

---

① 在《世界历史中的全球化》（2002）和《全球历史》（2006）两部著作中，全球化历史研究的传播者托尼·霍普金斯（Tony Hopkins）希望提供一部真正的"全球化全球史"。第一部尤其重要，因为书中撰稿者从全球，而非国别角度评估过去。《世界历史中的全球化》提出：全球化的多维度性和历史可变性远超学术界的预期。对于宏观历史社会学学者，以及世界体系分析的倡导者而言，这算不上什么新观点，但对于各种"当下论"，以及本质主义全球化理论而言，霍普金斯的观点依旧是有力的对抗。

主体之间关系以及涵盖全球结构和规则的工作的症结所在。此外,模态全球本土化理论提供了有用图示,有时还提供了以经验为基础的工具,用于理解本质化和相对化的过程(Roberston 1992)。在这方面,多元现代性论点谈到了发展轨迹的非系统的、历史主义的、反身的和务实的版本,同时仍然认识到一个问题,正如卡萨诺瓦(Casanova 2011, 263)所说的那样,变得现代总意味着展现出许多共同特征。

当然,多元现代性体现了人、实践和制度之间的实质和感知差异,即使世界在关键方面趋于相同。这不是,也不必是全球范围内社会的返祖或反射性反对,因为现代性(对共同特征的承诺)仍然是对愿望和发展模式的强大刺激。对许多人来说,差异化没有排除文化全球化最典型的特征;文化混合和身份的“全球融合”总是挑战边界,无论是本地的还是文明的,现象的还是想象的。杂糅与霸权在本质上背道而驰,包括在超全球主义和一些全球动态的解释中看到的那种更加分散的趋同。

所有这些都有益地质疑了一些围绕广泛文化主题建立起来的全球化的流行说法——历史的终结、文明的冲突、麦当劳化世界的欢乐和掠夺、以“达沃斯人”或“跨国”为代表的“雷克萨斯”文化的资产阶级(Sklair 2002)。尽管如此,此类工作仍然肯定并塑造了“对世界共同成长或可能在文化上崩溃的方式的日益增长的意识”(Boli and Lechner 2005, 30)。在讨论多元现代性时,这些可能性以及随之而来的由全球趋同、两极分化和混合化驱动的经验和规范都具有重要的意义。

再次是现代性。我们又回到了这个熟悉的地方,但情况又会怎样呢? 重申;多元现代性论拒绝了以下论点,即卡萨诺瓦所谓的“现代性文明”(Casanova 2011, 263)的全球扩张意味着全球同质化或趋同。虽然大部分现代特征首先出现在西方,主要是在欧洲,我们必须认识到西方也不是一个统一的结构,一个规范和纲领性的统一体,随着“非西方社会和文明获得、制度化和改造其中的一些现代性,现代性倍增的趋势变得性状更加明显”(Casanova 2011, 263)。现代化可能是一种普遍的动力,但不应等同于西方化伪装。鉴于大多数早期的全球化理论要么宣称后启蒙时代的现代性和 20 世纪后期的全球性之间具有连续性和对应性，或者认为它们在本体论上是不同的和不相交的，多元现代性论具有更长的历史范围，通过它可以识别和理解全球性的前现代形式，并且认为没有必要抹杀文化传统。同时，受制于个人和制度反身性以及背景所引入的变数，多元现代性论认为所有传统都可能在现代化过程中发生转变。

让我通过举例说明这一点，乔瓦尼·阿瑞吉（Giovanni Arrighi）在他的《亚当·斯密在北京》（2007）中密切关注中国，认为中国是他所谓的"以东亚为中心的世界市场社会"（Arrighi 2007，32）的主要推动者。阿瑞吉想证明世界经济的中心已经从西方转移到东方，这样做必须证实这种转变具有划时代的意义，因为它标志着资本主义世界经济和资本主义历史的终结可能。阿瑞吉通过参考明确的文化因素，解释中国以市场自由主义的形式战略性地和成功地适应西方资本主义习俗。争论的要点在于，与包括日本在内的西方资本主义核心国家相比，中国继承了不同的市场传统，并采用了不同的增长模式。阿瑞吉大胆地宣称这种传统为非资本主义的，为了证明中国是非资本主义国家的定义是合理的，阿瑞吉必须解释它是如何从所谓的"大分流"和随后的掠夺中如此迅速地恢复过来，日益成为世界经济强国的中心舞台。

阿瑞吉的立场是：中国最近的复苏证明了亚当·斯密的国富论观点，即自由市场主义并不是改善一个国家经济命运的唯一途径。相反，中国遵循了一条"自然"的发展道路，主要基于农业生产，然后是面向国内市场的工业生产。与其他国家的商业是次要的，尽管从 13 世纪开始就可以看到中国与亚洲的海上贸易网络，并促进了在 18 世纪末达到顶峰的经济增长。这种模式与欧洲核心国家所遵循的"不自然"路线形成鲜明对比，后者提倡商业资本的国际流动和长途贸易。斯密和阿瑞吉都明白这些路径不是离散的，因此中国的历史上和今天，非资本主义市场经济与资本主义市场规则交织在一起，在当前的交叉路口，阿瑞吉看到了斯密微积分的前景。

因此，中国的惊人崛起不仅要归功于国际资本、全球零售商的战略和西方商业模式，而且要归功于中国的传统和实践，这与其说是对当代中国如何取得突出地位的浪漫版本，不如说是一种基于其历史的特定解读。虽然阿瑞吉可能过分强调了中国政治经济的特殊性或特殊地方特征及其影响，但他的主要目的是将那里发生的事情与任何类似新自由主义学说的东西区分开来，这种做法还是值得考虑的。有趣的是，谈到冈特·弗兰克对他早期作品的批评，阿瑞吉反对将东亚发展和中国复兴的模式过于以欧洲为中心，阿瑞吉对作为世界体系的资本主义提出了批判，现代世界体系在非资本主义市场力量和地理上的重要性方面具有更多元化或多中心的感觉。

与此同时，无需否认，强有力的多中心主义或多极化的证据仍然存在趋同因素，尤其是在经济事务中。中国的案例强调了全球一体化模式是非线性的，也可能不是周期性的，如果这意味着霸权周期的展开或全球政治经济的简单核心-边缘模型的再生产的话。尽管人们很容易将正在发生的事情解释为全球经济一体化周期的结束，其中竞争对手取代了优势力量，但现实情况更为复杂。战后几十年，还有一个趋势越来越明显，那就是全球经济的多极化趋势。经济增长的分布越来越分散，由于这一趋势，现在没有任何国家或地区占据主导地位，在可预见的未来也不可能占据主导地位（Axford 2014）。这是一种融合，尽管集成可能是一个不太费力的描述。

最后谈谈宗教和现代性/全球化问题，正如我所指出的，全球发展的多元现代性方法使我们能够保留现代性概念的分析中心地位，同时摆脱以往西方文化解释中对普遍性的依赖。相反，叙事呈现出普遍性和差异性之间的碰撞和叠加，承认所有现代社会在某个时刻都不得不面对和适应西方，更确切地说，是欧洲的现代化模式。值得注意的是，与大多数关于现代化的文献和从现实主义者到后结构主义者的国际关系理论的工作相面对时，对抗和适应往往发生在文化系统领域，特别是文明和世界宗教，从而挑战欧洲将现代性视为不可避免的世俗过程的观念,其学术研究受到世俗化理论的框架约束。①

世俗主义——也就是说,意识形态世俗主义,几乎可以说是原教旨世俗主义——是欧洲现代性的决定性主题,但这一主题在其吸纳过程中被讽刺为一种不可避免的历史趋势,当然也是一种规范目的。这种立场很容易将世俗化进程视为一种从宗教和宗教信仰的非理性中解放出来的形式,认为世俗社会才是真正的现代化社会,在这个版本中,现代性和宗教是彼此对立的。撇开漫画不谈,亨廷顿对这场辩论(1996)的重大贡献是打破现代性等于世俗化范式的思想霸权,发起了一场激烈,尽管局限性很强的辩论,反对现代化理论和世界主义思想的普遍主义主张。最后,但同样重要的是,将宗教定位为理解文明动态和文明冲突的关键因素(Casanova 2011)。

不幸的是,亨廷顿将文明视为建立在不变的宗教信仰之上的不变的、地域有限的实体,在世界的秩序与混乱的图景中重归他心目中的本质主义形式。亨廷顿所描述的文明之间的断层线以及冲突的不可避免性产生了一种文明现实主义,其中冲突的逻辑凌驾于多元现代性论所提出的偶然性和适应性的空间,他的理论分析将文明宗教放到中心位置,令其具体化和本质化。

这种批评还有一记毒招:全球化的不确定性将我们的目光转移到全球学术的争议性本质上。沿着文明(宗教)断层线定位全球化世界中冲突的基础,很容易忽视全球化过程的性质和影响的要点。卡萨诺瓦说得对,全球化的威胁和希望是所有文化系统的相对化,在这种系统中,"世界上所有的宗教都可以第一次重新构建为脱离领土的实体,脱离它们传统上嵌入的文明环境"(Casanova 2011,262)。当然,尽管全球化是社会封闭的敌人,但它仍然不排除完全建立在该原则或全球封闭理想之上的地方政治,以此作为对感知到的系统性威胁的回应。

---

① 当然,我并不是无视宗教的"回归",也不是无视这种回归在多大程度上已经以各种方式与我们已经进入后世俗时代的说法联系在一起。

156   多元现代性

四、负面作用？

我所说的大部分内容都是对多元现代性方法及其种种变化的认可，这些方法即使不是全球学术的唯一组织原则，也是有用的组成部分。这一努力的完整规划超出了本文的范围（参见 Axford 2013b），坦率地说，我看不出多少知识死胡同，会阻止全球学者更全心全意地参与其中。尽管如此，还是值得列出该方法的一些问题，因为这些问题可能而且有时确实会影响跨学科和多维度全球学术的前景和设计。

对于批评家来说，强调差异和多样性，尤其是在文化和宗教方面，是可以理解的，并且适合对全球化进行细致入微的处理。然而注意到差异是一回事，出于解释目的确定其意义又是另一回事；当然，除非这项工作的目的是对任何似乎可以挽救当地历史和文化的差异进行评估。如果不是，那么关键的分析点应当是：印度或中国与西方之间观察到的差异是否如此明显或独特，以至于有必要根据其文明的独特性来加以讨论。相比之下，对于允许分析家将印度或日本视为施密特所说的"工业社会共同家庭"的一部分因素，应该赋予多少权重？

与当代英国、德国或加拿大相比，当代印度或日本与各自过去的共同点是否更多？如果文化差异转化为与 21 世纪全球性明显不同的适应模式，那么多元现代性论题就有很强的理由。如果不是，那么位于论点核心的规范性规划仍然可以成功，但其分析可能会受到质疑。彼得斯谈论到作为混合社会形态的"（真实）现存现代性"，他意识到了这种张力，因为它们跨越了过去和现在，并从其他文化中引进和转化了风格和习俗。现代性是分层的，一些组成部分为所有现代社会所共有，构成了跨国现代性，"其他组成部分则因历史和文化环境而异"。

但这仍然只是出于意识形态动机的学术杂糅吗？沃克·施密特（Schmidt 2006）借鉴新政治经济学中"资本主义的多样性"研究（Hall and Soskice 2001；Yamamura and Streeck 2003），非常愿意注意到现代化模式和所有制度（相对于只有文化）形式。然而，这些差异表现为主题的变体，显示出更重要的"家庭"相似性，涵盖经济制度、社会政策制度以及政治或至少是宪法制度，分析资本主义模式（自由的英美、非自由的日本和欧洲，以及可能的"东方"新形式）中相似性和差异的相对权重所产生的单一现代性的种种变化，而不是界定出的多元现代性的历史文化因素（Ikenberry 2010）。

尽管有相当大的整合主义倾向，但这种将先前未受质疑的现代性本体单一性作为全球性，或作为现代性一种形式的全球性的倾向，也指出了多元现代性命题的一些概念性和经验性问题。需要对文化、经济和政治生活领域进行全面的历史和比较分析，正如施密特所说，全面比较然后考虑到任何结果——无论是文明内部的分歧还是趋同，社会看起来更像有更多共同点的可能性，感觉现代性之间的归因差异实际上并不存在，等等。要真正谈论多元现代性，研究必须找到具有"制度共变的连贯模式"（Schmidt 2006，88）的现代社会（文明）集群，由于这样的研究尚未出现，案例仍然在讨论中。因此，重复我之前所说的，许多当代问题可能脱离了文明分析和多元现代性的辩论，也可能从中得到启发，无论怎样都构成了全球学术当前关注的问题。现代性和全球性仍然是我们时代的主题，是许多社会科学所依据的相同与差异的一部分。

参考文献

Adams, Julia, Elisabeth Clemens and Ann Shola Orloff. (2003). *Social Theory, Modernity and the Three Waves of Historical Sociology*. Russell Sage Foundation Working Paper, 26.

Ajami, Fouad. (1993). "The Summoning: But They Said, We will not Hearken", *Foreign Affairs*, 72 (4): 2 - 9.

Albrow, Martin. (1996). *The Global Age: State and Society beyond Modernity*.

多元现代性

Cambridge: Polity.

Amin, Samir. (1989). *Eurocentrism*. New York: Monthly Review Press.

Appadurai, Arjun. (1990). "Disjuncture and Difference in the Global Culture Economy". In Mike Featherstone (ed.). *Global Culture: Nationalism, Globalization and Modernity*. London: Sage.

Appelbaum, Richard and William I. Robinson (eds.). (2005). *Critical Globalization Studies*. London: Routledge.

Archibugi, Daniele. (2008). *The Global Commonwealth of Citizens: Toward Cosmopolitan Democracy*. Princeton: Princeton University Press.

Arrighi, Giovanni. (2007). *Adam Smith in Beijing: Lineages of the Twenty-First Century*. London: Verso.

Axford, Barrie. (1995). *The Global System: Politics, Economics and Culture*. Cambridge: Polity.

——. (2013a). *Theories of Globalization*. Cambridge: Polity.

——. (2013b). "You Had Me on 'Global' and 'Studies' Too, I think", *Globalizations*, 10 (6): 779 – 785.

——. (2014). "The Trends and Tendencies of Global Integration". In Darrel Moellndorf (ed.). *The Handbook of Global Ethics*. Abingdon: Routledge.

Barber, Benjamin. (1994). *Jihad versus McWorld: Terrorism's Challenge to Democracy*. New York: Times Books.

Benhabib, Seyla. (2002). "Unholy Wars", *Constellations*, 9 (1): 34 – 45.

Boli, John and Frank J. Lechner. (2005). *World Culture: Origins and Consequences*. Malden: Blackwell.

Braudel, Fernand. (1979). *Civilisation Matérielle, Économie et Capitalisme, 15e – 18e Siecle*. Paris: Armand Colin.

Browning, Gary K. (2011). *Global Theory from Kant to Hardt and Negri*. Basingstoke: Palgrave.

Casanova, José. (2011). "Cosmopolitanism, the Clash of Civilizations and Multiple Modernities", *Current Sociology*, 59 (2): 252 – 267.

Corbridge, Stuart and John Agnew. (1995). *Mastering Space: Hegemony,*

Territory and International Political Economy. London: Routledge.

Crossley, Pamela Kyle. (2008). *What is Global History*. Cambridge: Polity.

Denemark, Robert A. (2009). "World System History: Arrighi, Frank and the Way Forward", *Journal of World-System Research*, 15 (2): 233 - 242.

Eisenstadt, Shmuel N. (2000a). *Fundamentalism, Sectarianism, and Revolution: The Jacobin Dimension of Modernity*. Cambridge: Cambridge University Press.

—. (2000b). "Multiple Modernities", *Daedalus*, 129 (1): 1 - 30.

—. (2000c). "The Reconstruction of Religious Arenas in the Framework of 'Multiple Modernities'", *Millenium*, 29 (3): 591 - 611.

—. (2009a). "New Transnational Communities and Networks: Globalization Changes in Civilizational Frameworks". In Eliezer Ben-Rafael and Yitzhak Sternberg (eds.). *Transnationalism: Diasporas and the Advent of a New (Dis)Order*. Leiden: Brill Academic Publishers, 29 - 46.

—. (2009b). "Contemporary Globalization, Intercivilizational Visions and Hegemonies: Transformation of Nation-States", *ProtoSociology*, 26: 7 - 19.

Frank, Andre Gunder. (1998). *ReOrient: Global Economy in the Asian Age*. Berkeley: University of California Press.

Fukuyama, Francis. (2011). *The Origins of Political Order: From Prehuman Times to the French Revolution*. New York, London: Profile Books.

Giddens, Anthony. (1990). *The Consequences of Modernity*. Stanford: Stanford University Press.

Ginzburg, Carlo. (1980). *The Cheese and the Worms: The Cosmos of a Sixteenth Century Miller*. Baltimore: Johns Hopkins University Press.

Hall, Peter A. and David Soskice. (2001). *Varieties of Capitalism: The Institutional Foundations of Comparative Advantage*. Oxford: Oxford University Press.

Hardt, Michael and Antonio Negri. (2000). *Empire*. Cambridge: Harvard University Press.

Huntington, Samuel P. (1996). *The Clash of Civilizations and the Remaking of the World Order*. New York: Simon &. Schuster.

Ikenberry, John. (2010). "The Liberal International Order and Its Discontents", *Millennium*, 38 (3): 1–13.

Juergensmeyer, Mark. (2013). "What is Global Studies?", *Globalizations*, 10 (6): 765–771.

Kamola, Isaac. (2013). "Why Global? Diagnosing the Globalization Literature within a Political Economy of Higher Education", *International Political Sociology*, 7 (1): 41–58.

Lakatos, Imre and Alan Musgrave. (1970). *Criticism and the Growth of Knowledge: Proceedings of the International Colloguium in the Philosophy of Science*. New York: Cambridge University Press.

Mann, Michael. (1986). *The Sources of Social Power, Vol. 1*. Cambridge: Cambridge University Press.

Mazlish, Bruce. (1998). "Comparing Global History to World History", *Journal of Interdisciplinary History*, 27 (3): 385–395.

Mittelman, James H. (2004). *Whither Globalization? The Vortex of Knowledge and Ideology*. London: Routledge.

Morris, Ian. (2010). *Why the West Rules—For Now: The Patterns of History, and What They Reveal About the Future*. New York: Profile Books.

Nederveen Pieterse, Jan. (2009a). "Representing the Rise of the Rest as Threat: Media and Global Divides", *Global Media and Communication*, 5 (2): 1–17.

—. (2009b). "New Modernities: What's New?". In Encarnacion Gutierrez Rodriguez, Manuela Boatcä and Sérgio Costa (eds.). *Decolonizing European Sociology: Transdisciplinary Approaches*. Aldershot: Ashgate.

—. (2009c). "Globalization: Consensus and Controversies". In Jan. Nederveen Pieterse (ed.). *Globalization and Culture: Global Mélange*. Lanham: Rowman & Littlefield.

—. (2013). "What is Global Studies?", *Globalizations*, 10 (4): 551–556.

—. (2014). "Global Studies: Have Catechism, Will Travel", *Globalizations*, 11 (2): 165–169.

Parsons, Talcott. (1966). *Societies: Evolutionary and Comparative Perspectives*.

New York: Prentice-Hall.

Preyer, Gerhard. (2007). "Introduction: The Paradigm of Multiple Modernities", *Protosociology*, 24: 1 – 18.

Robertson, Roland. (1992). *Globalization: Social Theory and Global Culture*. London: Sage Publications.

Robinson, William I. (2009). "Saskia Sassen and the Sociology of Globalization: A Critical Appraisal", *Sociological Analysis*, 3 (1): 5 – 29.

Rosenberg, Justin. (2000). *The Follies of Globalisation Theory: Polemical Essays*. London: Verso.

—. (2005). "Globalisation Theory: A Post-mortem", *International Politics*, 42 (1): 2 – 74.

Schmidt, Volker H. (2006). "Multiple Modernities or Varieties of Modernity?", *Current Sociology*, 54 (1): 77 – 97.

Scholte, Jan A. (2005). *Globalization: A Critical Introduction*. Basingstoke: Palgrave.

Sklair, Leslie. (2002). "The Transnational Capitalist Class and Global Politics: Deconstructing the Corporate-State Connection", *International Political Science Review*, 23 (2): 159 – 174.

Teschke, Benno. (2003). *The Myth of 1648: Class, Geopolitics and the Making of Modern International Relations*. London, New York: Verso.

Therborn, Göran. (2000). "Globalizations: Dimensions, Historical Waves, Regional Effects, Normative Governance", *International Sociology*, 15 (2): 151 –179.

Wohlrab-Sahr, Monika and Marian Burchardt. (2012). "Multiple Secularities: Toward a Cultural Sociology of Secular Modernities", *Comparative Sociology*, 11(6): 875 – 909.

Yamamura, Kozo and Wolfgang Streeck (eds.). (2003). *The End of Diversity? Prospects for German and Japanese Capitalism*. Ithaca, London: Cornell University Press.

多元现代性

多元现代性和全球化/全球本土化：评艾森施塔特社会学

罗兰·罗伯森

很难掌握什穆埃尔·艾森施塔特(Shmuel Eisenstadt)全部著作的范围和总体趋势，对于任何严肃的读者来说，这种说法的原因显而易见。首先，艾森施塔特的工作范围非常广泛，并且以某种方式涵盖了世界的每一个部分和几乎每一个社会学主题。其次，他的许多标题和副标题都非常长，而且常常含糊不清。最后，就其实质而言，他的许多作品似乎多有矛盾或不一致之处，尽管这一点不一定被视为对艾森施塔特作品的负面评论。另一个值得注意的重要特征是，艾森施塔特似乎摆脱了塔尔科特·帕森斯时常遭遇的刻薄评论，对于这种差异有很多解释(Robertson 2007)，特别是帕森斯的现代化观点与艾森施塔特的观点之间存在着巨大差距。可以毫不夸张地说，这种差距构成了 20世纪末社会学最大的讽刺之一。具有讽刺意味的是，帕森斯关于现代化的文章相对较少，明确关于现代性的文章就更少了，而艾森施塔特的工作——尤其是他晚年的工作——主要集中在这些主题上。（事实上，两位杰出社会学家之间的这种巨大不一致很可能成为知识社会学研究的主题。）无论如何，人们可以指出，帕森斯是意识形态批评和嘲笑持续不断的对象，而艾森施塔特从未遇到过这样的蔑视，从而突出帕森斯和艾森施塔特之间的反差。对艾森施塔特的作品进行严肃认真的审视，必须考虑到上述因素。

我本人接受卡沃利斯（Kavolis）的观点，例如与路易·杜蒙特（Louis Dumont）相比，艾森施塔特缺乏特定的规范立场。换句话说，虽然不是绝对不可能，但确实很难辨别出艾森施塔特著作所依据的特定立场——或者就此而言，辨别出他著作中的变化。这一方面，我的观点主要基于阿斯曼（Assmann 2012）表达的观点，他将"隐含的全球性"作为他对艾森施塔特轴心性概念批评的一部分。根据我的理解，阿斯曼的意思是艾森施塔特只是暗示了全球性，而不是在著作中把全球性放在首位。更一般地说，我的方法与其他一些学者（Spohn 2011；Roniger and Waisman 2002）的方法很接近，他们都在分析艾森施塔特的著作时探讨了全球性这一主题，同时也与莱文（Levine 2011）的"文明对话"主题密切相关。艾森施塔特在自己的著作中谈到文明和社会的发展，或者说，演化，可能会引领一种全球或世界文明的方向。虽然对"文明"的确切含义有所保留，我倾向于从全球的角度来看待艾森施塔特的著作。换句话说，我从全球性或整个世界出发，而不是预先设想朝某个方向发展，更具体地说，我更加致力于关注整个世界作为一个整体如何向内发展，而不是向外。

《代达罗斯》特刊（1998 年夏季）的《导言》中，艾森施塔特和施卢克特（Schluchter）指出，现代性已经传播到世界大部分地区，但并未产生单一文明。"主导现代性历史的不是趋同，而是趋异。"两人接着说，所谓的现代性文化准则"并未因社会的演化潜力而改变，也未因传统的自然展开而改变，甚至没有因为新的国际环境中的位置而改变"。对艾森施塔特和施卢克特来说，不同社会的文化规范通过这些社会之间的"持续互动"及其对新的内部和外部挑战的接触而形成。

虽然承认这些现代性的发展在"欧洲发展的现代性文化规划中有共同的起点，但随后的人们对它的创造性吸纳开创了多元现代性"。两人坚持认为，由此产生的多样性"与文化网络和交流渠道的全球化密切相关，远远超出了以往任何一种"。艾森施塔特和施卢克特的结论是：

自相矛盾的是,这种破坏了社会融合信念的当代多样性"强化了以欧洲为中心的现代性中心地位的启蒙假设"。与安德烈·冈德·弗兰克(Frank 1998;2014)以及伯格(Berger 1986)的研究相比,多元现代性概念可能会更有成效。

艾森施塔特和施卢克特坚持认为"对多元现代性的认识需要反进化论的推动力",正是在这一点上,两人的论点变得特别混乱。两人坚持认为自己既没有坚持进化论的方法,也没有坚持历史主义的方法。两人似乎坚持一种比较方法,尽管方法本身并不完全清晰。我想这里要解决的正是这种缺乏清晰度或一致性的问题,我坚持认为,艾森施塔特和施卢克特的方法所缺乏的是他们未能直接解决全球化(实际上是全球本地化)的问题。

我特别关注我所认为的艾森施塔特多元现代性概念的局限性,这些集中在他对全球化——当然还有全球本地化——明显的矛盾心理上。后一个概念特别重要,因为它直接引起了人们对据称不同形式的现代性和现代化之间关系的关注。更具体地说,我认为每一个可感知的现代化进程都应被视为更大的、包罗万象的全球现代化的"局部"表现,唯有如此方能富有成效。换句话说,现代化并非完全本土化,而是每一次都构成了更广泛主题的特定变体。事实上,关于轴心时代和轴心性的概念也可以这样说,这些都是最近多元现代性话语的核心,具体来说,轴心时代的想法以及轴心性的偶然特征本身导致了不同变化轨迹,足以证明我的看法。

重复一遍,艾森施塔特很少面对全球化本身的问题,这相当令人惊讶。有人可能会反驳这一主张,因为他的大部分工作都暗示了与全球化概念所涵盖的现象大致相同的现象,特别是将后者构想为具有多重维度的形式。尽管如此,我还是认为,出于某种原因,艾森施塔特偏离了全球化,或者非常不愿意应对全球化。据作者所知,艾森施塔特甚至从未采用或提出全球本土化这一关键问题(Robertson 1994;1995a;1995b;2007;2014)。全球本土化是多元现代性讨论的核心,事实上也是本次发言的主要议题。然而，无论是使用全球化还是全球本土化的概念，艾森施塔特似乎都无法明确地区分比较性和全球性，他没有看到全球化（或全球本土化）必然涉及比较。换句话说，从全球范围考虑现象必然涉及比较，但比较是由"参与者"而不是"观察者"进行的，我们可以简单地将其称为原位比较。事实上，这完全符合艾森施塔特对"领导"社会的关注，即在现代化过程中用作参考点——作为有意义的他者——的社会。事实上，现代化概念本身显然包含一个追赶的过程，早在20世纪60年代中期，内特尔和罗伯逊（Nettl and Robertson 1968）就是采用这种方式使用现代化概念。

运用全球本土化概念，使我们能够面对（实际上是迫使我们面对）所谓不同现代性之间的关系问题。我的论点是，直接而明确地提出这个问题可以让我们分析现代性之间的经验-历史关系。此外，它推动我们朝着解决竞争问题的方向发展（Robertson 1995b），这一问题与艾森施塔特所说的"领先社会"概念有着密切的关系（尽管他绝不是在20世纪60年代唯一使用这种概念的人）。将这个问题带入多元现代性话语中，引发了一个整体问题，即作为整体考虑的多元现代性的非共时和非同时性质。

人们可以指出，现代化概念在几年前如此强烈地进入中国政治话语，由此不难看出竞争的重要性。对"旧"现代化最强烈的反对来自拉美国家，就在拉美社会科学家和政治家，以及他们在北美和西欧的同胞，正在努力克服现代化理念的同时，东亚的精英们，可以说，正忙于雇佣越来越多的人，致力于强调现代性某些特征的重要性，同样是这些特征却是拉丁美洲学术界抨击的对象。我曾参加了1987年在韩国首尔召开的一次由亚洲社会科学家召集的会议，其具体目的是庆祝现代化理论非常成功地进入东亚！

重要的是要认识到，在20世纪50年代和20世纪60年代，一些社会科学家对现代化的普遍特征进行了强有力的全球导向干预，"入侵"的主要特征是在现代化话语中引入了"唯意志论"因素。在此期间，冷

多元现代性

战比以前温和得多，一些知识分子看到，所谓的第三世界的政治精英被迫在两个主要形象之间作出选择，即已经为人所知的现代化和尚未为人所知的现代化。换句话说，贫困国家渴望不同的形象，为之作出抉择。

毫无疑问，艾森施塔特和他的追随者的研究，尤其是关于轴心性和多元现代性的研究，是最重要的。此外，艾森施塔特（Eisenstadt 1986）在耶路撒冷希伯来大学建立的研究项目将继续结出许多学术成果，也就是说，人们当然不能忽视为讨论现代性这个问题而付出的大量学术努力，包括那些怀疑这一范畴或概念价值的人。关于现代性以及现代主义的一般性讨论，有一个特点：它提出了现代性"自身"的分期和"独创性"等问题。从这个意义上说，多元现代性的讨论涉及很多前提，如前所述，也完全忽略了现代性的主体性问题。

这里我要提一个具体的例子，来自班纳吉（Banerjee 2012）的一本书，内容关于俄罗斯现代性形成过程中科幻小说的作用。班纳吉特别关注旧欧洲现代性与俄罗斯精英试图与 19 世纪欧洲出现的现代性保持距离之间的关系问题，这种疏远尤其围绕着俄罗斯是否像欧洲一样亚洲化的问题展开（Tsygankov 2006）。陀思妥耶夫斯基很好地表达了这个问题，他认为"俄罗斯人既是欧洲人也是亚洲人……我们必须消除欧洲会称我们为亚洲野蛮人的奴隶般的恐惧，人们会说我们更像亚洲人而不是欧洲人"（Banerjee 2012，31）。正如班纳吉（Banerjee 2012，11）所说："现代性越来越被视为多方面的对话，而不是从西方到世界其他地区的单边流动。"班纳吉援引德里克（Dirlik 2003）的话说，现代性不是一种事物，而是一种关系。显然，这种思维方式与 2014 年克里米亚问题引发的地缘政治和地缘文化环境尤为相关。

艾森施塔特（Eisenstadt 1966）写道："西欧现代化及其直接分支——美国和英语自治领的现代化——是本土和自我生成现代化的唯一案例……所有后来的现代化案例都发生在不同的情况下，其中对现代化的推动在很大程度上来自外部……随着现代化首先传播到中欧和东欧,然后传播到中东,它的社会背景也与西欧社会有着很大不同。"

艾森施塔特指出,人们可以很容易地看出这种相对较早的现代化和现代性概念与艾森施塔特后来所关注的多元现代性思想之间的区别,尽管上面的引述在后者的方向上有一些偏差。琳达·科利(Colley 2013)中肯地指出了她所谓的全球转向的重要性,她认为这种转向来自最近对全球化的关注的结果。注意到这种转变时,科利的观点令人信服,她坚持认为,美国历史学家在促进全球视野方面是最具有世界主义精神的。人们可以举出很多全球转向的例子,这种转向绝不仅限于美国历史学家,或者,有人可能会补充说,社会学家。当前语境中,指出雅斯贝尔斯无论以何种标准衡量都是"全球主义者"(Jaspers 1953;1957)也可能很有用。

总之,应该说艾森施塔特关于现代性本土化程度的想法显然发生了转变。此外,尽管他谈到了诸如世界文明之类的主题,但他对这一点犹豫不决,缺乏明确"承诺"。一个主要原因是,正如我之前所说,艾森施塔特早期将现代化视为一个可以独立于整个世界及其历史的考虑来对待的过程,他本人在多大程度上支持多元现代性主题可以与全球性和全球化/全球本土化分开处理的观点,这当然仍然值得怀疑。应该强调指出的是,相当多的多元现代性分析家似乎认为全球化与多元现代性研究项目并不特别相关——实际上,可能确实关联不大。

参考文献

Assmann, Jan (2012). "Cultural Memory and Myth of the Axial Age". In Robert N. Bellah and Hans Joas (eds.). *The Axial Age and Its Consequences*. Cambridge: Harvard University Press, 366 – 407.

Banerjee, Anindita. (2012). *We Modern People: Science Fiction and the Making of Russian Modernity*. Middletown: Wesleyan University Press.

Berger, Peter. (1986). *The Capitalist Revolution*. New York: Basic Books.

Colley, Linda. (2013). "Wide-Angled", *London Review of Books*, 35 (18): 18 – 19.

Desan, Suzanne, Lynn Hunt and William Max Nelson (eds.). (2013). *The French Revolution in Global Perspective*. Ithaca: Cornell University Press.

Dirlik, Arif. (2003). "Global Modernity? Modernity in an Age of Global Capitalism", *European Journal of Social Theory*, 6 (3): 279 – 291.

Eisenstadt, Shumel N. (1966). *Modernization: Protest and Change*. Englewood Cliffs: Prentice Hall.

—. (1986). *A Sociological Approach to Comparative Civilizations: The Development and Directions of a Research Program*. Harry S. Truman Research Institute for the Advancement of Peace. Department of Sociology and Social Anthropology at the Hebrew University Jerusalem 1986, reprint in *ProtoSociology*, Vol. 24: 260 – 317.

Frank, Andre Gunder. (1998). *Reorient: Global Economy in the Asian Age*. Berkeley: University of California Press.

—. (2014). *Re-orienting the 19th Century: Global Economy in the Continuing Asian Age*. Taos: Paradigm Publishers.

Jaspers, Karl. (1953). *The Origin and Goal of History*. Abingdon: Routledge.

—. (1957). "Philosophical Autobiography", In Paul Arthur Schlipp (ed.). *The Philosophy of Karl Jaspers*. La Salle: Open Court Publishing Company, 5 – 94.

Levine, Donald. (2011). "The Dialogue of Civilizations: An Eisenstadt Legacy", *Journal of Classical Sociology*, 11 (3): 313 – 326.

Nettl, John Peter and Roland Robertson. (1968). *International Systems and the Modernization of Societies: The Formation of National Goals and Attitudes*. London: Faber and Faber.

Robertson, Roland. (1994). "Globalisation or Glocalisation?", *Journal of International Communication*, 1: 33 – 52.

—. (1995a). "Glocalization: Time-Space and Homogeneity-Heterogeneity", In Mike Featherstone, Scott Lash and Roland Robertson (eds.). *Global Modernities*. London: Sage, 25 – 44.

—. (1995b). "Theory, Specificity, Change: Emulation, Selective Incorporation and Modernization ". In Bruno Grancelli (ed.). *Social Change and Modernization: Lessons from Eastern Europe*. Berlin: Walter de Gruyter, 213 – 231.

—. (2007). "Glocalization". In Roland Robertson and Jan Aart Scholte (eds.). *Encyclopedia of Globalization*. New York: Routledge, 543 – 548.

—. (2014). *European Glocalization in Global Context*. London: Palgrave Macmillan.

Roniger, Luis and Carlos Waisman. (2002). *Globality and Multiple Modernities: North and Latin America in Comparative Perspective*. Leiden: Brill Academic Publishers.

Spohn, Willfried. (2011). "An Appraisal of Shmuel Noah Eisenstadt's Global Historical Sociology", *Journal of Classical Sociology*, 11 (3): 281 – 301.

Tsygankov, Andrei P. (2006). *Russia's Foreign Policy: Change and Continuity in National Identity*. Lanham Rowman & Littlefield.

多元现代性

第三部分

研究的不同视角

中国现代化进程中的阶级、公民和个体化

——基于 U. 贝克第二次现代性理论的分析 *

引言

　　中国近年来的经济发展与社会变迁，引起西方众多学者尤其中国问题专家的关注和兴趣。本文尝试运用德国社会学家 U. 贝克（Ulrich Beck）的第二次现代性理论，对中国进行例证研究，以近几十年来中国快速的社会变迁为背景，探讨了阶级和公民的社会分类及其在话语和结构上的演变。本文认为，贝克的理论虽说并不完全适用于中国，但其个体化理论却能够用来理解中国的现代化进程，至少可以为进一步分析目前中国的社会发展提供新的视角和起点。

　　绝大多数的学者可能都认同，中国在过去 30 年间经历了由三大因素推动的前所未有的社会转型。一是经济发展，特别是伴随城市化进程的从农业向制造业和服务业转变的产业转型；二是经济体制从计划

---

* 本文引自比约恩·阿尔珀曼：《中国现代化进程中的阶级、公民和个体化——基于 U. 贝克第二次现代性理论的分析》，江树革译，《国外社会科学前沿》2012 年第 16 期。

中国现代化进程中的阶级、公民和个体化　　　　　　　　173

经济向市场经济的转变;三是全球化,即中国日益紧密地融入世界市场之中并由此带来相应的社会和转型后果。这些特征,使得某些学者将中国归入扁平现代性的东亚模式(Beck and Grande 2010)。更为引人注目的是,中国的社会转型是在对政治体制进行有限改革的情况下发生的。市场社会与共产主义政治的结合对长期以来的有关现代化的理论设想构成了直接的挑战,也促使人们去反思关于社会在快速现代化导致新社会分层的过程中是如何组织和重组的理论观点。

本文讨论了中国的社会分类及其过去 30 多年来的演变。鉴于学者认为阶级和公民在研究中国现代化经验上具有特别的重要性,因此,本文特别着重研究阶级和公民,强调这两个社会分类的相互依存关系,并指出在中国研究中普遍使用的简单的"非自反性的现代化理论"阻碍了对中国社会变迁的深入理解,而第二次现代性理论(正如贝克及其合作者所谓的"自反性的现代化")对于超越"非自反性的现代化理论"是十分有用的。

一、贝克和第二次现代性

1. 第一次现代性与第二次现代性

早在 20 世纪 80 年代初期,德国社会学家贝克就发表了一些激烈批评和富有争议的文章,从抨击诸如阶级、阶层或家庭等这类所谓的"僵化分类"着手,对当代社会学发起了挑战。之后,贝克的社会学理论轮廓逐渐变得清晰,他区分了两种类型的现代性。"第一次现代性"是合理化、标准化和规范化的社会基本变化所引起的。在贝克看来,它表现为明确的社会分类和社会差别,以及一种简单的,通常为二元的"非此即彼"的逻辑。但是,第一次现代性消亡的根本原因也隐藏在它的巨大成功之中,因为这种成功继而导致了现代性自身的激进化,也就是贝克所形容的自反性过程："现代化的现代化"。这样就产生了第二次现代性，它以模糊的属性概念、矛盾的"并列"逻辑和多重含义为特征（Beck 1993；Beck and Lau 2005）。贝克把第一次现代性的逻辑比作牛顿的物理学定律，而把第二次现代性的含糊逻辑比作海森堡的不确定性原则（Beck and Beck-Gernsheim 2010）。

理解从第一次现代性到第二次现代性转型的关键是三个相互关联的理论范畴：一是强制的个体化；二是（世界）风险社会；三是多维度全球化（或者"世界化"）。世界风险社会意味着第一次现代性的"工业规模"的巨大社会风险正在变得无法控制；同时，更多未曾预料到的后果也在变得清晰可见，现代化发展将为各种挑战提供解决方案的原有定论也因人为的不确定性（诸如气候变化等）而被侵蚀。而风险与后果的全球代际分配是高度不均等的，这就产生了克服"方法论的国家主义"和运用世界主义分析视角的需要（Beck 2008；Beck and Grande 2010）。因此，强制个体化定理就成了本文的主题。在分析个体化之前，需要澄清贝克理论中经常引发误读的某些观点。

第一，尽管按序排列，但贝克并不认为第一次现代性和第二次现代性作为清晰可辨的历史阶段存在着明确可见的中断，相反，第一次现代性的主要原则诸如合理化、标准化和规范化并没有简单地消失不见，而是被引入第二次现代性之中。第一次现代性和第二次现代性的制度和原则同时并存是自反性现代性的并列逻辑的原因之一。事实上，揭示这种共存如何导致新的社会模式是贝克研究的主要目的之一。

第二，从第一次现代性到第二次现代性的转型发展过程既不是平缓的，也不是突变的，而是相当不规则的或者是间歇性的。

第三，贝克并不认为第一次现代性实际上已经实现了所期望的社会秩序的标准化和规范化，主导标准和正常形式之外的例外现象是始终存在的。贝克强调，这些特例仅仅是对普遍接受模式的偏离。相比之下，在第二次现代性中，社会模式的多重性和不确定性已经被接受和认同了（Beck and Lau 2005）。这其实就是第二次现代性的特征。

2. 个体化

根据贝克的理论,个体化是促使第一次现代性向第二次现代性转变的社会基本变化之一。在这里,个体化被看作从根本上改变个体与社会之间关系的一个过程。个体化不能混同于个体主义。它也不是个体生活方式的自愿选择或自我实现;相反,它描述的是一种向个体施以现代制度的基本社会学现象,因而也就是"强制的个体化"(Beck 2007)。个体化包括三个维度:在支配和支撑的传统背景下摆脱历史规定的社会形式和社会承诺(解放维度);在实用性的知识、信念和指导规范上丧失传统的安全感(失落维度);以及重新介入新类型的社会承诺之中("控制"维度或"重新融入"维度)。

这样,当个体从先前的工业社会中包罗万象的诸如家庭、血缘、性别和阶级等社会分类中摆脱出来并在风险社会中作为社会再生产单位出现时,实际上同时也就伴随着去制度化、不确定化和再制度化。

3. 评价和适用

从贝克社会学思想的简要描述中,会自然地引出几个问题。首先是先进西方市场经济下的理论有效性和适用性问题。自从贝克的文章《超越财产和阶级》初次发表以来的 30 多年间,这一问题从来没有得到解决。大多数文章都涉及贝克理论中所指的阶级和其他社会分类随着个体正在成为社会再生产的主要单位而失去其重要性。这一理论假设获得了批判性的接受,特别是在研究社会不平等的学者中更是如此(Atkinson 2007;Berger and Hitzler 2010)。另一方面,不仅贝克及其合作者在努力捍卫自己的理论观点,同时,其他社会学家也给予了大力支持。从学术争论中可以得到的是,在个体化条件下,阶级和其他社会分类依旧有效,但内涵或许已经发生了改变。

当分析者在区分结构水平(哪个阶级还没有消失并且依旧在决定生活机会)与代表性或象征性水平时,这一点就变得最为清楚了

多元现代性

（Berger and Hitzler 2010）。在代表性和象征性水平上，个体化已经导致了对阶级的重估，阶级不再对社会生活的所有其他方面具有解释力。用 G. 诺尔曼（Gerd Nollmann）和 H. 施特拉瑟尔（Hermann Strasser）的话说，如果生产领域中经济和象征上的不平等直接导致社会分类和生活方式等再生产领域的不平等，那么使不平等结构化的"阶级理论极权主义"就遭到了质疑。诺尔曼和施特拉瑟尔等学者在使用基于阶级和不平等的行动人视角的解释学方法来研究社会不平等时，试图通过将贝克的个体化理论仅仅局限在再生产和生活方式领域来弥合两种研究方法上的分歧。他们不仅仅将此看作研究上的"锦上添花"，而且认为这对目前的研究模式也是不可或缺的补充，对于有意义地理解调查中的统计相关关系更是绝对必要的（Nollmann and Strasser 2002）。相似的是，A. 凯瑟林（André Kieserling）也注意到了一个事实：在观察社会不平等的因果关系上，社会科学家的视角会不同于社会活动家（Berger and Hitzler 2010）。也就是说，学者所探究的个体是某一特定社会群体的成员，往往把自身状态归因于机遇或偶然的单个个体。因此，贝克的观点不可能被大多数从社会结构角度来研究社会不平等的学者所接受，但却在代表性、象征性和寓意性的视角上至少是重要的见解。

此外，必须弄清楚：贝克从欧洲经验中得出的分析和假设在非欧洲和非西方的背景下是否适用？这一问题引发了大量的讨论。贝克也承认第二次现代性理论在此方面具有局限性，并且自世纪之交以来开始强烈要求和呼吁在社会研究上用"转向世界主义"来克服"方法论的国家主义"（Beck 2000；Beck and Grande 2010）。贝克据此认为，作为分析范畴和分析单位，不仅诸如"阶级""家庭"等已经偏离先前意义的僵化社会分类应该受到质疑，而且就连"国家"这样的分类也应该受到质疑。根据他的观点，用民族国家作为一个普遍接受的分析单位来研究社会不平等问题，会导致全球不平等合法化意义上的"制度化偏差"：因为国界是被看作理所当然的，社会不平等是在单个国家中作为内部问题来讨论的，至多是在国家层次上进行总量比较。所不同的是，贝克提议使用"意外后果原理"(副作用原理)来确定分析单位,以便可以在撇开国界的情况下将所有受他国风险决定共同影响的人包含进去(Beck 2008)。人们或许会反对这个提议,并坚持认为贝克多少是在用简单地提议一种范式转变和尚未成为现实的新研究议程来回避欧洲中心主义的主张。但近些年来,贝克也已经开始更直接地提出将自己的理论命题应用于世界其他地区的问题,特别是东亚的问题。此外,其他的一些学者也加入了这场辩论。

例如,有学者认为,贝克的理论可以从构成主义的角度上理解东亚扁平现代性的独有特征,即第一次现代性的发展与向第二次现代性的转型几乎同时发生。他们认为现代性是靠官僚权威主义国家的经济增长的议程来推进的(Calhoun 2010)。但 C. 卡尔洪(Craig Calhoun)却持相反观点,认为扁平现代性概念也是某种"常态"现代性。这显然是用欧洲经验作为尺度来判断非欧洲现代化的又一例证。他断言,第二次现代性的多样性原因反映了一种明确拒绝基于"普罗克汝斯忒斯之床"的社会模式的趋势(Calhoun 2010)。但尝试用贝克的假设作为分析工具来揭示中国社会发展时,还有两个引人注目的原因:首先,已经有了大量关于个体化的中国个案研究,至少证明扁平现代性的概念可以在这一特定背景下被有效运用(Yan 2010;Hansen and Svaverud 2010);其次,更为重要的是,贝克第二次现代性多样性的研究框架开拓了全球范围内不同类型现代化过程比较研究的路径,而且也允许"个体化的多样性"(Beck and Beck-Gernsheim 2010)。如果说其中还包含着欧洲中心主义的因素,那么常用的现代化理论早期版本就不会取得进展,就不会被用于研究中国的社会变迁。

二、变化中的中国社会分类

1. 改革开放前的阶级和公民

在中国,阶级自然成为社会分类秩序中最重要的社会分类,并且它是政党和国家而非社会力量乃至个人所决定的。因此,它其实是一种决定公民权利的政治分类。

除了阶级标签外,社会在结构和政治上的主要分界线就是城乡分界线。农民作为人民公社社员被束缚在土地上,就像城市工人在单位中"依靠组织"一样。在城市和农村人口之间,资源和生活机会的获得是高度不平等的,就是在城市社会组织体系内不同工作单位之间也是如此。这样,即便工人被称为"国家的主人",在理论上享有最完美的公民身份,但他们依旧被国家的经济体制组织到了社会分层制度之中。

因此,有学者从贝克个体化理论的分析视角出发,将政党和国家看作初始个体化的主要推动力:个体摆脱了传统的血缘、社区和伦理关系并重新进入社会主义现代性的结构之中(Yan 2010),这与 19 世纪以来国家的政治精英力图在中国造就现代中国人的情形一样。但在改革开放之前,这种现代性是一种特殊类型的现代性,其中包含着解放的思想维度,特别是对于青年和妇女而言,他们被号召参加国家发起的政治、经济和社会运动,并且从中发现自己是作为公民而存在,而非仅仅作为家庭成员而存在(Yan 2010)。因此,尽管这一时期是"中国走向个体化道路的第一阶段",但它仅仅是"制度性个体化的一半"(Beck and Beck-Gernsheim 2010)。

2. 改革时期的阶级和公民

随着经济体制改革的启动和推进,中国经济社会结构的各个方面发生了根本改变，世袭的阶级标签被取消，阶级斗争被废止，以动员必要的力量来实现"四个现代化"，从而导致了中国第二阶段的个体化，创造了社会流动和空间流动的新机会(Scharping 1995)，使得中国人从原有计划经济体制中解脱出来重新进入新兴的市场社会的分层秩序之中(Yan 2010)。随着人民公社的解体并被家庭联产承包责任制所取代，农民离开农村作为低薪工人或者小商小贩进入城市，并在城市中创造了"农民工"这一新的社会阶层，而这仅仅是中国广泛全面的社会流动以及多样性的一个表象。随着经济改革的不断推进和社会主义市场经济体制的逐渐确立，中国的社会学学者在世纪之交区分出了至少10个社会阶层。尤为突出的是，阶级术语在中国社会形成的讨论中完全消失，取而代之的是缺少政治色彩的"阶层"提法和更加中性的"社会群体"用语(Goodman 2008)。更为重要的是，这些演变过程不仅伴随着绝对贫困的大量减少和生活水平的整体提高，而且还伴随着自20世纪90年代以来城乡差距和收入不平等水平的快速提高，这使人联想到了贝克所说的生活水平整体提高与社会不平等持续或恶化相伴的所谓"电梯效应"(Beck and Beck-Gernsheim 2010)。因此，改革时期的中国在社会构建的结构方面经历了巨大的变迁，这一点已无需详述。

此外，这些结构性的社会变迁也反映在代表性层面上。自21世纪初以来，私营业主阶层已经逐渐被当作有中国特色的社会主义事业的建设者而得到接纳和认可。这种对私营业主的重新评价已于2001年中国共产党向私营业主开放入党资格并允许其入党而逐渐得以完成。当然，尽管最初并不是所有党员都同意接纳私营业主入党，但这代表着意识形态上的一个显著转变。需要强调的是，许多的私营业主在过去其实都是国家干部或者国有部门的管理人员，他们在20世纪90年代获得了发展机会，其中很多人在成为私营业主之前就已经入了党。如果再细致观察，即使是许多"白手起家"的私营业主也是从一开始就与党政部门有着较为紧密的社会联系。尽管社会上关于私营部门中的"投机倒把者"或者"低素质者"这类偏见依然存在，但目前这种社会偏见主要针对的是一些诸如街头小贩等从事小买卖或者小企业的业主，而非私营公司的大老板。根据公众和流行的话语分析（Hsu 2007），与现代社会中"素质"成为有价值的社会成员的主要特征相一致，私营业主经商成功也由于被归结为高"素质"而被合理化。

总之，改革开放以来，私营业主的含义已经发生了彻底的改变，即从过去作为阶级斗争的对象、没有任何政治权利的社会被遗弃者，到现在成为具有包含市场经济寓意在内的具有社会主义现代性的社会成员而被全面接纳，甚至成为其他社会成员仿效的"角色样板"（Goodman 2008）。部分私营业主甚至被吸纳进政协等机构，并进而获得了全部的公民权利。

而在社会的另一端，城市中的农民工在过去也曾受到严重的歧视和边缘化，但他们在公众话语中的代表性却从过去最初具有贬低意味的"盲流"等称谓获得了很大的改变和提高。以往的各种具有否定意味的称谓与对城市农民工的不认可有关，但是，当这一社会群体变成恒久现象时，政府开始认识到他们对城市化和工业化的巨大贡献，"农民工"这一更加中性的表述开始得到使用。另外，有时"民工"被作为与城市中"国有部门的工人"相对应的社会分类的"农民工"的简称，但当农民工中的"农"字被省略后，所剩下的"民工"二字就在官方话语中的"代表性"方面获得了进一步的提高。在这样的概念中，不是用农民工自身的农村社会来源来进行定义，而是用他们在城市中目前的位置来进行定义。这样的表述更能贴近社会现实，因为目前很多的新生代农民工实际上从未从事过农业生产（Pun and Lu 2010）。他们在公众话语中社会地位的提高也可以从关于保护合法权益和利益（诸如农民工工资拖欠问题）的争论中得到解释和说明。此外，从农民工中的代表性人士进入全国人民代表大会的事实看，也说明了农民工社会政治地位和阶层代表性的提高。但是，实际上，农民工还远没有享有全部公民权利的成果。物质权利是公民权利表达中的基石（Keane 2001）。在获取物质利益方面，尽管近年来中国政府发布实施了一系列政策，地方政府也采取了相应的措施来解决这一问题,但农民工利益的实现还因为户籍制度的存在而受到阻碍。20世纪50年代晚期建立的户籍制度曾经有效地控制了城乡之间的人口流动,也形成了改革开放前二元社会结构的基础。尽管目前户籍制度作为一个有效手段在阻滞人口迁移方面逐渐失去了其最初的社会功能,但它仍旧是农民工融入城市社会的主要障碍,从而造就了所谓的"地方公民权",只有那些有城市户口的居民才能够享有(A. Smart and J. Smart 2001)。由于无法获得户籍,农民工依旧无法享有社会保障和其他公共服务,诸如子女的入学和教育等。但是,近年来关于农民工争议解决行为的研究显示此方面有了微妙变化。农民工似乎更加意识到了自身的权利,并且更愿意为之进行抗争。因此,一些学者从阶级形成的视角分析了农民工特别是第二代农民工的行为,并将之称为"未完成的无产阶级化"。

上述对于私营业主和农民工的分析是作为对于相似的其他社会阶层进行讨论的例证,从中可以看出长期以来当代中国的社会变迁。当代中国个体的解放和再融入经历了一个长期的历程,由于先前的社会体制弱化或者已经解组,社会成员因此得以自由——不论好坏,正如强制个体化原理所启示的那样。但是,对于中国新社会力量的研究还是使用了简单的现代化理论方法,因而无法充分地分析中国的社会变迁。

三、具有中国特色的第二次现代性?

关于中国新社会阶层的研究,尤其是政治学学者所进行的此类研究,通常都采用简单的诸如非自反性的现代化理论作为研究的出发点。例如,他们认为,工业化和中产阶级特别是私营业主阶层的崛起通常会引起对经济政治权利(公民权利)要求的日益增长,但他们在研究中却发现这一现象在中国其实并未发生。学者于是用新社会阶层的政治融入或后工业化的特殊性等来解释这种对标准模式的偏离。

多元现代性

这些分析尽管十分深刻，但并没有让读者留下完美的感觉。所谓的"困惑"一次又一次被解开，但"简单的"现代化理论又不足以为解释新的社会力量提供最恰当的理论出发点。贝克关于第二次现代性多样性的理论可以提供解决这一问题的路径。第一，它开拓了第一次现代性和第二次现代性的原则和制度重合或许可以共存的可能性（Beck and Beck-Gernsheim 2010）。由此就走出了目的论的死胡同：虽然"稻草人"假设的出现，首先或者仅仅是用来反驳这些解释的根源，但笔者认为，这使研究者失去了获得不同形式的真实现代性的可能性。第二，这种新的研究视角以两种方式重新定位了研究重点。一是从结构层面分析转向对于价值和代表性层面分析，这将加深社会行动人本身对此的理解；二是从生产领域转向从中形成阶级的再生产和消费领域。在再生产和消费领域，出现了大量的优秀分析研究，不少研究尽管并没有与贝克的理论相联系，但都涉及了中产阶层的崛起，从而体现了这种研究方法的潜力（Goodman 2008）。这些研究探析了"个体化一分为二"的社会寓意，提供了必要的背景以供更好地理解职业和政治态度之间的相互关系。例如，J. 艾弗利克（Jacqueline Elfick）对中产阶层消费状况的分析特别强调了贝克的"缺乏真正个性的个人主义"（Elfick 2011）。相似的是，也有学者研究了中国中产家庭的子女教育选择问题。M. 克莱布（Mary W. Crabb）观察到，一些经济上得益于改革的中产家庭发现，自己正处在一种模棱两可的境地：不能自由选择所期望的生活追求，而是不得不做选择来确保能够反映他们作为现代主体的能力和价值的生活（Crabb 2010）。

克莱布的研究无意中回应了贝克的个体化论点。因此，此类研究显然更有可能与不同的观点——贝克个体化论点可以提供一个适当框架——相融合。在农民工和其他中国社会弱势群体研究上，也可以看到相似的情况。从维护公民权益的角度去研究农民工集体维权的文献不断增多。有学者将这些社会阶层的集体维权运动和其他种类的社会行动运动解释为中国个体化过程中"身份政治的形成"，同时又提醒说政党和国家依旧发挥着强大的作用。然而，这不应该理解成农民工、农民或者城市工人正在试图仅仅或主要通过争取经济政治权利来实现现代性，更确切地说，还包括在消费行为和私人生活上实现作为一个现代人的目标，这暗示了农民工是第二次现代性推动者的可能性。可以说，这个终点从来没有到达过，甚至在西方国家也是如此，并且长期以来被新形式的工人阶级身份所替代。换言之，这里的潜在假设是，个体化将会采用已经出现（或者确切地说尚未出现）于西方的相同社会模式。

相反，中国的阶级和公民的渐进式演化可能导致大相径庭的模式。农村的自治发展可以提供例证。自 20 世纪 90 年代以来，中国农村居民被赋予了通过选举村委会来管理地方事务的权利。这与一般话语认为农民素质不高因而需要国家积极干预来帮助他们实现"现代化"形成了鲜明对比（Murphy 2004）。对此，T. 海贝勒（Thomas Heberer）和 G. 舒伯特（Gunter Schubert）发现，与公民积极推动民主参与不同，居民对社区事务表现冷漠和缺少兴趣，反而是政府在推动居民参与社会事务。据此，作者们将此种现象解释为这是一种以自上而下的方式来创造公民权的努力。对于"简单的"现代化理论而言，要解决这种二元悖论是很难的，但第二次现代性的"并列"逻辑似乎恰恰在此起了作用，即"落后"和"进步"同时存在。然而，这些新身份的中国特色在于作为权利赋予者的国家起了关键作用，而不是关于国家必须承认和保护公民享有权利的自由民主理解发挥了作用。这揭示了一种可能性，即以貌似合乎逻辑和保持一致的方式出现在西方世界的现代性元素能以一种不同的方式被组合起来。先前被认为是现代性必不可少的某些因素甚至可能会丢失（Beck and Beck-Gernsheim 2010）。

当然，判定贝克的第二次现代性理论对于中国是否成立还为时过早。事实上，将近 30 年的辩论和理论发展还没有终结该理论对于其理论发源地本身是否适用的争论。但是，本文认为，这一理论中的一些元素（诸如个体化观点）完全可以解答在中国快速变迁的背景下出现的新问题，并有助于从理论推理的死胡同走出来。因此，从这一不同的视角来观察中国，揭示社会变迁过程中纷繁复杂的现象，并从一个新的角度来反思西方的现代化经验，这是非常值得的。

参考文献

Atkinson, Will. (2007). "Beck, Individualization and the Death of Class: A Critique", *British Journal of Sociology*, 58 (3): 349 – 366.

Beck, Ulrich. (1983). "Jenseits von Klasse und Stand? Soziale Ungleichheiten, gesellschaftliche Individualisierungsprozesse und die Entstehung neuer sozialer Formationen und Identitäten". In Reinhard Kreckel (ed.). *Soziale Ungleichheiten, Sonderband 2 der Sozialen Welt*, 35 – 74.

—. (1992). *Risk Society: Towards a New Modernity*. London: Sage Publications.

—. (1993). *Die Erfindung des Politischen. Zu einer Theorie reflexiver Modernisierung*. Frankfurt am Main: Suhrkamp.

—. (2000). "The Cosmopolitan Perspective: Sociology of the Second Age of Modernity", *British Journal of Sociology*, 51(1): 79 – 105.

—. (2007). "Beyond Class and Nation: Reframing Social Inequalities in a Globalizing World", *British Journal of Sociology*, 58 (4): 679 – 705.

—. (2008). *Die Neuvermessung der Ungleichheit unter den Menschen: Soziologische Aufklärung im 21. Jahrhundert*. Frankfurt am Main: Suhrkamp.

Beck, Ulrich and Christoph Lau. (2005). "Second Modernity as a Research Agenda: Theoretical and Empirical Explorations in the ʻMeta-Changeʼ of Modern Society", *British Journal of Sociology*, 56(4): 525 – 557.

Beck, Ulrich and Edgar Grande. (2010). "Varieties of Second Modernity: The Cosmopolitan Turn in Social and Political Theory and Research", *British Journal of Sociology*, 61(3): 409 – 443.

Beck, Ulrich and Elisabeth Beck-Gernsheim. (2010). "Chinesische Bastelbiographie?

Variationen der Individualisierung in kosmopolitischer Perspektive". In Anne Honer et al. (eds.). *Fragile Sozialität. Inszenierungen, Sinnwelten, Existenzbastler*. Wiesbaden: VS Verlag für Sozialwissenschaften, 199 – 206.

Berger, Peter A. and Ronald Hitzler (eds.). (2010). *Individualisierungen. Ein Vierteljahrhundert "jenseits von Stand und Klasse"*. Wiesbaden: VS Verlag für Sozialwissenschaften.

Calhoun, Craig. (2010). "Beck, Asia and Second Modernity", *British Journal of Sociology*, 61(3): 597 – 619.

Crabb, Mary W. (2010). "Governing the Middle-Class Family in Urban China: Educational Reform and Questions of Choice", *Economy and Society*, 39(3): 385 – 402.

Elfick, Jacqueline. (2011). "Class Formation and Consumption among Middle-Class Professionals in Shenzhen", *Journal of Current Chinese Affairs*, 1: 187 – 211.

Goodman, David S. G. (ed.). (2008). *The New Rich in China: Future Rulers, Present Lives*. London: Routledge.

Hansen, Mette Halskov and Rune Svaverud (eds.). (2010). *China. The Rise of the Individual in Modern Chinese Society*. Copenhagen: NIAS Press.

Hsu, Carolyn L. (2007). *Creating Market Socialism: How Ordinary People are Shaping Class and Status in China*. Durham: Duke University Press.

Keane, Michael. (2001). "Redefining Chinese Citizenship", *Economy and Society*, 30(1): 1 – 17.

Murphy, Rachel. (2004). "Turning Peasants into Modern Chinese Citizens: 'Population Quality' Discourse, Demographic Transition and Primary Education", *China Quarterly*, 177: 1 – 20.

Nollmann, Gerd and Hermann Strasser. (2002). "Individualisierung als Deutungsmuster sozialer Ungleichheit. Zum Problem des Sinnverstehens in der Ungleichheitsforsc hung", *Österreichische Zeitschrift für Soziologie*, 27(3): 3 – 36.

O'Brien, Kevin J. (2001). "Villagers, Elections and Citizenship", *Modern*

多元现代性

China, 27(4): 407 – 35.

Pun, Ngai and Lu Huilin. (2010). "Unfinished Proletarianization: Self, Anger, and Class Action among the Second Generation of Peasant-Workers in Present-Day China", *Modern China*, 36(5): 493 – 519.

Scharping, Thomas. (1995). "Vom Ständestaat zur mobile Gesellschaft. Migration und Systemwandel in der VR China", *Geographische Zeitschrift*, 3/4: 135 – 49.

Smart, Alan and Josephine Smart. (2001). "Local Citizenship: Welfare Reform, Urban/Rural Status, and Exclusion in China", *Environment and Planning*, 33: 1853 – 69.

Yan, Yunxiang. (2010). "The Chinese Path to Individualization", *British Journal of Sociology*, 61(3): 439 – 512.

从拉丁美洲视角思考多元现代性：复杂性、边缘性和多样性

朱迪特·博克瑟·利维兰特

近几十年来，复杂系统相互影响，其发展同时影响着全球、区域、国家和地方等多个层面，在日益流动的世界中使得互动得到扩展、强化和加速，这种情况下出现了新的概念挑战，与全球化进程在多方面和多维度密切相关。多方面，因为它们汇集了日益相互依存的经济、政治和文化方面；多维度，因为它们既体现在机构和行动者之间互动的跨国网络中，也体现在组织、机构、战略和文化的融合、调整和标准化过程中。全球化进程是矛盾的：它们在国际以及区域、国家或地方范围内可以是刻意为之，具有自我反思性，也可以是无意识过程。

今天的拉丁美洲直接受到全球化进程的矛盾性质的影响（同时面临新的机遇和不平等），但从历史上看，借助于欧洲经验的扩展，该地区已经融入世界格局。然而，拉丁美洲既不是"欧洲的碎片"（Hartz），更不是欧洲的复制品，而是独立存在的文明和社会，是艾森施塔特所说多元现代性的最早案例，艾森施塔特正确地坚持认为，美洲遵循独特的制度模式和文化规划，以进入和/或创造现代性。

艾森施塔特的方法无疑挑战了全球化进程统一和不变的观点，以及西方现代性规划的"同质化和霸权假设"。多元现代性保持全球性的同时，强调了现代性和现代化的矛盾性、偶然性，甚至是二律背反特征。

艾森施塔特从多元现代性的角度理解和解释拉丁美洲,构成了一个分水岭,既对研究的理论、概念和方法方面作出贡献,也承认其外围条件中嵌入了具有复杂性的元理论,同时认识到多样性和异质性。

尽管西方的现代性规划构成了拉丁美洲社会的关键和批判性参照物,但开发出了与本土文化前提、传统和历史经验紧密相关的独特现代模式和路径,持续的全球动态通过与外部中心的外围连接而发展,外部中心提供了制度创建的参数和国家建设的概念。拉丁美洲是西方的一部分,同时又不同于西方,这导致拉丁美洲文化融入全球并具有全球意识(Eisenstadt 2002;Roniger and Waisman 2002)。

艾森施塔特将现代性视为一系列具有内在矛盾性和偶然性的开放过程,他明确建立了多元现代性情景,与后冷战时代的其他元叙事形成对比,例如亨廷顿的"文明冲突"理论或福山的"历史终结"理论。艾森施塔特的观点向前迈出了有意义的一步,因为它批判性反思了全球相互影响的现实所引起的深刻张力、矛盾和悖论(Susen and Turner 2011;Spohn 2011;Preyer 2011)。

地方、国家、区域和全球层面的社会转型具有多种途径,要求理解区域和国外的连续性和可变性,涉及新的制度设计和文化模式:

> 多元现代性表达了具有当代特征的概念,其对于历史和现代性特征的理解与以往学术中普遍存在的观点背道而驰,多元现代性反对现代性的"经典"理论和20世纪50年代盛行的工业社会融合的观点,当然也反对马克思、涂尔干,甚至(在很大程度上)反对韦伯的经典社会学分析,上述理论都假定(哪怕只是含蓄地假定)现代欧洲发展起来的现代性文化规划,连同随之而来的基本制度体系,最终将在所有现代化和现代社会中占据主导地位,随着现代性的扩张将在全世界盛行。
> (Eisenstadt 2002,1;2004;Preyer 2010)

此外，多元现代性概念表明，要理解当代社会，当然也是解释现代性的历史发展，最佳方式是将其视为一个多种文化规划不断构建和重建的故事（Eisenstadt 2000），这种方法重新审视了现代性研究及其所谓的假设，即文化维度本质上必然与结构维度交织在一起。实际发展过程表明，各种现代自律制度领域，即经济、政治、教育或家庭领域，在不同的社会和不同的发展时期，以不同的方式得到界定和规范并聚集在一起（Eisenstadt 2000）。欧洲人与土著文明接触之后，拉丁美洲建立现代机制和文化规划的过程突出了不同于大都市的社会结构：新文明，不同的现代性，多元性。因此，欧洲到该地区的移民过程以独特的方式界定了拉丁美洲与外部西方参照物的关系，其中充满争议和矛盾。

现代性的文化规划需要以"期票"来重新界定人类能动性的含义，以及其在建立社会和政治秩序中的作用，这种所有始终体现为相对于中心的批判（Eisenstadt 2000；Wittrock 2000）。自由、平等和个人自律的原则是社区归属感的基础，自我反思性是宽容和多元主义的基础，公共空间在公民建设中占据中心地位，拉丁美洲人民面临着根本性挑战，其走向现代的道路既具有共同性，又有着自身的独特方式。

西方中心是追随和竞争的项目，中心和全球身份焦点本身就处于不断变动之中：西班牙和葡萄牙构成基础性不对称遭遇，后来，随着帝国力量平衡的变化，法国、英国、美国依次登场，目前仍然存在紧张局势和矛盾心理。

虽然其历史发展突出了不同的阶段，但当代区域和全球化正在恢复并重新界定拉丁美洲的现代性，制度安排以及国家和地区的空间和边界被修改，新的跨国互动和领域正在形成，归属感和忠诚度发生变化，集体认同的重新配置过程指向身份的民族成分，与新的身份识别网络和流程相互作用，出现种种新形式和新节奏。当然，集体认同与强烈的个性化过程相互重叠，为文化不断变化的面貌和传统的新角色提供了新的视角，复杂性和功能分化不断增加，二者与传统社会形态同时出

多元现代性

现,需要以新的眼光审视具有不确定性的二项式现代化/分化过程。

艾森施塔特的多种表述,以及他的多种概念开辟了新的分析道路,可以解释和界定拉丁美洲多元现代性的轨迹和经验的复合体。本文从概念-历时的角度探讨了这种方法的分析潜力,追寻该地区的独特转变,从初始的全球沉浸到新近日益全球化和相互关联的世界。为了实现这一目标,本文第一部分主要处理多元现代性的概念界定和历史参数,第二部分侧重于介绍全球化进程释放的当下转型,通过这种理论方法的镜头探索具有复杂性、边缘性和多样性的情景变化。

谈及艾森施塔特对于社会学思想的贡献,爱德华·提里亚基安(Edward Tiryakian)问道:"如何才能向这位世界级学者致敬?他是社会变革、现代化和文明分析研究的主要贡献者,获得了社会学家所能获得的最负盛名的奖项,其著作清单长达 82 页,这些出版物在时空上分布广泛。"提里亚基安的回答借鉴了具有启发性的隐喻——荷马的伟大史诗《奥德赛》,艾森施塔特的"现代性的探索"也是一部伟大的《奥德赛》(Tiryakian 2011)。提里亚基安认为,这趟知识和存在主义的远航始于普遍主义和特殊主义,到达了不同的海岸,反过来又投射到复杂的道路和地图上,因此很难说有一个唯一的目的地。艾森施塔特的探索性远航主要是指他作为犹太人在欧洲和以色列的经历,但这次漫长的旅行将他带到了美洲——包括拉丁美洲,这里被称为首个多元现代性大陆。艾森施塔特的社会学工作和学术生涯以社会学理论背景的根本转变为标志,从制度的比较分析转向比较文明的研究(Eisenstadt 1995a, 1-40;2003,1-28;Preyer 2011,13-57),这种新方法促成了艾森施塔特对经典现代化理论的批判,最终导致多元现代性的研究计划——一种从根本上改变了流行概念和方法论表述的理论观点。犹太文明和以色列以差异化方式建设现代社会,其文化中传统发挥核心作用,以此为条件稳定外围可变性。斯波恩汇集了不同的思路,断言"从边缘和差异的角度来看,艾森施塔特是全球现代性的历史比较社会学家"(Spohn 2011,282)。在这个框架中,拉丁美洲在艾森施塔特早

期研究阶段的一个有意义的参照物，成为与他的研究的多个不同维度相关的子集模型。（Eisenstadt 2000）

艾森施塔特持续不断地关注美洲大陆，这一过程可以追溯到1956年在古巴哈瓦那举行的联合国教科文组织移民文化融合区域会议，以及1963年在阿根廷布宜诺斯艾利斯举办的经济发展、世俗化和政治演变研讨会。1968年至1970年，他被任命为联合国教科文组织拉丁美洲农业发展和现代化首席研究员。艾森施塔特曾在委内瑞拉中央大学和墨西哥国立自治大学任教，并在以色列的耶路撒冷希伯来大学和范里尔研究所举办了该领域的研讨会，涉及西班牙殖民美洲以及拉丁美洲研究主题，例如集体认同、公共领域、精英和社会运动。他强调了拉丁美洲对集体认同界定的独特性，这一界定是领土、历史和语言元素的组合，相对而言比较薄弱，集体错位被排除于公共领域之外，从而引起紧张局势。

事实上，拉丁美洲地区及其特殊性在多元现代性研究中占有重要地位，艾森施塔特参与了有关该地区的各种倡议，并发表了重要的集体著作，具有典型意义的包括《构建集体认同和塑造公共领域：拉丁美洲之路》《全球化和多重身份：北美和拉丁美洲对比》，此外由施耐德、罗尼格和佛蒙特编辑出版的文集《公民身份的变化前沿：拉丁美洲经验》收录了艾森施塔特在该领域的遗作，该遗作产生于耶路撒冷希伯来大学高级研究所进行的一项研究项目，本文的作者参与了该项目研究。

艾森施塔特对现代性及其与社会类别的概念和方法相互作用的研究是盛行于拉丁美洲的理论潮流和社会学方法的一部分（Torres 2010），他的理论不同于社会过程的结构功能概念，区别在于将个人和集体动因包含在以现代性作为中介的历史偶然过程中（Spohn 2011；Tiryakian 1995）。艾森施塔特对现代性结构维度的组成部分以及它们与文化维度之间的组成部分进行了全面的概念和方法区分，并对不同社会和同一社会的不同发展阶段进行了共时和历时分析。与经典演化论和结构功能社会学的预设相反,艾森施塔特认为结构分化的不同维度和文化取向的分离并不总绑定在一起(Eisenstadt 1965a;Preyer 2009;2010),任何程度或类型之间没有必然关联,同样自律制度领域的发展和现代制度结构的特定类型之间也没有必然关联。不同的形态可能在分化水平相对相似的社会中发展。

相反,类似的框架可能在自律制度领域发展分化水平不同的社会中发展。遵循艾森施塔特,普耶尔强调,在结构层面上,这种"脱钩"的主要过程是结构分化的过程,是特定不同角色的具体形成过程。在象征层面上,这种脱钩的过程首先表现在主要文化取向相互分离,这种脱钩既体现于从内在到先验方向的转变中,也体现于集体性结构和合法化模型从原始到公民再到先验的转变中。

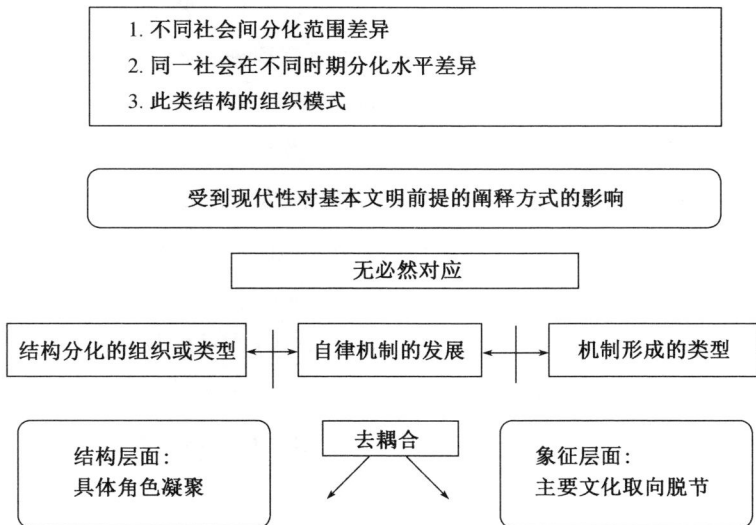

图 1 现代性的结构与文化维度

艾森施塔特用能动性(创造力)和结构之间,以及文化和社会结构之间的不同组合解释了多元现代性的概念,也解释了精英及其同盟在社会结构演变和文化视野扩展中的作用。这些部分不是本体性实体,但它们本质上通过语义图示相互连接(Eisenstadt 1995b,297 - 300;

Preyer 2011，78 - 90）。这种情况下,轴心时代文明概念(Jaspers)具有决定性,因为这一概念暗示了超验和世俗秩序的新形而上学本体概念,这是进一步转变的基础,因此先于现代性,并对现代性的重大突破加以阐释。如前所述,对于理解拉丁美洲的现代性特别有用的是,有必要在分析上区分现代性的结构维度和文化维度,从不连续、断裂、张力和矛盾角度构思现代性,将传统视为创造性和不可或缺的元素,其中孕育了不断发展的现代文明,以及集体认同和公共领域的特殊概念。

这些不同的维度可以追溯到世界之间复杂的相遇,而世界体现为现代性的共时和复数指称,其中既有现存的现代性,欧洲的现代性(复数),也有在领土和新的生态现实中建立起来的理想。艾森施塔特敏锐地区分了欧洲两大模式的中心轴:"等级平等和相对多元的'部分型'模式与社会秩序同质化'总体型'模式相对立"(Eisenstadt 2002，10)。在新教欧洲,这些模式通过将异端团体部分纳入中心而形成,这意味着在宗教和政治领域纳入平等要素;而在反宗教改革的天主教欧洲,尤其是西班牙和葡萄牙,异端团体被排除在外,这些政权"从根本上否认异端教义的有效性,教会和国家对基本文化前提的传播日益垄断,与之密切相关的是对等级制度的强调"。(Eisenstadt 2002，11)一方面是文化和社会秩序的遭遇和变化模式,另一方面是征服者和定居者,二者都受到平等与等级之间的张力关系的影响,这种张力关系也可以理解为进入行政和市场中心的两种不同方式,或者自律,或者受到控制。

拉丁美洲比西班牙和葡萄牙更加强调等级制度,其他排斥(和包容)模式也是如此。通过深入的分析,艾森施塔特追踪了新空间的指向和行动者之间不断变化的相遇范围,发现这些因素决定不同社会的多样化发展方式,"特别是社会的形成和转变模式,民族社区的吸收入内或排斥于外的标准,阶级和种族分层模式的变化,以及社会和政治包容和排斥模式的变化"(Eisenstadt 2002，13)。

多元现代性

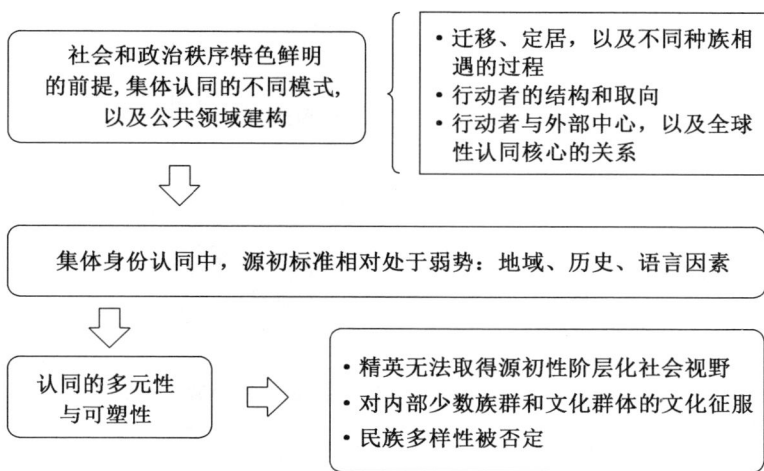

图2 拉丁美洲视角下的多元现代性

外部参考中心和人口的内部构成之间肯定存在着深刻的张力关系,双重困境的参照在人民/精英二项对立中来回震荡,也体现于国家建设所带来的挑战中(Eisenstadt 2002;Roniger 2002)。拉丁美洲现代性的分析在制度领域和符号方向领域都遵循不同的子层次或分析维度,每个级别达到一定程度的自律。苏珊和特纳强调了阐释学和比较导向的社会分析模式,该模式解释了人类共存形式的不同方面:普遍和特殊,概念和经验,象征和物质,暂时和体制,偶然和必然,开放和封闭。艾森施塔特将现代性作为大规模生成性结构的历史集合体加以研究,该结构表现为文明普遍成就和特殊成就的边界,具有集体性和持续性。

拉丁美洲社会与宗教、文化、意识形态和政治-行政表达的外部中心建立联系,从而将社会和政治秩序的新愿景制度化。罗尼格(Roniger 2002,79)正确地将其定义为全球沉浸,从一开始拉丁美洲就与外部中心和全球身份焦点紧密关联。然而这种原始联系并没有滋养成为现代性自治中心的自我认知,而是渗透到另类现代性的探索中,与之紧密联系在一起。因此,这种"外部"的参照仍然至关重要,其本身就

- 体制领域分析,以及一定程度自律的象征性符码分析中,存在
  不同层次和亚层次

```
┌─────────┐   ┌─────────┐   ┌─────────┐   ┌─────────┐
│ 中心和边缘 │───│ 精英结构 │───│ 可解释性模式 │───│ 市民社会和 │
│         │   │         │   │         │   │ 公共领域 │
└─────────┘   └─────────┘   └─────────┘   └─────────┘
```

- 具有阐释性和比较取向的社会分析模式

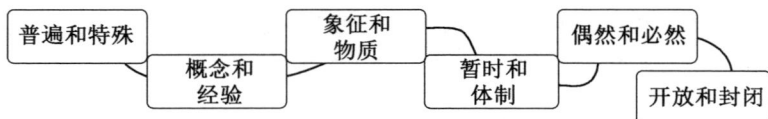

```
┌─────────┐   ┌──────┐   ┌──────┐   ┌──────┐   ┌──────┐
│ 普遍和特殊 │   │ 象征和 │   │      │   │ 偶然和必然 │
│         │   │ 物质 │   │      │   │      │
└─────────┘   └──────┘   └──────┘   └──────┘
      └──┐  ┌──────┐  ┌──────┐  ┌──────┐  ┌──────┐
         │ 概念和 │  │ 暂时和 │  │ 开放和封闭 │
         │ 经验 │  │ 体制 │  │      │
         └──────┘  └──────┘  └──────┘
```

- 作为大尺度生成性结构的历史混合的现代性:普遍性和特殊性

```
┌──────────────────────────────────┐
│ 反对现代性融合论、历史终结论,反对任何 │
│ 霸权和有霸权倾向的西方方案 │
└──────────────────────────────────┘
```

图 3　拉丁美洲现代性和西方现代性:离散、断裂和张力

具有矛盾性,所谓欧洲前提、社会文化取向和制度模式在欧洲大陆的不同社会中本就各不相同,在移植到拉丁美洲的过程中又得到改造。

拉丁美洲不是无差别的统一体,而是拥有不同社会的大陆。布罗代尔提到该地区时使用复数,强调构成该地区的不同国家和文化多样性。这种多样性包括经济、政治和历史等多个维度,最好通过民族文化差异来理解,将其视为研究文明进程的丰富资源。艾森施塔特重新创造了加西亚·里贝罗(García Ribeiro)的分类:印第安美洲和欧洲美洲。印第安美洲国家之间存在显著差异,例如秘鲁、墨西哥、厄瓜多尔和玻利维亚等,具有高度等级结构,包括印第安下层阶级、混血中产阶级以及西班牙和混血精英;欧洲美洲包括阿根廷和乌拉圭等,吸引众多移民。智利和哥伦比亚体现出同质化混血,多种族性则体现于巴西、古巴和加勒比地区。

大趋势和特定历史背景解释了这些集体认同不同的体现方式,其差异体现于不同制度领域,包括领土、社区或宗教,也体现于各种政治生态环境,包括地方、区域、国家,各种差异相互作用,交叉重叠,在全球

背景下重新连接。现代性需要独特的边界构建模式,新的边界从集体认同的基本组成部分或维度演变而来,包括公民的、原始的、普遍的、超验的或神圣的。通过分析政治边界和文化集体之间的联系,拉丁美洲以独特的方式经历了来自特定领土边界和更普遍边界的紧张局势。两方面的参照物都声称自己发挥着作用,并以相互矛盾的方式展开互动。因此:"拉丁美洲的等级精神基于极权主义、等级原则的结合,强烈倾向于所谓的拓扑结构,而不是纯粹线性的社会空间构建方式。人们强烈倾向于在这些空间之间进行重叠,以模糊它们之间的界限,更喜欢社会关系的关系性界定,而不是正式的法律性界定。正式法律性界定嵌入到人际关系中;形式关系从公民身份中脱离出来。在正式和非正式界定之间,关系等级标准与平等主义和个人主义标准之间,存在着持续未解决的张力关系,有时会演变成形式性基础和实践性基本规则相脱节的社会。"(Eisenstadt 2002,20)艾森施塔特进一步认为:应当将美洲文明与欧洲和亚洲社会区分开来,最重要的差异之一是界定拉丁美洲集体认同的原始标准相对较弱,而且该地区的集体认同具有可塑性。(Eisenstadt 2002,20)他认为另一个重要的历史模式是国家在"界定公民身份和建立参与公共领域以及获得机构资源和认可的基本规则"方面所扮演的主角角色。因此,支配、斗争、争论、妥协和共识形成等制度性过程的中心地位得到突出,成为集体认同建构的基础。

关于民族主义、种族性和现代性之间的关系,一直存在着持续的讨论。布鲁贝克承认多元现代性研究的贡献,但质疑其对现代性理论家的批评:据说已经将民族性(连同宗教)视为一种退化的个人事务,没有公共意义;将民族主义视为公理,毫无争议具有公民性、世俗性和包容性;夸大了民族国家的力量,过分强调了民族国家在约束忠诚度,产生有吸引力和包容性的民族认同方面的作用。他认为民族主义和民族性的政治化是典型的现代现象,"是现代性作为一种单一历史现象的表现，尽管现代性是动态变化的，当然也受到长期竞争的影响"。①

艾森施塔特进行了一项动态分析，该分析挑战了基于民族人口构成的静态人文观。梅尔基奥和达玛塔提出历史和人类学标准，以例证说明了艾森施塔特关于边界相对变化的论点，以及合并或重新整合身份的可能性，例如除了占主导地位的天主教教徒身份，还可以保持美洲土著身份，并将土著身份转向中心，同时认识到，根据罗尼格的说法，资源分配和控制方面存在很大的不均衡性（Eisenstadt 1993）。在这个总体框架中，混血杂糅"成为一种普遍的关注，同时也是一个隐喻，通常构建、怀疑或体验为集体形象的一部分，涉及许多社会与宗教的融合和混合结构"（Roniger 2002）。这不仅仅是一个种族问题，更直接关系到行为、制度和政治行为者（Bokser Liwerant 2013）。

遵循艾森施塔特关于拉丁美洲集体认同的概念，人们主要在包容性维度上看待混血，将其视为民族融合的资源，是将伊比利亚美洲主义和普遍主义结合在一起的物质性和象征性工具，因此其统一目标得到认可和强调，成为瓦斯孔塞洛斯所说的"宇宙种族"的缩影（Roniger 2002）。尽管旨在克服内部种族和社会分歧，但这种结构带有内部矛盾，因为它发展了与之平行的另一种歧视性维度，在公共领域对国家行为者的合法性加以区分。集体认同与公共领域轮廓的互动需要社会实践、认可和代表，在公共领域，对可见性和合法性以及体制与结构之间的相互作用的需求趋于一致，民族思想界定了集体的自我形象和他者的概念边缘，国家在种族/文明维度上展示其成员身份概念。②

墨西哥混血族裔的具体动态变化揭示了种族、民族归属感和国家

---

① 关于这方面的讨论，参见 Schmidt 2006；2010；Fourie 2012。

② 艾森施塔特在集体认同的建构过程中提到三个主要法则：源始性、文明性和神圣性或超验性。源始性法则关注性别与世代、血缘、地域、语言、种族等要素，建构和强化内外边界；文明性法则，是在明确的行为规则、传统和社会惯例的基础上构建的，这些规则界定了集体的边界；第三种法则是神圣性或超验性发展，在人们之间构成边界，将人们联系起来的不是自然条件，而是体现集体、神圣和崇高领域的一种特殊关系，无论这种特殊关系被界定为上帝、理性还是进步。

政治之间的相互依存关系，界定成员标准和集体行动条件的复杂方式，其创立目标的真实和象征意义表达出国家的种族层面和政治层面，虽然呼吁其土著和西班牙裔基督教民众在种族、社会、文化等方面相遇，但其源始特征对多样性的社会建构依旧产生影响，尽管有限制。因此，并非每个群体和文化都是国家的基础层，或者被认为是国家的基础层（Bokser Liwerant 2008；2013）。包容与排斥之间的内在张力可以追溯到美洲西班牙裔知识分子所处的两难境地（土著和外国人），他们一方面在寻求脱离西班牙的统治与土著居民认同，另一方面又不愿意失去祖先的特权（Villoro 1986）。西班牙裔美洲人不断重新制定国家项目，以面对这一困境：土著主义被视为一种本土主张，因此受益于新的社会种族类别——混血儿。与此同时，后者成为国家舞台上冉冉升起的政治力量。矛盾的是，西班牙裔美洲人，作为这种政治力量的缔造者，被取消了外籍资格。19世纪下半叶表现出自由主义与政治国家规划之间的复杂关系，源于不同的意识形态和政治前提，自由主义试图与殖民历史和土著过去决裂，在此基础上建立国家，构想中的他者相应也获得了新的含义。墨西哥关于宗教自由的辩论反映了自由主义思想的前提，即宽容是促进欧洲移民的诱因（Hale 1972）。实证主义为共和制度化奠定基础，随后也加剧了与"他者"相关的困难，波菲里奥·迪亚兹（Porfirio Diaz）政权吸引欧洲移民到墨西哥的努力未能实现，这加剧了公共领域的社会种族分裂（González Navarro 1988，565 - 583）。

墨西哥革命之前，寻求墨西哥自我是构建新的政治和社会秩序的必要条件。从胡斯托谢拉到莫利纳·恩里克斯，从安东尼奥·卡索到何塞·瓦斯孔塞洛斯，"我们"的概念根据民族和种族来构成，混血儿成为民族努力的象征性主角。拥有"起源的统一，宗教的统一，类型的统一，语言的统一，以及欲望、目的和愿望的统一"，这样的人要求建立新的有凝聚力的国家和社会政治秩序（Molina Enríquez 1985）。对波尔菲主义的革命性批评以复杂的方式既否定了土著人（种族层面认可的社会不平等）的持续存在，也否定了作为特权群体的外国人的持续存在

（Cabrera 1960），各种限制性影响作用深远，与种族和社会经济维度交相重叠。墨西哥革命将社会权利置于个人权利之上，新政权的合法性事实上取决于其履行社会正义规划的能力，这进一步强化了法律行为与事实行为之间的脱节。所谓"当代墨西哥民族主义的中枢"富于"神秘主义"色彩，其核心是民族意义的恢复、发现，甚至是创造（Cline 1972，89-90）。尽管混血表达出普遍性和包容性的愿望，其背后的动力遭到了限制，因此需要更好地理解现代性构建所涉及的复杂性、内在张力和矛盾。

政治秩序的基本前提影响了政治动力，尤其是社会和政治秩序的非霸权模式和抵抗模式的发展，这制约了公共领域的界定，以及不同群体融入公共领域的方式。结构和文化分离的非连续性和断裂性似乎标志着异质现代性的凝聚和消散过程，现代化的多重实践为制度化的模糊逻辑设定了条件。从一方面看，广泛的社会领域以脆弱和缺席的迹象为特征，与此同时，国家努力争取并实现了强大的同质化存在，拉丁美洲的政治不稳定、独裁政权和民主崩溃无疑表达并塑造了经济发展与社会凝聚力之间的脱节（Tiryakian 2011）。张力和断裂是处理复杂性的基本概念工具，体现于以下诸多方面：集体认同的包容/排斥动态与努力打入公共领域的社会部门之间（Bokser Liwerant 2009；2013）；等级制度和包容性，精英和代表过程，精英模式和民众大规模抗议运动之间；经济发展与社会凝聚力之间。随着公共领域参数不断变化，上述张力在开放和封闭之间交替往返。社会能量转向民族国家、民粹主义和社团主义，构成对法治国家的挑战（Roniger 2002）；威权主义遗产面临重新创造，民主建设和去民主化进程相互冲突带来社会动荡，除了社会机制信任度低和暴力之外，还滋生了机制薄弱的遗留问题，进入全球化新阶段后又产生了赤字累积这个社会问题。

二十世纪描绘了一幅复杂的图景，大多数拉丁美洲国家都经历了从威权官僚政权到独裁军事形象体系的过渡，在从五十年代中期到八十年代中期的三个十年中，20个拉丁美洲国家中有14个组成右翼独

多元现代性

裁/军政府。① 尽管条件各不相同,但向民主政治体制政府过渡时,这种情况发生了变化(O'Donnell et al. 1988)。各种不同的国情下,拉丁美洲在其无可争辩的民主转型过程中,在委任式民主和新民粹主义经历之间以矛盾的方式摇摆不定,从 20 世纪 90 年代开始,转型背景下,各种趋势(从保守到激进的民族主义者)的文职政府相继成立。② 虽然文化理解影响了现代性的不同构建方式,但"经典"现代机制确实很重要,因为它们是公民身份、多元化和民主建设的核心,当下正在讨论变化的参数和边缘,价值多元性,以及可以保证社会批评(反身性)和民主整合的制度,应当说此类讨论与当下现实紧密相关。从这个意义上说,拉丁美洲所取得的成就尚不完整(Alexander 2006),说得更严厉一些,是"现代性的陵墓",拉丁美洲必须作出应对。

此外,正如怀斯曼所分析,二元分化界定了经济和社会,经济自由化导致了更大的不平等,在某些情况下还导致了更严重的贫困和失业。社会两极分化阻碍了公民社会的发展,这种二元分化不是基于现代和传统地区之间的隔离,恰恰相反,包括多种群体的共存,各个群体以不同程度融入劳动力和商品市场,获得教育、医疗和社会保障。结果产生两极:一端是强大的公民社会,非常像已成熟的民主国家,另一端是边缘社会,容易受到附庸主义的拉拢和胁迫;一端产生公民,而另一端冷漠的主体容易出现短暂性激活失调,由于这些阶层中自律组织的能力低而无法持续。

---

① 这些国家包括:阿根廷(1976,1983)、巴西(1964—1985)、玻利维亚(1971—1978,1997—2002)、智利(1973—1990)、厄瓜多尔(1972—1978)、萨尔瓦多(1979—1982)、危地马拉(1954—1986)、海地(1964—1990)、洪都拉斯(1972—1980)、尼加拉瓜(1967—1979)、巴拿马(1968—1989)、巴拉圭(1954—1989)、秘鲁(1968—1980)、乌拉圭(1973—1985)。

② 21 世纪第一个十年结束时,拉丁美洲人口达到 5.5 亿,其中 2.27 亿生活在自由派或保守派国家,另有 2.08 亿生活在所谓的社会主义/欧洲式政权中,6300 万人生活在硬社会主义政权中,还有 5200 万人生活在不结盟政权中。(Baldinelli 2009;Alcántara 1999;Dallanegra 2008)

a. 正式游戏规则与非正式游戏规则分离

b. 社会各部分融入公共领域的过程与抗议运动过程之间的张力和矛盾：

    1. "后-现代"和"后-唯物"运动

    2. 具有扩张性、个体性、地方性和民族性的文化自律运动，以及不同类型的宗教-宗教激进主义和宗教-共同运动

c. 精英和民粹参数：公司化结构和大众运动；民主和压制

d. 坚持代表制民主，但对体制的信任低迷，程序性规范破裂，威权式社会闭合，控制公共领域

e. 公司化结构的发生，代理人制和暴力

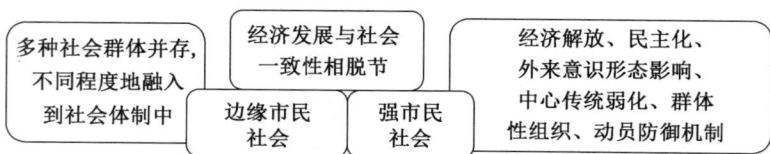

图4　张力、脱节和矛盾：概念工具

无论对个人还是集体，机遇结构的两极分化变得更加尖锐，集体框架被淡化，出现了新形式的社会凝聚力，这种形式定义不清，社会导向性较低，且更接近于"家庭社交"（Lechner 2002）。产生现代风险保护的社会契约并不总是与民主化进程相一致，也没有回应中心现代性的基本前提（Mancini 2013）。然而，多明格斯（Domínguez 2009）追随艾森施塔特，强调现代想象既是拉丁美洲的、边缘的，又是西方的、中心的，提出以多元现代性应对高度矛盾的特性和特定动态变化，进一步说明了现代性主轴的张力性、分裂性和矛盾性。社会空间的构建和重建意味着与现代性的各种认同/文化/政治/地理的相遇，并提出新的现实和问题，拓展多元现代性概念，对拉丁美洲而言，这些遭遇无疑说明了从历史性的全球沉浸到融入新的全球化的转变。

全球化进程导致经济、社会、政治和文化的变化，这些变化扰乱了地理、领土和时间的参照物，没有这些参照物就不可能思考当今的结构和制度、经济、社会关系和文化空间。根据不同的理论方法以及它们的

多元现代性

分析范围和对空间和时间变量的具体关注,该概念获得了多重含义。①
一个广泛的视角指向全球化进程的不同时期和时刻,与此同时全球化
在时间和空间上的推进又存在不均衡性。肯定有一些方法强调这样一
个事实,即在过去的五百年中,资本主义劳动力市场、商品生产和民族
国家的政治扩张所带来的日益密集和激烈的相互作用是全球化背后的
原因,从而导致移民、征服战争、商品和思想的流动。如前所述,由于世
界扩张和欧洲动力的延伸,拉丁美洲的历史轨迹代表了通往全球化的
道路,然而在过去几十年中,全球化展开了前所未有的新阶段,各种趋
势与同一现象的各个方面密切相关,令其得到突出,时间和空间不再对
社会关系和制度的构建方式产生同样的影响,经济、社会和政治安排既
不取决于距离,也不取决于边界,也不会对制度和社会关系的最终形成
产生同样的影响。社会互动围绕地球的统一性,以之为组织和构建的
地平线,同时世界的关联性和/或压缩性不断增强(Robertson 1992;
Scholte 1998)。艾森施塔特将这些激烈转变视为"全球现代性的多文
明重构"(Eisenstadt 2003),他强调:"……正在改变的包括现代性的多
文明政治和文化规划,其制度和文化形态,通过后现代、实用主义或宗
教激进主义取向所表达出的新社会运动争论,对全球多元性的体验,对
全球系统和全球性的感知,以及其合法性。"(Spohn 2011,295)

艾森施塔特的分析侧重于古典制度秩序面对受到限制,或作出修
改调整的能量,身份则沿着国家和跨国轴线形成,种族、民族、宗教等方
面的新老侨民在国家和世界舞台上重新界定自身的性质和范围。正如
他在第二个研究计划中所表达的那样,当代变化被理解为进一步刺激,
由此重新审视和思考现代性以及各种现代性规划和道路,重点关注全
球社会系统网络的动态变化,以及其随之而来的新紧张局势。对于拉

---

① 尽管学者们对其起源或基本特征没有达成一致意见,但存在着趋同的方法,
以确定空间、时间、地理和/或领土参照物方面的颠覆性变化,没有这些变化就不可能
思考当代社会中经济、政治、社会和文化关系。(Wallerstein 1974;Waters 1995;
Robertson 1992;Scholte 1998;Wieviorka 2007)

丁美洲而言,国家角色的转变至关重要。艾森施塔特始终区分使用社会和民族国家概念,但当代现实加剧了现实和概念的分化,虽然民族和革命国家的政治中心继续构成资源分配的主要机制,并且在主要国际舞台上扮演强大而重要的角色,但是民族国家作为权力中心的控制力,无论对其自身经济还是对自身的政治事务,终归削弱了,尽管各个领域中"技术官僚""理性"世俗政策不断加强,无论是在教育方面或是在计划生育方面。许多全球行动者变得非常强大,在金融领域体现得尤为突出。

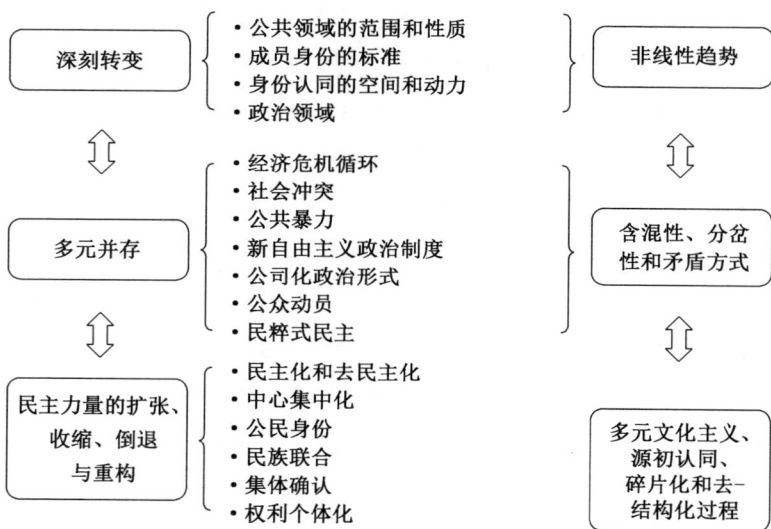

图 5　当代拉丁美洲的转化、含混和分岔

国家的权力、职能、空间和发挥作用的领土确实发生了根本性转变,当下这个阶段似乎清晰表明,与一些匆忙的估计(Ohmae 1990;Fukuyama 1992)相去甚远,国家不仅没有消失,反而继续在国家和国际层面的许多领域发挥决定性影响,甚至被视为全球化最活跃和最坚定的力量之一。尽管如此,国家的主权地位在各个领域都在削弱,例如国家变得无力监管金融和贸易活动,再例如财产和著作权,以及其他跨境经济、社会和文化活动。同样,国家权力在监管和制裁国际非政府组

多元现代性

织方面效力在下降,需要重新思考国家与超国界社会和身份的关系,重新构建地方、国家和全球之间的联系。因此,国家在某些领域监管能力削弱,与此同时在其他领域的影响力得到加强。

主权是一个历史范畴,作为组织原则出现于 17 世纪,在全球化背景下,国家机器生存、发展、加强并渗透到新的社会领域。另一方面,作为最高和排他性控制的主权停止运作,因此相对于全球层面新兴的监管和治理机制,国家的监管能力受到侵蚀(Scholte 1998;Held 1995;Bokser Liwerant and Salas Porras 1999):在国际舞台的构成及监管中,国家失去了对规则的半垄断地位,不再是中心。最重要的是,民族和革命国家的意识形态和象征性中心地位遭到削弱,同时遭到削弱的还有国家作为现代性文化规划的主要承载者的身份,集体认同的基本框架,以及作为各种次要身份的主要调节者的观念,国家肯定不再与独特的文化和文明规划密切相关。因此,在全球化的框架内,国家必须与国际公共机构和非政府、私人和民间组织分担治理任务,主权因此失去力量。与此同时,在边界内国家面临着公民社会之间新的联合模式,在政治参与(个人和集体)以及公民身份建设中构建新模式,这些趋势迫使人们努力重新界定和规范公共和私人领域的权限,以及公民社会与国家之间的关系。目前,影响民族国家的一体化和重组存在多种趋势,且相互间存在矛盾,各部分之间出现了新的共存可能性。

拉丁美洲在该地区多元化公共领域的范围和性质上,以及其社会包容性和成员资格标准上已经历了深刻变革,在政治领域、身份建设的空间和动力等方面也进行了深远探索。在经济危机、社会冲突和公共暴力的全球循环中,民主的力量日益壮大,新自由主义和日益制度化的政权与社团主义政治形式同在,大众动员和公民投票式民主共存(Sznajder et al. 2013)。该地区以矛盾的方式融合了政治机会和社会冲突,这在社会转型中体现得十分明显:集中化和去中心化,公民身份和种族忠诚,权利的集体确认和个人化。该地区不断变化的现实也反映了它的衰退、倒退和重组,强调第三次民主化浪潮,尤其是我们提到的拉丁美洲经验，与当下社会有着密切联系。艾森施塔特从后传统表述转向多元现代性概念，这一理论转变同样与上述社会境况密切相关。（Fisher 2010）事实上，正如艾森施塔特所断言的那样，在密集全球化进程的影响下，许多社会边界的构成随之发生了深远的变化，迄今为止的权力集体和社会舞台被削弱，趋于多样化，超越现有政治和文化界限的新文化和社会认同正在形成，与之密切相关的是地域性在社会角色和集体认同结构中的角色重建，同时地方和全球框架之间，迄今为止依旧占主导地位的关系正在分崩离析。

由于跨境互动日益激烈，不同的群体、社区和/或阶级采用了新的身份认同和忠诚度，凌驾于民族情感之上。新的社会运动、企业精英成员、认知社区、移民、侨民和种族群体就属于这种情况，他们将各种价值观置于主权，甚至自决权之上，与此同时，全球化鼓励并加强地方、种族和土著身份，20世纪90年代初期墨西哥东南部恰帕斯州的萨帕塔运动就是一个缩影。这个历史时刻打开并增强了多元化境况，当然，新的过程和趋势与之前的各种发展平行共存，它要求得到承认，强调文化多样性，扩大了当下正在进行之中的关于文化、社会和政治之间联系的讨论，少数群体可以在此基础上获得合法性对话。理论和实践的分歧蔓延到同质整合的逻辑中，这种逻辑受到了深刻质疑，墨西哥被视为"多个国家组合而成的国家"，通过多元化的视角来考虑自己的需要，这种视角包括本土和区域的观点，也包括土著居民和不同的种族群体。（Bokser Liwerant 2009；2013）国家以往被视为产生象征性资源和文化身份的顶点，通过挑战这一形象，一个日益分化的国家寻求机遇，在公共领域不断变化的坐标下变得公众可见。萨帕塔运动参与了关于国家和跨国公共利益的斗争，呼吁建立新的公民社会，许多文化的想法脱离了对本质主义"灵魂"或民族性格的反复探索，转而将民族重新构建为合法化的神话。（Menéndez Carrión 2001；Lomnitz-Adler 1992）然而，民族概念的复兴强化了本质主义的文化观念，后者认为文化是一个民族的财产，过分强调内部同质性：萨帕塔宣言确认，当民族文化从土著人民的角度得到重塑,民主就会到来。

　　人们强烈感受到国家身份和社会融合所遭受的动态变化和影响,以及它对重新界定成员资格标准所产生的影响。与拉丁美洲复杂而差异化的历史轨迹交织在一起,公共领域和民主空间高度碎片化,连续性和可变性界定了这条轨迹的大致轮廓。拉丁美洲公民是现代西方尝试调和社会平等与文化差异时遭受的首次失败,在该地区的公共生活中造成了社会种族裂痕。(Forment 2003)当代道路倾向于承认差异,强调新的身份政治和异质性构成加强多元化的基础,"为获得认可而斗争"(Fraser and Honneth 2003)和"身份/差异运动"(Chambers 2008)标志着一种新的政治想象,在最广泛的意义上将身份问题推到了公共政治话语的最前沿。选举、公民纽带与种族和/或宗教信仰共存,以前所未有的方式将个人、社区和更大的社会联系在一起。当前条件下,个人、网络、团体、商品、文化回路超越了国界,跨国境况释放并解释了社区与社会、全球与地方、国家与跨国层面之间持续而激烈的互动,种族、民族和宗教的新老运动同样在国家和世界舞台上重新界定着自身的性质和范围。流动人群概念得到恢复,甚至可以说复兴,出现了作为分析方法的跨国主义,可以有效地用于研究社会变革的核心问题。早期流散人群概念主要指被迫背井离乡的人口,但今天这个概念涵盖了不同的群体,例如移民、外籍人士、难民和流离失所者、临时移民工人、流亡者群体或种族社区。[①](Bauböck and Faist 2010;Nonini 2005)当代方法逐渐指向艾森施塔特所理解的集体认同的动态变化,并扩大了回归的概念,以包括相互作用和相互关联的新旧动态变化。

　　此外,在其全部参数中,国家和跨国层面相互作用、转移和重叠。从这个意义上说,跨国主义主要关注最近的移民运动,虽然它的一个关键特征是强调混合性而不是独特性和边界维护(边界侵蚀),但应该将

　　[①]　对"流散人群"的研究尽管可能会滥用该术语,但它强调了三个基本组成部分:(1)成员的分散性;(2)朝向民族中心,无论是真实的还是虚构的,视其为家园的;(3)东道国维护该群体的民族文化边界。(Cohen 2008;Brenner 2008;Esman 2009)

其视为一个分析角度,可以补充和理解当前的流散人群转变。跨国主义包含多方面的社会关系,这些社会关系既植根于民族国家,又超越民族国家,社会政治、领土和文化边界的相互交叉导致主要生活领域之间语义意识形态和制度联系的多样性、多元化和多样化(Ben-Rafael 2013;Bokser Liwerant 2014)。当然,国家-公民社会模式成为个人与其社区之间,国家和跨国领域与特定身份之间,包容与排斥之间持续互动的重要场所。由于这些过程,当代民主化进程表现出显著的模糊性,一方面寻求包容性政治形式,与之相伴的是强烈而持久的物质和象征排斥趋势,从而阻碍了民主进程本身。这种模糊性既肯定,同时又标志出社会的二元分化,以及新分裂趋势相互作用(Álvarez et al. 2006),全球化进程及其多维度和矛盾性影响体现在日益包容的公共领域和持续的移民进程中。移民是一种范围出乎意料的全球现象——世界人口迁移从 1965 年的 7500 万增加到 1990 年的 1.5 亿,2000 年达到 1.75 亿,2013 年达到 2.32 亿。联合国确定 2013 年有 3700 万拉丁美洲人居住在该地区以外,比 2000 年增加了 1100 万,拉丁美洲的相关案例说明全球国际移民情况变得更加庞大和多样化(Durand 2010)。

20 世纪 70 年代,拉丁美洲的暴力和威权主义决定了地区和国际移民和政治流亡,特别是在南锥体国家,十年后,重新民主化成为流亡者返回家园的拉动因素。20 世纪 80 年代末和 90 年代初,经济危机、政治不确定性和安全问题的结合再次将该地区推入全球国际移民格局,自 20 世纪 90 年代以来,这种趋势有所扩大,尽管时断时续。加速全球化进程的最后阶段见证了拉丁美洲移民数量的显著增加,多样化的移民浪潮以不平等的方式反映并创造了不同的路径(领土、文化、亚种族)和社会经历(Zlotnik 1999;Castles 2000)。根据"劳务移民新经济学"(Stark 1991),人口流动不能仅用两国之间的收入差异来解释,还可以用其他因素来解释,例如稳定的就业、创业活动的资本可用性,以及长期风险管理。劳动力市场分割的现实似乎更能描述当今移民的

多元现代性

分叉,双重模式表明边缘部门的迁移在增加,主体是缺乏正规教育的非技术工人和农民。与此同时,合格劳动力人口持续增加,包括专业人员、科学家和创业部门从业人员,仔细观察不难看出这一趋势。2008年,受过12年或以上教育的移民占美国移民总数的9%,而2012年这一数字达到30%,拥有博士学位的墨西哥人中有33%居住在美国(Olivares Alonso 2013)。墨西哥的特点是移民流量异常高,近10.5%的总人口居住在国外,据估计有1170万在墨西哥出生的移民居住在美国。据美国消息人士透露,到20世纪90年代末,墨西哥人的年净移民率平均超过50万人,居住在美国的西班牙裔总人口(近5000万)中,超过3000万有墨西哥血统。[①] 美国大约1150万无证移民中,有650万是墨西哥人,占总数的57%,来自其他拉丁美洲国家的无证移民占24%—26%(Durand 2010)。[②]

移民导致移民输出国和接收国发生社会变革(Castles 2000),变成了一个多层次和多样化的过程,包括稳定的运动(就像传统移民浪潮一样),以及两地或多地间重复和循环往返。多次搬迁和移民的出现产生了多样化的互动,也导致社会之间经济和社会资源、文化叙事、实践和符号的交换,从而创造和重新界定了社团框架和种族、宗教和民族身份(Glick Schiller et al. 1995;Castles 2000)。这是一种矛盾的过程,需要出现相互关联的统一的心理和关系空间,有助于减少物理分散的影响,而普遍-特殊和全球-局部轴之间的张力关系持续存在,甚至达到尖锐的程度。全球空间为紧密和具体、特征和特殊赋予新的密度,并鼓励在

① 参考皮尤西班牙裔中心过去十年的数据,根据自我描述的家族血统或出生地进行评估。

② 阿根廷,这个历史上的输入性移民中心,如今变成了一个输出性移民和流亡者的国家。关于迁移现象的数据不是很精确,根据国家移民司的数据,2007年大约有1053000名阿根廷人居住在国外,国际移民组织估计这一数字为971698人,占该国总人口的2.4%。事实上,佩莱格里诺(Pellegrino 2003)认为,对国际移民的担忧源于其定性方面,主要与离开该国的高素质人口有关,这些人口受教育程度高,存在大量技术专业人士。

制度基础、空间和框架上建立集体认同，这与社会理论以往的考虑完全不同。

宗教的概念发展一直是艾森施塔特著作的核心，但我在此还是要强调他对跨国运动中宗教维度的重视。事实上，宗教在世俗化进程中承担着越来越重要的公共角色，其作用越来越突出。宗教传统与社会运动和公共机构互动，同时对私人道德和公共道德之间新型互动提出主张，宗教传统获得了新的公共相关性（Casanova 1994），虚拟的跨国宗教身份和归属，以及这种身份归属与种族社区（包括新型流散人口社区）的互动是当代全球舞台上最重要的发展之一。恰恰是通过回归宗教和宗教神话，相互矛盾的趋势帮助许多社区实现民族认同的复兴。民族-宗教的复兴不仅出现在非西方背景下，不仅承受着西方全球化汹涌大潮的恐惧，同时也出现在西方和西方化的环境中，包括美国、日本、波兰、爱尔兰和墨西哥。因此，宗教的复兴往往与种族成分有关，成为政治舞台上的主角，也成为集体认同的关键要素。"然而，这种转变并不意味着简单地回归某些传统形式的宗教组织、权威或习俗，而是对整个文化和制度结构中的宗教成分进行深远的重建"。

艾森施塔特进一步强调，与经典制度能力的收缩同步并行，新的社会选择与个性化过程重叠，在超越民族国家的社会行动背景下扩大可用的选择和决策，不需要，也不表达工具理性。这种社会管制放松意味着个人可能不再按照有序的已知模式来组织集体行动，按照艾森施塔特的说法，当前的形势既是全球化的发展，同时也是区域社会的新分化。事实上，拉丁美洲一直是理论和实践发展模型（现代化、依赖性、世界体系和全球化）的沃土（Korzeniewicz and Smith 2000），20 世纪 60 年代以来，该地区已成为一个巨大的实验室：从那十年中无与伦比的经济稳定性，"内向增长""稳定发展"或"进口替代工业化"模式，到七十年代和八十年代的困难时期，其特点是经济调整政策（贬值和通货膨胀）和失业率上升，同时导致社会混乱，更高的贫困率和社会抗议。接下来的十年中，国家将进入宏观经济增长，持续结构调整，接受外部资金流动和控制通货膨胀的阶段,随后,除非深刻危机的破坏性复发,否则不可能再出现宏观经济增长,持续结构调整,外国资本流动和通货膨胀控制。自由化、民主化和危机之间的联系和相互作用充满矛盾和断裂。

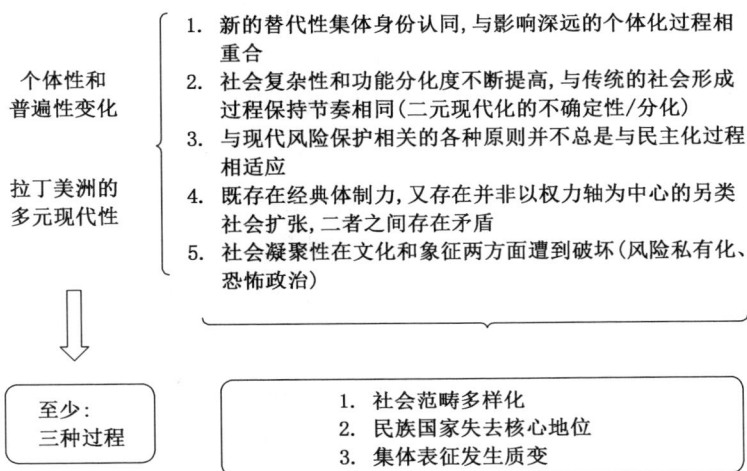

个体性和
普遍性变化

拉丁美洲的
多元现代性
{
1. 新的替代性集体身份认同,与影响深远的个体化过程相重合
2. 社会复杂性和功能分化度不断提高,与传统的社会形成过程保持节奏相同(二元现代化的不确定性/分化)
3. 与现代风险保护相关的各种原则并不总是与民主化过程相适应
4. 既存在经典体制力,又存在并非以权力轴为中心的另类社会扩张,二者之间存在矛盾
5. 社会凝聚性在文化和象征两方面遭到破坏(风险私有化、恐怖政治)
}

至少:
三种过程

1. 社会范畴多样化
2. 民族国家失去核心地位
3. 集体表征发生质变

图 6　拉丁美洲的多元现代性:挑战与问题

最近的研究强调,在拉丁美洲,"现代性未能实现的承诺"越来越多地通过家庭、社交网络和社区实例来解决,而不是通过正式机制来解决,这恰恰是普遍安排的一部分,尽管也存在持续的社会干预过程(Mancini 2013;Lechner 2002)。此类研究表明,生命周期性边界在弱化,家庭、社区和空间/社会组织的边界在变化,社会角色面临重新定义(特别是职业和公民角色集群)。该地区持续存在的悖论之一恰恰是社会复杂性和功能分化在增加(尽管微弱,但确实正在发生),这种趋势不是代替,而是遵循了传统社会所形成的模式节奏。这种传统个体化的特殊过程(与熟悉的福利概念相关联)将加强现代性不确定性研究的非正式方法,作为现代制度和文化(文明)格局的一个关键视角,传统模式可能是风险影响的产生者,同时令其最小化。[①] 这确实与多元现代性

---

① 因此,要考虑到风险的质疑方法从传统结束的地方开始(反思性社会学)。

所展示出的各种连续性和变化相关,指向具有决定论色彩现代化-分化二元分化论的局限性,在社会和文化传统实践中发展出特别重要的功能分化和动态变化。

事实上,上述情况还指向结构性和动态不平等之间的耦合,这界定了拉丁美洲社会风险、不平等和福利制度之间的新联系,同时增加了社会复杂性和不确定性。(Mancini 2013)如前所述,该地区社会和经济转型的路径重新界定了社会风险保护原则及其三个主要来源:国家、家庭和市场。艾森施塔特概述的三个过程在拉丁美洲得到体现:民族国家失去中心地位,社会类别多样化,以及集体代表发生质变。在过去有可能保证集体协议,部分原因是社会类别的相对同质性,国家的中心地位(也是社会凝聚力的象征性参照物),同时这些原则存在于统一的集体中,能够表达集体的要求和参与社会行动的能力。经济共识和规范国界内社会关系的协议已经破裂,因此构成社会功能的组织规则变得灵活,不断变化的经济发展模式以矛盾的方式与之前提到的政治周期和动荡相互作用(Esping Andersen 1989)。当代拉丁美洲面临传统社会类别和经典等级制度(阶级结构、职业结构)的真实性和阐释性局限,需要重新界定当今多样化内部建构,以及日益不确定的社会分层系统新方式。与个体化、社会不确定性、过渡性和短暂性职业地位、社会保护减少等一系列因素相关,正在形成个体社会不平等的新机制,由于其结构起源及其后果,这种新机制超越了个体维度,成为社会再生产因素。(Beck 1998;Mancini 2013)社会排斥的风险不断扩大,切断了不同社会阶层间的多样性关联,而各个社会阶层的内部构成却具有高度异质性。

最后,不可否认的是,随着新的代表形式的出现,我们正在目睹对公民的兴趣日益扩大的过程,即多种方法同时出现的"公民回归"(Kymlicka and Wayne 1995;Kymlicka 1996)。一方面强调由于可信度、代表性和公民参与(及其在社群部门中的对等物,理解为公共秩序)的不同程度损失,政治遭到削弱,另一方面又强调政治的振兴和派生,各种观点在这两个极端之间摇摆不定，动荡之源来自重建政治领域的新参与者、新形式与新兴趣。一方面，政治已经过度疲惫，政府人物和公共机构的表现缺乏可信度，表现为公民的不确定性，认为自己在传统政治参与者中没有得到反映（Przeworski 1998）；或者政治趋于最小化，表现为公民对社会领域的需求的转移，这与公民日益"私有化"的愿景相吻合，公民不再依赖于普遍和包容的共同代表，而是更多依赖于差异、特殊性和断裂（Lechner 1997；Bokser 2002）。另一方面，有鉴于公共领域的广阔视野，以及集体生产领域和空间的重新界定，重心转移到政治正在形成的新活力上。与此同时，承认社会多样性，在政治多元化的框架内证明制度的稳固性和效率（仍然立足于参与和创造公民共识）的方法也得到加强。反过来，拉丁美洲既要克服历史差距，又要弥补政治与其他方面（特别是经济方面）缺乏融合的限制，这导致集体反思和审议过程中出现严重的民主赤字（Alarcón 1999）。

公民权概念的重新出现也可以视为一种尝试，直接涉及将个人权利概念的正义要求与社区归属感的要求结合起来，这些社区归属感源于与集体认同重新表达相关的现象，正义的基本原理，以及属于特定社区的感觉（Cortina 1997）。反过来，将这两种向量结合在一起成为可能，使我们对少数群体和侨民在公共领域展示其集体维度的认识和可行性有所了解。结构和文化的连续性和可变性轴以新的方式相互重叠，概述了拉丁美洲社会和政治实践的复杂性和异质性的痕迹和趋势，该地区现代性的多样化象征、文化和制度可变性重申了多元现代性概念的潜力。

参考文献

Alarcón, Víctor. (1999). "Ciudadanía y participación política en América Latina". In Judit Bokser (ed.). *Agendas de investigación en la ciencia política*. México: Colegio National de Ciencias Politicas y Administracón Pública-UAM-Instituto de Investigacinoes Sociales-Facultad de Cienciaa Politicas y

Sociales/UNAM, primera edición.

Alcántara Sáenz, Manuel. (1999). *Political Systems in Latin America. Vol. I :
South America,* and *Vol. II : Mexico, Central America and the Caribbean.*
Madrid: Tecnos.

Alexander, Jeffrey. (2006). *The Civil Sphere.* Oxford: Oxford University Press.

Álvarez, Lucía et al. (2006). *Democracia y exclusión. Caminos encontrados en la
Ciudad de México.* México: Ed. UNAM, Centro de Investigaciones
Interdisciplinarias en Ciencias y Humanidades, UAM, UACM, INAH, Plaza
y Valdés Editores.

Baldinelli, Elvio. (2009). "The Left and Right in Latin America", http://www.
unc. edu/epts/diplomat/item/2009/0406/comm/baldinelli_lr. html.

Bauböck, Rainer and Thomas Faist. (2010). *Diaspora and Transnationalism:
Concepts, Theories and Methods.* Amsterdam: Amsterdam University Press.

Beck, Ulrich. (1998). *La sociedad del riesgo. Hacia una nueva modernidad.*
Barcelona: Paidós.

Ben-Rafael, Eliezer. (2013). "Las diásporas transnacionales: Una nueva era o un
nuevo mito?", *Revista Mexicana deCiencias Políticas y Sociales,* 58 (219):
189 - 224.

Bokser Liwerant, Judit. (2002). "Ciudadanía, procesos de globalización y
democracia". In *Democracia y formación ciudadana.* México: IEDF,
Coleccón.

—. (2008). "Identidad, Diversidad y Democracia: Oportunidades y Desafíos". In
Marta Singer (ed.). *Participación Política desde la Diversidad.* Mexico:
UNAM.

—. (2009). "Latin American Jews: A Transnational Diaspora". In Eliezer. Ben-
Rafael et al. (eds.). *Transnationalism.* Leiden and Boston: Brill.

—. (2013). "Being National, Being Transnational. Snapshots of Belonging and
Citizenship". In Mario Sznajder, Luis Roniger and Carlos A. Forment (eds.).
Shifting Frontiers of Citizenship: The Latin American Experience. Leiden,
Boston: Brill, 343 - 366.

—. (2014). "Jewish Diaspora and Transnationalism: Awkward (Dance) Partners?". In Eliezer Ben-Rafael, Judit Bokser Liwerant and Yosef Gorny (eds.). *Reconsidering Israel-Diaspora Relations*. Leiden: Brill, 369 – 404.

Bokser Liwerant, Judit and Alejandra Salas Porras. (1999). "Globalización, Identidades Colectivasy Ciudadanía", *Política y Cultura*, 12: 25 – 52.

Brading, David. (1973). *Los Orígenes del Nacionalismo Mexicano*. México: Editorial ERA.

Brenner, Frédéric. (2008). *Diaspora: Homelands in Exile*. New York: Routledge.

Brubaker, Rogers. (2011a). *Nationalism, Ethnicity, and Modernity*. Los Angeles: University of California Press.

—. (2011b). *Global Theory from Kant to Hardt and Negri*. Basingstoke: Palgrave.

Brunner, José Joaquín. (1992). *América Latina: Cultura y Modernidad*. México: CONACULTA/Grijalbo.

Cabrera, Luis. (1960). "Una Cuestión de Raza". In Eduardo Luquín (ed.). *El Pensamiento de Luis Cabrera*. Mexico: INHERM.

Casanova, José. (1994). *Public Religions in the Modern World*. Chicago, London: University of Chicago Press.

Castles, Stephen. (2000). "International Migration at the Beginning of the Twenty-First Century: Global Trends and Issues", *International Social Science Journal*, 165: 269 – 281.

Chambers, Samuel and Terrell Carver (eds.). (2008). *William E. Connolly: Democracy, Pluralism and Political Theory*. London: Routledge.

Cline, Howard F. (1972). "México: Versión Madura de una Revolución Latinoamericana, 1910 – 1960". In Stanley R. Ross (ed.). *Ha Muerto la Revolución Mexicana? Causas, Desarrollo y Crisis*. Mexico: Sep-Setentas, No. 21.

Cohen, Robin. (2008). *Global Diasporas: An Introduction*. London, New York: Routledge.

Collier, David. (1985). *El Nuevo Autoritarismo en América Latina*. México: Fondo de Cultura Económica.

Cortina, Adela. (1997). *Ciudadanos del Mundo: Hacia una Teoría de la Ciudadanía*. Madri: Alianza Editorial.

Dallanegra Pedraza, Luis. (2008). "Political Trends in Latin America in the Global Ontext of the 21st Century. Towards a Systemic-Structural-Realist Political Theory on Latin America", *Spiral: Studies on State and Society*, 15: 79 – 121.

Domínguez, José Moauricio. (2009). "Modernity and Modernizing Moves: Latin America in Comparative Perspective", *Theory, Culture & Society*, 26(7 – 8).

Durand, Jorge. (2010). "Balance Migratorio en América Latina". In Jorge Durand and Jorge A. Schiavon (eds.). *Perspectivas Migratorias. Un Análisis Interdisciplinario de la Migración Internacional*. Mexico: CIDE, 25 – 67.

Eisenstadt, Shumel N. (1965a). *Essays on Comparative Institution*. New York: John Wiley & Sons.

—. (1965b). "Some Sociological Observations on the Response of Israeli Organizations to New Immigrants". In Eisenstadt (ed.). *Essays on Comparative Institutions*. New York: John Wiley & Sons, 251 – 271.

—. (1965c). "Section Ⅰ: Theoretical Orientations". In Eisenstadt (ed.). *Essays on Comparative Institutions*. New York: John Wiley & Sons, 1 – 108.

—. (1992a). "Frameworks of the Great Revolutions: Culture, Social Structure, History and Human Agency", *International Social Science Journal*, 133: 386 – 401.

—. (1992b). *Jewish Civilization: The Jewish Historical Experience in a Comparative Perspective*. New York: State University of New York Press.

—. (1992c). "Cultura, Religion y Desarrollo de las Civilizaciones de América del Norte y América Latina", *RICS: Revista Internacional de Ciencias Sociales*, 134 (December): 629 – 645.

—. (1993). "Civil Society and Democracy in Latin America: Some Comparative

Observations", *E. I. A. L. Democratización en América Latina* (Ⅱ), 4 (2) (July – December).

——. (1995a). "Introduction: Social Structure, Culture, Agency, and Change". In *Power, Trust, and Meaning: Essays in Sociological Theory and Analysis*. Chicago: The University of Chicago Press, 1 – 40.

——. (1995b). "Culture and Social Structure Revisited". In: *Power, Trust, and Meaning*. Chicago: The University of Chicago Press, 280 – 305.

——. (1998a). "Social Division of Labor, Construction of Centers and Institutional Dynamics. A Reassessment of the Structural-Evolutionary Perspective". In Gerhard Preyer (ed.). *Strukturelle Evolution und das Weltsystem*. Frankfurt am Main: Suhrkamp, 29 – 46.

——. (1998b). "The Construction of Collective Identities in Latina America: Beyond the European Nation State Model". In Luis Roniger and Mario Sznadjer (eds.). *Constructing Collective Identities and Shaping Public Spheres*. Brighton, Portland: Sussex Academic Press, 245 – 265.

——. (2000). *Fundamentalism, Sectarianism, and Revolution: The Jacobin Dimension of Modernity*. Cambridge: Cambridge University Press.

——. (2002). "The First Multiple Modernities: Collective Identity, Public Spheres and Political Order in the Americas". In Luis Roniger and Carlos H. Waisman (eds.). *Globality and Multiple Modernities: Comparative North American and Latin American Perspectives*. Brighton: Gazelle Book Service, 7 – 28.

——. (2003). "Introduction: Comparative Studies and Sociological Theory: From Comparative Studies to Civilizational Analysis: Autobiographical Notes". In *Comparative Civilizations and Multiple Modernities* Ⅰ. Leiden: Brill Publisher, 1 – 28.

——. (2004). "Multiple Modernities: The Basic Framework and Problematic", *ProtoSociology*, 24: 20 – 56.

——. (2009a). "New Transnational Communities and Networks: Globalization Changes in Civilizational Frameworks". In Eliezer Ben-Rafael, Yitzhak

从拉丁美洲视角思考多元现代性:复杂性、边缘性和多样性　　　　　217

Sternberg and Bokser Liwerant (eds.). *Transnationalism: Diasporas and the Advent of a New (Dis)Order.* Leiden: Brill Academic Publishers, 29 – 46.

—. (2009b). "Contemporary Globalization, Intercivilizational Visions and Hegemonies: Transformation of Nation-States", *ProtoSociology*, 26: 7 – 19.

—. (2010a). "Modernity in Socio-Historical Perspective". In Eliezer Ben Rafael and Yitzhak Sternberg (eds.). *Comparing Modernities. Pluralism versus Homogeneity.* Leiden: Brill Academic Publishers, 31 – 56.

—. (2010b). "The New Religious Constellation in the Framework of Contemporary Globalization and Civilizational Transformation". In Eliezer Ben-Rafael and Yitzhak Sternberg (eds.). *World Religions and Multiculturalism.* Boston and Leiden: Brill, 21 – 40.

Esman, Milton J. (2009). *Diasporas in the Contemporary World.* Cambridge: Polity Press.

Esping Andersen, Gosta. (1989). "The Three Political Economies of the Welfare State", *Canadian Review of Sociology and Anthropology*, 26 (2): 10 – 36.

Fisher, Shlomo. (2010). "Multiple Modernities and Eisenstadt's Sociological Vision", Keynote Speaker at the Symposiumhonouring Shumel N. Eisenstadt, 9 December 2010 at the Van Leer Institute, Jerusalem.

Forment, Carlos A. (2003). *Democracy in Latin America 1760—1900, Vol. 1.* Chicago: The University of Chicago Press.

Fourie, Elsje. (2012). "A Future for the Theory of Multiple Modernities: Insights from the New Modernization Theory", *Social Science Information*, 51 (1): 52 – 69.

Fraser, Nancy and Axel Honneth. (2003). *Redistribution or Recognition? A Political Philosophical Exchange.* London and New York: Verso.

Fukuyama, Francis. (1992). *The End of History and the Last Man.* New York: The Free Press.

Glick Schiller, Nina, Linda Basch and Cristina Szanton Blanc. (1995). "From Immigrant to Transmigrant: Theorizing Transnational Migration", *Anthropological Quarterly*, 68 (1): 43 – 68.

González Navarro, Moisés. (1988)."Las Ideas Raciales de los Científicos 1890—1910", *Historia Mexicana*, 37 (148): 565 - 583.

Hale, Charles. (1972). *El Liberalismo Mexicano en la Época de Mora, 1821—1853*. Mexico: Ed. Siglo XXI.

Held, David. (1995). *Democracy and the Global Order: From the Modern State to Cosmopolitan Governance*. Cambridge: Polity Press.

Korzeniewicz, Roberto Patricio and William C. Smith. (2000). "Poverty, Inequality, and Growth in Latin America. Searching for the High Road to Globalization", *Latin American Research Review*, 35 (3): 7 - 54.

Kymlicka, Will. (1996). *Ciudadanía Multicultural*. Barcelona: Paidós.

Kymlicka, Will and Norman Wayne. (1995). "Return of the Citizen: A Survey Work on Citizenship Theory". In Ronald Beiner (ed.). *Theorizing Citizenship*. New York: Sunny Press.

Lechner, Norbert. (1997)."El malestar con la politica y la reconstrucción de los mapas politicos". In Rosalia Winocur (ed.). *Culturas politicas a fin de siglo*. Mexico: FLACSO México/Juan Pablos.

—. (2002). "El capital social como problema cultural", *Revista de la CEPAL*, 62 (2): 91 - 109.

Lomnitz-Adler, Claudio W. (1992). *Exits from the Labyrinth: Culture and Ideology in the Mexican National Space*. California: University of California Press.

Mancini, Fiorella. (2013). "Methodological Pluralism in Response to Diversified Social Innovations", Paper presented at the XXXI International Congress of the Latin American Studies Association: Towards a New Social Contract, 29 May - 1 June, in Washington D. C.

Menéndez Carrión, Amparo. (2001)."The Transformation of Political Culture". In Manuel Antonio Garrandón and Edgard Newman (eds.). *Democracy in Latin America. (Re)Constructing Political Sociandy*. Tokyo, New York, Paris: United Nations University Press, 249 - 277.

Molina Enríquez, Andrés. (1985). *Los Grandes Problemas Nacionales*. Mexico:

Ed. ERA.

Nonini, Donald. (2005). "Diasporas and Globalization". In Melvin Ember et al
(eds.). *Encyclopedia of Diasporas*. Berlin: Springer, 559 – 569.

O'Donnell, Guillermo. (1972). *Modernización y Autoritarismo*. Buenos
Aires: Paidós.

O'Donnell, Guillermo et al. (eds.). (1988). *Los Procesos de Transición y
Consolidación Democrática en América Latina. Transiciones Desde un
Gobierno Autoritario*. Buenos Aires: Paidós.

Ohmae, Kenichi. (1990). *The Borderless World: Power and Strategy in the
Interlinked Economy*. London: Harper Collins.

Olivares Alonso, Emir. (2013). "Radican en Estados Unidos más de 11 mil
Mexicanos con Doctorado". *La Jornada*, [Online], 7 April: http://www.
jornada. unam. mx/2013/04/08/sociedad.

Pellegrino, Adela. (2003). *Migración de Mano de Obra Calificada Desde
Argentina y Uruguay*. Buenos Aires: OIT.

Preyer, Gerhard. (2006, 2009). *Soziologische Theorie der Gegenwartsgesellschaft (3
Vols.)*. Wiesbaden: Springer/VS Publisher.

—. (2010). *Max Webers Religionssoziologie. Eine Neubewertung*. Frankfurt am
Main: Humanities Online.

—. (2011). *Zur Aktualität von Shmuel N. Eisenstadt. Einleitung in sein Werk*.
Wiesbaden: Springer/VS Publisher.

Przeworski, Adam. (1998). "El Estado y el ciudadano", *Política y Gobierno*, 2:
341 – 379.

Reyes, Giovanni E. (2001). "Principales Teorías Sobre Desarrollo Económico y
Social y su Aplicación en América Latina y el Caribe", *Nómadas. Revista
Crítica de Ciencias Sociales y Jurídicas*, 4: 1 – 33.

Robertson, Roland. (1992). *Globalization: Social Theory and Global Culture*.
London: Sage Publications.

Roniger, Luis and Carlos Waisman. (2002). *Globality and Multiple Modernities:
North and Latin America in Comparative Perspective*. Leiden: Brill Academic

多元现代性

Publishers.

Schmidt, Volker H. (2006). "Multiple Modernities or Varieties of Modernity?",
Current Sociology, 54 (1): 77 – 97.

—. (2010). "Modernity and Diversity: Reflections on the Controversy between
Modernization Theory and Multiple Modernists", *Social Science
Information*, 49 (4): 511 – 538.

Scholte, Jan Aart. (1998). "The Globalization or World Politics". In John Baylis
and Steve Smith (eds.). *The Globalization of World Politics: An
Introduction to International Relations*. London: Oxford University Press.

Smith, Anthony. (1995). *Nations and Nationalism in a Global Era*. Cambridge:
Polity Press.

Spohn, Willfried. (2011). "An Appraisal of Shmuel Noah Eisenstadt's Global
Historical Sociology", *Journal of Classical Sociology*, 11 (3): 281 – 301.

Stark, Oded. (1991). *The Migration of Labour*. Cambridge: Basil Blackwell
Ltd.

Susen, Simon and Bryan S. Turner. (2011). "Introduction to the Special Issue on
Shmuel Noah Eisenstadt", *Journal of Classical Sociology*, 1 (3): 229 –
239.

Sznajder, Mario et al. (2013). *Shifting Frontiers of Citizenship: The Latin
American Experience*. Leiden: Brill.

Tiryakian, Edward. (1995). "Neo-modernization Analysis: Lessons from Eastern
Europe". In Bruno Grancelli (ed.). *Social Change and Modernization:
Lessons from Eastern Europe*. London: Sage, 249 – 262.

—. (2011). "A Sociological Odyssey: The Comparative Voyage of S. N.
Eisenstadt", *Journal of Classical Sociology*, 1 (3): 241 – 250.

Torres, Eduardo. (2010). "Las Américas Latinas-Israel y S. N. Eisenstadt:
Imágenes Reflexivas", *Iberoamérica Global*, 3 (2): 68 – 98.

Villoro, Luis. (1986). *El Proceso Ideológico de la Revolución de Independencia*.
Mexico: Secretaría de Educación Pública (Cien de México).

Wallerstein, Immanuel. (1974). *The Modern World-System, Vol. I : Capitalist*

Agriculture and the Origins of the European World-Economy in the Sixteenth Century. New York, London: Academic Press.

Waters, Malcom. (1995). *Globalization*. London and New York: Routledge.

Wieviorka, Michel (ed.). (2007). *Les Sciences Sociales en Mutation*. Auxerre: Cedex.

Wittrock, Björn. (2000). "Modernity: One, None or Many?", *Daedalus*, 129 (1): 31 – 60.

Zlotnik, Hania. (1999). "Trends of International Migration since 1965: What Existing Data Reveal", *International Migration*, 37 (1): 21 – 61.

多元现代性

瞄准欧洲：欧洲社会的融合和离析

格尔哈德·普耶尔

罗伊斯-马库斯·克劳斯

一、理论和结构问题

（一）形势转变

作为全球本土化的全球化引发了地方、区域和国家社会结构的持续变化，这些社会领域再生产的新功能要求是通过全球本土化（Robertson）与全球进程共生安排，也就是说，所谓"全球"是本土化的，而地方则是普遍化的，也就是说，是更大的单个社会单位之间的交往。本文首先概述理论路径，这对于进一步研究和理论系统化是有益的。其次，本文表达了英、法、德三国主要意见领袖对欧洲一体化方案的不同定位和困境，英国脱欧后的困境并没有消失，2016 年公投的结果并非奇迹，但英国还是欧洲经济体系的一部分。再次，在地方社会领域和全球进程共生安排的条件下，社会整合的态势转换有一些暗示。最后，本文讨论一下进入下一个社会的途径，那也正是我们身处其中的社会。

本文通过成员社会学、组织（制度）、功能和社会建构性方法（"多元现代性、全球本地化、成员秩序"）系统研究欧洲社会的结构变化，研究其分化、冲突，以及成员某些部分的相对丧失，所谓结构性变化是由欧洲一体化引发的,存在于跨国一体化与国家解体之间的根本冲突。

1. 成员社会学观点:社会交往在社会交往的所有子系统中,就其新的社会分层而言,为新的成员条件所转换,这叫作社会的成员秩序。这不是统一,而是重新确定社会沟通,以找到所谓"多元现代化"的不同版本,与之同步进行的是社会传播情况及其观察的新界定。

2. 组织(制度)和功能观点:欧盟的法律一体化和所有社会体系中正式组织的重组是欧洲社会新成员秩序的经济和社会一体化的功能需要(Münch 2009),法律一体化不是建立统一的欧洲法律体系,而是受到国家和地区法律秩序的限制。(Krawietz 2016,90-105)

3. 社会建构的观点和背景:欧洲社会成员秩序的符号建构是不同的历史背景下,社会共同体在成员条件、期望、交往等方面的建构。

4. 全球本地化所转换的社会领域动态变化与组织(制度)发展轨迹之间持续冲突和推进,从而完成上述维度,举例而言,包括制度革新过程中的惯性和防御倾向,对新制度的吸收和排斥等。这也是交往系统结构缺陷无法弥补的证据。研究的主要焦点是经济体系、正义和凝聚力的结构变化,这些变化导致社会系统成员在社会子系统中的包容和排斥秩序发生变化,即他们在差异化的交往系统中所作出的考虑。(关于分析框架,参见 Münch 2009,11-33)

结构变迁过程中,权力斗争的社会群体是变迁的受益者,也是跨国社会交往语义建构符号斗争中防御倾向的受益者,欧洲社会的社会传播和符号建构要根据政治、经济、科学和法律体系的地位群体之间的相互依存关系来分析的。结构性变化,即社会交往的动态视角,是由社会分工在经济体系中的持续整合,大众传媒的符号建构,及其选择性解释所引起的,社会整合总是有着其对应的部分,即社会系统成员的解体和边缘化。(关于社会整合的社会学理论,参见 Preyer 2018)本文论及英国、法国和德国知识精英的符号建构,所遵循的正是这样的理路,因为这些群体在欧洲象征性建构的斗争中起到意见领袖的作用。

多元现代性

(二) 结构异常

如果没有新的成员条件及其持续重组,欧洲社会的法律、商业、集体和政治一体化是不可能的,这取决于社会传播的开放性、多元化和个性化的结构特征,同时也取决于新的"排他区"。欧盟经济体系的一体化引发了各国社会的结构性转变,社会体系成员的集体主义一体化和共同体秩序正不断向个人主义一体化转变。从涂尔干那里可知,"个人主义"不是由个人建构,而是集体的理想,个人主义是西方现代化的一种自我描述,在社会学理论中已经无法再更新,因为个人不是社会成员体系的一部分,而是从属于环境(Luhmann 1993,149 - 258)。可以把这里所提到的结构特征与美国构成自由主义的所谓语义和制度秩序相比较(这不是本研究的主题,参见 Münch 2010,113 - 140;2009,186 - 226),该模型的组成部分是开放性、多元化和"人力资本个人主义"的制度化成员条件。这些结构性变化引发了日益激烈的竞争,与此同时欧洲社会成员之间交流距离显著缩小,由此可见,民族国家社会秩序存在着明显缺陷,问题是这种情况如何导致社会交往中的结构性异常。

欧洲现代化的结构异常所面临的问题是:制度化的建构性个人主义社会结构语义是否应当继续在欧洲社会蔓延,或者应将其仅限于少数社会精英? 这是重建福利国家的问题,以满足重构政治制度安排的功能需要,这种结构性变化迫使欧洲经济体系成为全球经济体系的一部分。这种形势变化意味着一种开放标记的政策,保证商品、服务、资本和员工的交换,从而扩大了现代化精英的社会网络。参与者是具有所需人力资本的社会流动成员,不再是传统意义上的职业精英。实证研究表明,欧盟的现代化精英拥有更高的教育水平、职业地位和收入,这个社会群体扩大引起了一种消极整合,逐渐与福利国家的积极(凝聚力)整合发生冲突。

有一些特定团体声称,欧洲经济体系必须与福利国家的建设相辅相成,但福利政策是民族国家的内部事务,不能外化到欧盟的政治中心,特别是德国的国家福利政策不会转移到欧盟,因为它们有着不同的经济表现、制度和文化传统。因此,欧盟的社会一体化不是集体占有和福利保障,这场根本性冲突的结果尚无法预测。形势所界定的转变既不是给定的公共债务问题,也不是如何建立新自由主义实验场的问题,而是不断再国有化、人力资本-个人主义凝聚整合,由此引发结构变化,同时将接受高等教育的社团成员纳入新的成员资格条件。可以假设,流动精英的引导方向具有越来越重要的意义,因此可以断定,社会整合理论是福利国家的重建,其范围超越民族国家和自由主义。

实证证据表明,欧洲国家的人力资本个人主义和高等教育水平的指导方向有所提高,人力资本个人主义是一种新的社会制度成员条件和社会交往参与方式。这也是欧洲法院的管辖方向,以促进欧洲内部市场一体化,尤其是法国和德国的传统必须适应社会交往产生的变化。这也意味着社会系统成员的心态发生了变化,这种变化已经发生在经济精英和科学精英身上。毋庸置疑的是,当下的学历教育规划(尤其是德国的)是一个虚假的规划,没有考虑双元职业教育的特性,没有考虑到这种教育制度作为德国经济体系和教育体系相互渗透地带的特性。

(三) 正在上演的冲突

主要问题和冲突存在于不断增长的人力资本个人主义和自组织的新成员条件与自由联合增长之间,可以预料欧洲政治体系中民族国家将进一步分割。这在获胜者、现代化受害者和失败者之间启动了不可弥合的差异走廊和异常现象,失败者尤其指低技能工人。这种情况赋予了民族国家新的任务和责任,即整合社会冰冻群体,同时又不影响整体集体福利,从而在欧洲社会出现了一个新的分层。开放的标记政策消除了福利卡特尔的旧界限,例如工会的界限,但与此同时又出现了新的界限。

1. 顶端是跨国精英,安家于大都市,拥有全球网络。

2. 高度发达的大都市中,新中产阶级与旧中产阶级不同,前者不得不保护自己受到威胁的社会地位,倾向于悲观。相反,繁荣地区的中产阶级则持乐观态度。

3. 旧中心的新下层由于其成员无法满足新的竞争约束,越来越处于被排斥的边缘域。

4. 人力资本个人主义社会整合新模式的制度化和国家利益以及分配政策之间存在主要矛盾、利益的实现和国家分配政策建立在欧洲体系中社会地位群体的影响力和权力之上。但是,必须强调一个经常发生的混淆:在社会学分析中,欧洲机构及其成员和代表之间的权力斗争绝不能与欧盟的政治和成员秩序相混淆。只有考虑到法律体系新的功能分化、自由主义(流动自由)、非歧视和个人主义的新成员条件,考虑到这些新条件在社会交往过程中的参与,才有可能认识到欧盟政治和成员秩序的结构,欧洲最高法院的管辖权成为欧洲社会新版社会融合和成员秩序的重点。应该强调这一点,正是通过这一点,我们将欧洲的特定现代化视为多元现代性的一个例子。

二、英国、法国和德国

(一) 英国

英国的社会集体-国家成员秩序是多元的,独立于作为个体成员公民社会的种族文化起源国家。一个指标是个人权利和对少数群体的容忍度,历史地看,英国大规模人口吸纳现象持续存在。

英国认为欧盟是自由贸易区之一,欧洲法律体系不得影响威斯敏斯特民主和英国法治的主权,英国法律保障所有英国人,无论他们属于哪个团体或阶层,不成文的英国宪法是法律基础,在个案中产生并得到确认。英国的民主和法律秩序与联邦制欧洲并不协调,从这个角度来看,欧盟政治能力的结果是缺乏民主,而这种缺陷通过将政治能力附属于(减少)民族国家加以纠正,这是对英国"传统自由主义"的表述。从英国角度来看,欧洲大陆经济在结构上被政治制度的规定过度驱动。

沿着这条思路,英国拒绝欧洲集体认同。英国的集体认同是一种为所有阶级、阶层和社会群体所接受的认同,欧洲认同是对英国自己生活方式的威胁。

英国走出欧盟危机的路线是一种"传统自由主义"路线,也就是强化欧洲经济。因此,2016 年英国公投退出欧盟并非偶然,但也因此造成了困境,因为欧洲内部市场的实施与欧盟司法和政治能力的扩张同步而行。我们也看到,欧洲管辖权在英国社会中依旧生效,绝对孤立于欧洲之外是不可能的,英国必然对外开放,这是欧洲内部市场跨国化参与全球经济体系的要求。同时也要承认,参与欧洲内部市场并不意味着英国放弃主权和集体认同(关于英国,参见 Preyer 1998,172 - 177;Münch 2009,164 - 177),所谓的 2016 年英国脱欧并非偶然事件。这是大不列颠君主对格式塔问题的回答,所谓格式塔问题是政治领域和英国社会的区分和自我认同。德国人心态倾向于福利国家和欧洲社会交往的法律性包容,因此理解英国人的心态会有一些困难。

(二) 法国

法国作为一个多元社会国家,其社会集体-成员资格秩序独立于种族-文化起源,大国理念的基础是共和国作为普遍主义和基本权利与自由的承担者,国家的理念是建立在理性意志之上的共同体。国家保障普遍权利,但与此同时,法国集体将普遍观点与特定文化和民族联系起来。欧洲制度建构的法国案例以共和传统为特征,同时以法国精英向欧洲的转变为特征,这与英国的情况不同,冲突也更为激烈。

经济自由主义遭遇经济反自由主义,这有着悠久的历史,当时法国还没有出现商业社会,而是在启蒙运动的推动下实施了计划经济。法国知识分子与自由主义经济观点格格不入,政治联邦制与反联邦制针锋相对,这符合博丹和雅各宾主义共和派的主权概念传统。因此,法国

　　　　　　　　　　　　　　　　多元现代性

对全球经济体系的抵制非常强烈,因为担心法国中央集权政治体系的主权会受到限制。自由主义对民主的理解与政治共和主义存在进一步的冲突,因为在法国,共和主义传统与自由主义并不协调。这是由国家作为政治体系组织的共和主义身份所推论的,也就是说,在政治共同体中,社会成员的自由被制度化了,从自由主义的角度来看,这是对自由的限制。这解释了法国人对盎格鲁-撒克逊和美国自由主义的厌恶,在英美社会中,"公民"是前政治公民和宗教社区的主要成员,政治制度(国家)的组织起着次要的作用,多元主义与民族共和主义互不相容。

法国在欧洲语义建构中所面临的困境在于,如果没有欧洲的政治一体化,经济自由主义在社会交往中将占主导地位,但在进一步扩大政治制度一体化的情况下,国家主权将随之丧失。在欧盟层面,虽然不会限制经济自由化,但会限制民族国家的主权。法国的政策一再努力,以法国技术官僚的经济计划主导其他民族国家,从而来弥补这一点。在法国内部,欧洲联邦主义者和欧洲怀疑论者针锋相对,联邦主义者同意将政治权限扩展到欧盟,但欧洲怀疑论者呼吁限制欧盟的政治权限。法国视角的根本问题及其背景是共和传统和"大国"的自我描述,这使得维持更广泛、更开放的社会交往政治秩序变得困难。毫不奇怪,关于欧洲问题的意见大相径庭,经济精英认同欧洲一体化,但不选择强大的政治欧盟。实证研究始终证实,大多数法国人同意扩大欧洲在科研、收入、安全和环境保护方面的合作,但他们拒绝丧失财政事务、文化、就业、福利和教育政策的主权。(关于法国,参见 Preyer 1998,160 - 166;Münch 2009,229 - 279)

(三) 德国

德国的国家社会集体成员秩序不同于法国和英国,主要区别在于,作为一个共同体的民族不同于公民共同体,因为公民身份并不独立于其起源。因此,成员资格秩序不受自由单一成员组成的多元化公民社区的约束。自"统一"以来,德国存在着一个统一的主权民族国家,在此之前,"旧"联邦共和国将自己理解为一个经济成功的社会,但现在它正走在重新界定国家身份的路上。德国民主宪政国家的特点是法制主义是自由和平等的法律保障,新社团是国家组织在立法过程中的主要合作伙伴,宪法将其确立为联邦政府、联邦州和地方社会之间预先制定的联邦制。

欧洲法制主义通过跨国监管利好于欧洲市场,但与此同时,它通过开放市场政策促成了国家法律的有效性不再相关的事实。欧洲最高法院的管辖权废除了国家法律秩序,国家法律的重要部分失去效力,又没有有效的对等制度起到替代作用。因此,法律主义观点对欧盟实施自由竞争持广泛保留态度,特别是福利国家版本的法律主义需要强大的社会权利,然而这与欧盟的经济活动水平和不同的社会法律机构不协调。德国人的观点是需要协调税法、社会法和商法。在德国关于欧洲宪法作用的辩论中,民主的缺乏、合法化的国家人民的缺乏、不同的文化传统和语言以及公共政治的滞后,这些方面都得到了强调。

德国最高法院将欧盟定性为国家联盟(主权民族国家协议),《马斯特里赫特条约》中各州的合作强于联邦,但民族国家在协议中拥有的主权大于联邦制国家。在德国,同意欧洲"主权分裂"的意愿要高于法国和英国,但怀疑的声音也越来越多。总之,更温和的方法对问题更有贡献,政治转向通过抽象来协调冲突,例如,"宪法爱国主义"、"超国家和联邦共和国"和"主权分裂的欧洲联邦"概念。德国和英国一样,对欧洲持怀疑态度的人也更愿意将更多的权力委托给欧盟,德国的法律主义伴随着这样一个事实,即它对法律抽象的取向导致了政治冲突的加剧,由此导致的困境是欧洲的司法建设与政治问题的解决相去甚远,欧洲的建设与大多数人的利益不相协调。(关于德国,参见 Preyer 1998,180 - 204;Münch 2009,277 - 340)

三、社会融合的问题

（一）基本冲突

可以如此总结：只有将欧洲一体化社会秩序的这种变化聚焦于新的会员条件，将其规划为全球范围内备受尊敬的成员，欧洲社会的结构变化才会得到认可。这是社会交往的新成员秩序，因此可以得出结论，宪政自由主义是参与新的社会交往的成员条件，它消除了 20 世纪的雇员文化和 18、19 世纪的资产阶级企业家精神。欧洲现代化的基本矛盾在于，它是作为经济、科学、政治和法律体系的欧洲化而启动的。欧洲法院是一个相互渗透的领域，建立和保障欧盟成员国的个人权利。与此同时，国家解体是再国家化反抗运动的导火索，可以如此假设：集体主义传统的反抗运动限制了未来的自由宪政，因为团结情感、种族和社会起源无法欧洲化。

传统研究的政治和文化假设是否已走到尽头？欧洲无法把握欧洲现代化及其问题、异常和机遇，利益集团的冲突在国家层面得到表达，包括"集中主义"和"群体特殊主义"的冲突，"共和主义"和"自由民主"的冲突，"强大国家"和"政治联邦制"的冲突，"自由主义"和"反自由主义"的冲突。上述种种冲突在欧洲层面重演，"国家""民族""共和""代表制"和"合法化"等概念已经不适用于欧洲社会政治体系的形成和组织。这些概念来自欧洲民族国家形成和巩固过程中问题解决的历史，旧欧洲的现代化是在不同的发展路线上形成的，例如英国、西班牙、意大利、法国和德国，它们不会融合成一个共同的欧洲。欧洲社会不会出现民族国家那样的同质化现象，这导致欧洲政策范式的转变。

强主导自由化指的是"下一个社会"。（关于"网络个人主义"，参见 Axford 2013。）所谓"下一个社会"不是指未来的社会，我们已经生活在这个社会中。在自由化计划的压力下,新版本的社会制度自我调节引发了社会分化的转变,这是福利经济和民主的传统概念和政治方案的终结。结果,出现了新的一体化结构条件,因为文化(集群的分化)和政策行动不是经济体系的反向结构,一些社会学家将这种结构描述为有机团结(涂尔干)或制度化的个人主义(帕森斯)。这对社会交往的预期发生作用,并转而替代社会交往过程的社会学观察。

强主导自由化是特定国家社会伙伴关系的终结,政治制度的结构发生了转变,因为国家治理促进了权力行使向非政府组织的社会制度领域转移。这是政府在政治体系中的角色转换,它不是基于领土内的法律权力,也不是由民族国家的主权赋予合法性。但这是对社会交往的观察和政治手段的影响,社会整合的转变是制度竞争转向政治中心。社会融合始终既是包容又是排斥,两者都是由功能问题构成的,例如就业和专业资格,其结果是制度竞争废止了政治意志的形成。由此也发生了针对这些政治制度的其他形式的社会抗议,但由于没有以民主和合法的方式行事,结果失去了集体主义整合的约束力。

结果是:欧洲的社会整合不是欧洲国家的孤立整合。当我们认真对待这一见解时,就会得出这样的结论:欧盟社会接近于美国的宪政自由主义。从这个角度看,欧盟原则上存在民主赤字,无法消除,经济、政治、科学和法律体系的欧洲化与国家有着结构性联系,欧盟政治体系的超国家一体化和组织预计不会出现。冲突的展开及其监管越来越多地从立法转向管辖,欧洲法院在解决冲突方面发挥着重要作用,美国最高法院也是如此。

(二) 社会融合的新理论

形势在变化,界定也在变化,需要新的社会整合理论。

1. 福利国家是由福利多元化和所谓的"生产性福利政策"重建的(Münch 2009,135 - 185),当我们将视线由"社会的社会"转移到"世界社会"时,得出的结论是不会出现大片区域的趋同演化和统一发展。

多元现代性

2. 人力资本个人主义是一种新的参与交往的成员条件，导致国家福利卡特尔的团结性下降，结果是集体认同变得更加抽象，交往的参与者转向认知取向，他们必须快速学习，不要坚持与事实相反的方向。之所以会出现这样的转变，是因为社会系统的成员不仅仅作为单一集体参与社会交往。

3. 社会系统成员的弱整合并不是接近于世界的强整合，它允许在更大的空间和更长的时间线上进行"自反性循环"和交流，并参与不同的社会系统。

4. 地区、企业、社会利益集团的竞争导致强主导自由化，必然引发国家解体。然而，这也有利于集体主义的反作用，这种反作用也会爆发，例如欧洲观察到的民粹主义。

当代社会中，我们观察到不同的现代化模式，它们在过去和现在都没有沿着西方的路线前进，例如北美、中国、俄罗斯和日本，欧洲模式不可一概而论。问题在于"全球创业精神的新成员条件"是不是其他版本现代化的典范，这只能凭经验来决定。一般来说，社会系统的构成存在一个结构性问题，即它们具有基于共生的结构，因为这些系统是人为系统，来自所谓的基本人口，在再生产上受到限制，例如需求的满足、性、意识和暴力的使用，这些是不可否定的。只有当研究学者进行多元现代性的跨学科研究，整合了不同科学学科的见解时，才可能清晰洞察欧洲社会的结构变化，洞察经济、科学、法律和政治体系重组的结果。

四、进入"下一个社会"的道路

（一）动员社会

从成员结构变迁的社会学角度看，大功能子系统的社会融合、包容、排斥以及成员条件都需要重新界定。失败不可避免，例如制度失范、政治极端主义和方向迷失。它们之所以会发生,仅仅是因为现代化和社会结构的变化不能受制于政治规划或预先确定的"理应如此"状态。全球化迫使社会制度发生变化,机构和组织发生结构分化,以适应横向和纵向的问题需求。

通往"下一个社会"的道路是由当代社会中经过充分研究的实证交互过程预先确定的,这恰恰应对了一系列问题,包括经济全球化(激进式而非渐进式创新)、社会分层重组(中产阶级社会的终结)、日益严重的政治分裂(全球多层次治理体系和政治主导地位的丧失),以及全球多元文化主义(混合和杂糅)。上述问题已经取代了西方文化的普遍化,导致福利制度的趋同,这可以通过个人包容取代集体包容来解释。一方面是专业资格和专业成功的包容程度提升,另一方面是保守性和社会民主规划包容度衰落,二者之间存在两难选择。要解决困境,可能的途径是政治制度对志愿者群体加以支持。研究的主题应该是:这是不是一种新形式的多元社团主义,是否可以将自由多元主义、社会民主和传统社团主义统一起来?

我们现在生活在一个动员的社会中,经济、政治、凝聚力和文化都参与其中。对连续变化和结构性冲突的分析已经引起了社会整合理论的重新界定,从政治制度的角度来看,全球本土化和混合化社会所关注的是超越自由主义、福利经济和民族国家,在全球多层次民主之间搭建桥梁,这意味着社会模式的范式改变。就稀缺商品而言,伦理主观权利的更广泛应用是显而易见的,这在生态稀缺资源方面表现得尤为突出。因此,环境经济的功能性要求得到了阐述,尽管我们不知道这种要求如何在结构上与经济和政治限制以及特殊集体的团结要求相协调。我们已经认识到固有的结构性问题,即福利制度的需求必须作出改变。

(二)西方现代化和全球本土化

如果假设,作为全球本土化的全球化解构了文化和组织(机构)的普遍能力,我们将不仅会看到越来越特殊的团结网络的出现,而且它们还将承担社会平等的功能。它将受到社会学研究的影响，集体认同、沟通和组织结构将由于全球化而发展为全球本土化，从而导致混合社会结构。直到现在，社会学理论一直被自 18 和 19 世纪以来发生的现代化的自我描述所支配。这些描述包括以国家为中心的社会、公民社会、社会分工、合理化，以及社区与社会之间的区别。作为社会学家和哲学家，我们已经超越了宏大的元历史。

西方现代性和现代化不再是一个项目，也不仅仅在全球化社会学的研究项目中得到更新。恰恰相反：后现代性并没有 19 世纪以来现代性的自我描述，但符合全球化社会学，因为没有明显的统一版本。在这方面，可以回顾性指出，现代化存在广泛的可变性，并且存在可选择的现代化，这与经典现代化理论假设的社会结构趋同性不同，现代化显然不是社会结构变化的固定模式。总体结构变化分析表明，全球化和全球本地化改变了我们相互理解和社会交往的基础，使其自身越来越接近差异秩序，而不是共识。网络性和分段分化连续性获得相关性，并重构社会系统的边界，这是一个根本改变，导致了不同的社会结构语义。作为全球化新阶段的多种族（多元文化主义）导致了新中世纪、游牧和千变万化的社会和文化，这并没有将普遍世界秩序制度化，而是在社会交往过程中产生新的失序（Ben-Rafael，Sternberg，Bokser Liwerant and Gorny 2006）。

无论我们对社会变革采取何种态度，有一件事逐渐清晰：对结构变革的冷静洞察，始终也是对社会的一种自我认知，而这又会导致另一种自我描述。在多元现代性的研究计划中没有统一的现代化结构，因此也没有统一的社会系统成员交往的自我描述，这些社会系统成员被大众媒体称为社会交往的自我观察域。

参考文献

Axford, Barrie. (2013). *Theory of Globalization*, Cambridge: Polity.

—. (2015). "Macro-lite: Ways to Understand Europe-Making in the Global

Era", *Journal of Contemporary European Studies*, 23(2).

Baecker, Dirk. (2007). *Studien zur nächsten Gesellschaft*. Frankfurt am Main, Berlin: Suhrkamp.

Ben-Rafael, Eliezer. "From Multiple Modernities to Multiple Globalizations". In this book.

Ben-Rafael, Eliezer, Yitzghak. Sternberg, Judit Bokser Liwerant and Yosef Gorny (eds.). (2006). *Transnationalism: Diasporas and the Advent of a New (Dis)Order*. Leiden, Boston: Brill.

Drucker, Peter F. (2002/2003). "The Next Society: A Survey of the Near Future". In *The Economist, Novemberd* 3rd, rep., *Managing in the Next Society*. New York: St. Martin's Griffin, 233 – 299.

Krawietz, Werner. (2016). "Multiple Modernities in Modern Law and Legal Systems: Shmuel Eisenstadt's Grand Desing and Beyond". In Gerhard Preyer and Michael Sussman (eds.). *Varieties of Multiple Modernities New Research Design*. Leiden: Brill.

Luhmann, Niklas. (1993). "Individuum, Individualität, Individalismus". In *Gesellschaftsstruktur und Semantik Studien zur Wissenssoziologie der modernen Gesellschaft, Vol. 3*. Frankfurt am Main: Suhrkamp.

Marangudakis, Mahnassos. (2015). "Civil Religion in Greec". *ProtoSociology*, 32, 187 – 215.

Münch, Richard. (1993). *Das Projekt Europa. Zwischen Nationalstaat, regionaler Autonomie und Weltgesellschaft*. Frankfurt am Main, Berlin: Suhrkamp.

—. (1998). *Globale Dynamik, lokale Lebenswelten. Der schwierige Weg in die Weltgesellschaft*. Frankfurt am Main: Suhrkamp.

—. (2009). *Das Regime des liberalen Kapitalismus. Inklusion und Exklusion im neuen Wohlfahrtsstaat*. Frankfurt am Main: Campus.

—. (2010). *Die Konstruktion der Europäischen Gesellschaft Zur Dialektik von transnationaler Integration und nationaler Desintegration*. Frankfurt am Main: Campus.

多元现代性

—. (2010). *Das Regime des Pluralismus. Zivilgesellschaft im Kontext der Globalisierung*. Frankfurt am Main: Campus.

Preyer, Gerhard. (1998). *Die globale Herausforderung. Wie Deutschland an die Weltspitze zurückkehren kann*. Frankfurt am Main, Wiesbaden: Frankfurter Allgemeine Zeitung/Gabler.

—. (2018). *Soziologische Theory der Gegenwartsgesellschaft: Mitgliedschaftstheoretische Untersuchungen*: Wiesbaden: Springer/VS.

Preyer, Gerhard and Michael Sussman (eds.) (2016). *Varieties of Multiple Modernities. New Research Design*. Leiden: Brill.

文章出处

1. 什穆埃尔·N.艾森施塔特(Shmuel N. Eisenstadt),《多元现代性:理论框架和基本问题》,原标题 "Multiple Modernities: The Basic Framework and Problematic",出自《原社会学》(*ProtoSocidogy*)期刊第 24 卷。

2. 什穆埃尔·N.艾森施塔特,《文化间,还是现代性的文化阐释间的对话:多元现代性在当代》,原标题 "The Dialogue between Cultures or between Cultural Interpretations of Modernity: Multiple Modernities on the Contemporary Scene",出自《原社会学》(*Proto-Socidogy*)期刊第 24 卷。

3. 格尔哈德·普耶尔(Gerhard Preyer),《艾森施塔特的普通社会学》,原标题 "Eisenstadt's General Sociology",本文集专供文章,之前没有发表。

4. 艾利泽·本-拉斐尔(Eliezer Ben-Rafael),《从多元现代性到多元全球化》,原标题 "From Multiple Modernities to Multiple Globalizations",出自《原社会学》(*ProtoSocidogy*)期刊第 35 卷。

5. 扬·内德文·彼得斯(Jan Nederveen Pieterse),《多极意味着多元思维:多种现代性》,原标题 "Multipolarity Means Thinking Plural: Modernities",参见 Preyer, Gerhard and Michael Sussman (eds.). (2016). *Varieties of Multiple Modernities*. Leiden, Netherland: Brill

Publisher。

6. 巴里・阿克斯福德(Barrie Axford),《作为全球学术景观的多元现代性论争:更多机遇,还是穷途末路?》,原标题"The Multiple Modernities Debates as a Prospectus for Global Scholarship:More Opportunities than Dead-ends?",参见 Preyer，Gerhard and Michael Sussman（eds.）.（2016）.*Varieties of Multiple Modernities*. Leiden，Netherland:Brill Publisher。

7. 罗兰・罗伯森(Roland Robertson),《多元现代性和全球化/全球本土化:评艾森斯塔特社会学》,原标题"Multiple Modernities and Globalization/Glocalization:A Comment on Eisenstadt",参见 Preyer，Gerhard and Michael Sussman（eds.）.（2016）.*Varieties of Multiple Modernities*. Leiden，Netherland:Brill Publisher。

8. 比约恩・阿尔珀曼(安晓波)(Björn Alpermann),《中国现代化进程中的阶级、公民和个体化——基于 U.贝克第二次现代性理论的分析》,原标题"Class，Citizenship and Individualization in China's Modernization",出自《原社会学》(*ProtoSociology*)期刊第 28 卷。

9. 朱迪特・博克瑟・利维兰特(Judit Bokser Liwerant),《从拉丁美洲视角思考多元现代性:复杂性、边缘性和多样性》,原标题"Thinking Multiple Modernities from Latin America's Perspectivre:Complexity，Periphery and Diversity",参见 Preyer，Gerhard and Michael Sussman（eds.）.（2016）.*Varieties of Multiple Modernities*. Leiden，Netherland:Brill Publisher。

10. 格尔哈德・普耶尔、罗伊斯-马库斯・克劳斯(Gerhard Preyer and Reuß-Markus Krauße),《瞄准欧洲:欧洲社会的融合和离析》,原标题"Europe in Targeting：Integration and Disintegration of the European Society",本文集专供文章,之前没有发表。

《当代学术棱镜译丛》
已出书目

媒介文化系列

第二媒介时代 ［美］马克·波斯特

电视与社会 ［英］尼古拉斯·阿伯克龙比

思想无羁 ［美］保罗·莱文森

媒介建构：流行文化中的大众媒介 ［美］劳伦斯·格罗斯伯格 等

揣测与媒介：媒介现象学 ［德］鲍里斯·格罗伊斯

媒介学宣言 ［法］雷吉斯·德布雷

媒介研究批评术语集 ［美］W. J. T. 米歇尔 马克·B. N. 汉森

解码广告：广告的意识形态与含义 ［英］朱迪斯·威廉森

全球文化系列

认同的空间——全球媒介、电子世界景观与文化边界 ［英］戴维·莫利

全球化的文化 ［美］弗雷德里克·杰姆逊 三好将夫

全球化与文化 ［英］约翰·汤姆林森

后现代转向 ［美］斯蒂芬·贝斯特 道格拉斯·科尔纳

文化地理学 ［英］迈克·克朗

文化的观念 ［英］特瑞·伊格尔顿

主体的退隐 ［德］彼得·毕尔格

反"日语论" ［日］莲实重彦

酷的征服——商业文化、反主流文化与嬉皮消费主义的兴起 ［美］托马斯·弗兰克

超越文化转向 ［美］理查德·比尔纳其 等

全球现代性：全球资本主义时代的现代性 ［美］阿里夫·德里克

文化政策 ［澳］托比·米勒 ［美］乔治·尤迪思

通俗文化系列

解读大众文化 [美]约翰·菲斯克

文化理论与通俗文化导论(第二版) [英]约翰·斯道雷

通俗文化、媒介和日常生活中的叙事 [美]阿瑟·阿萨·伯格

文化民粹主义 [英]吉姆·麦克盖根

詹姆斯·邦德:时代精神的特工 [德]维尔纳·格雷夫

消费文化系列

消费社会 [法]让·鲍德里亚

消费文化——20世纪后期英国男性气质和社会空间 [英]弗兰克·莫特

消费文化 [英]西莉娅·卢瑞

大师精粹系列

麦克卢汉精粹 [加]埃里克·麦克卢汉 弗兰克·秦格龙

卡尔·曼海姆精粹 [德]卡尔·曼海姆

沃勒斯坦精粹 [美]伊曼纽尔·沃勒斯坦

哈贝马斯精粹 [德]尤尔根·哈贝马斯

赫斯精粹 [德]莫泽斯·赫斯

九鬼周造著作精粹 [日]九鬼周造

社会学系列

孤独的人群 [美]大卫·理斯曼

世界风险社会 [德]乌尔里希·贝克

权力精英 [美]查尔斯·赖特·米尔斯

科学的社会用途——写给科学场的临床社会学 [法]皮埃尔·布尔迪厄

文化社会学——浮现中的理论视野 [美]戴安娜·克兰

白领:美国的中产阶级 [美]C.莱特·米尔斯

论文明、权力与知识 [德]诺贝特·埃利亚斯

解析社会：分析社会学原理 [瑞典]彼得·赫斯特洛姆

局外人：越轨的社会学研究 [美]霍华德·S.贝克尔

社会的构建 [美]爱德华·希尔斯

多元现代性 周宪 [德]比约恩·阿尔珀曼 [德]格尔哈德·普耶尔

新学科系列

后殖民理论——语境 实践 政治 [英]巴特·穆尔-吉尔伯特

趣味社会学 [芬]尤卡·格罗瑙

跨越边界——知识学科 学科互涉 [美]朱丽·汤普森·克莱恩

人文地理学导论：21世纪的议题 [英]彼得·丹尼尔斯 等

文化学研究导论：理论基础·方法思路·研究视角 [德]安斯加·纽宁
[德]维拉·纽宁主编

世纪学术论争系列

"索卡尔事件"与科学大战 [美]艾伦·索卡尔 [法]雅克·德里达 等

沙滩上的房子 [美]诺里塔·克瑞杰

被困的普罗米修斯 [美]诺曼·列维特

科学知识：一种社会学的分析 [英]巴里·巴恩斯 大卫·布鲁尔 约翰·亨利

实践的冲撞——时间、力量与科学 [美]安德鲁·皮克林

爱因斯坦、历史与其他激情——20世纪末对科学的反叛 [美]杰拉尔德·
霍尔顿

真理的代价：金钱如何影响科学规范 [美]戴维·雷斯尼克

科学的转型：有关"跨时代断裂论题"的争论 [德]艾尔弗拉德·诺德曼
[荷]汉斯·拉德 [德]格雷戈·希尔曼

广松哲学系列

物象化论的构图 [日]广松涉

事的世界观的前哨 [日]广松涉

文献学语境中的《德意志意识形态》 [日]广松涉

存在与意义（第一卷） [日]广松涉

存在与意义（第二卷） [日]广松涉

唯物史观的原像 [日]广松涉

哲学家广松涉的自白式回忆录 [日]广松涉

资本论的哲学 [日]广松涉

马克思主义的哲学 [日]广松涉

世界交互主体的存在结构 [日]广松涉

国外马克思主义与后马克思思潮系列

图绘意识形态 [斯洛文尼亚]斯拉沃热·齐泽克 等

自然的理由——生态学马克思主义研究 [美]詹姆斯·奥康纳

希望的空间 [美]大卫·哈维

甜蜜的暴力——悲剧的观念 [英]特里·伊格尔顿

晚期马克思主义 [美]弗雷德里克·杰姆逊

符号政治经济学批判 [法]让·鲍德里亚

世纪 [法]阿兰·巴迪欧

列宁、黑格尔和西方马克思主义：一种批判性研究 [美]凯文·安德森

列宁主义 [英]尼尔·哈丁

福柯、马克思主义与历史：生产方式与信息方式 [美]马克·波斯特

战后法国的存在主义马克思主义：从萨特到阿尔都塞 [美]马克·波斯特

反映 [德]汉斯·海因茨·霍尔茨

为什么是阿甘本？ [英]亚历克斯·默里

未来思想导论：关于马克思和海德格尔 [法]科斯塔斯·阿克塞洛斯

无尽的焦虑之梦：梦的记录（1941—1967）附《一桩两人共谋的凶杀案》

（1985） [法]路易·阿尔都塞

马克思：技术思想家——从人的异化到征服世界 [法]科斯塔斯·阿克塞洛斯

经典补遗系列

卢卡奇早期文选 [匈]格奥尔格·卢卡奇

胡塞尔《几何学的起源》引论 [法]雅克·德里达

黑格尔的幽灵——政治哲学论文集［Ⅰ］[法]路易·阿尔都塞

语言与生命 [法]沙尔·巴依

意识的奥秘 [美]约翰·塞尔

论现象学流派 [法]保罗·利科

脑力劳动与体力劳动:西方历史的认识论 [德]阿尔弗雷德·索恩-雷特尔

黑格尔 [德]马丁·海德格尔

黑格尔的精神现象学 [德]马丁·海德格尔

生产运动:从历史统计学方面论国家和社会的一种新科学的基础的建立 [德]弗里德里希·威廉·舒尔茨

先锋派系列

先锋派散论——现代主义、表现主义和后现代性问题 [英]理查德·墨菲

诗歌的先锋派:博尔赫斯、奥登和布列东团体 [美]贝雷泰·E.斯特朗

情境主义国际系列

日常生活实践 1.实践的艺术 [法]米歇尔·德·塞托

日常生活实践 2.居住与烹饪 [法]米歇尔·德·塞托 吕斯·贾尔 皮埃尔·梅约尔

日常生活的革命 [法]鲁尔·瓦纳格姆

居伊·德波——诗歌革命 [法]樊尚·考夫曼

景观社会 [法]居伊·德波

当代文学理论系列

怎样做理论 [德]沃尔夫冈·伊瑟尔

21 世纪批评述介 [英]朱利安·沃尔弗雷斯

后现代主义诗学:历史·理论·小说 [加]琳达·哈琴

大分野之后:现代主义、大众文化、后现代主义 [美]安德列亚斯·胡伊森

理论的幽灵:文学与常识 [法]安托万·孔帕尼翁

反抗的文化:拒绝表征 [美]贝尔·胡克斯

戏仿：古代、现代与后现代 [英]玛格丽特·A.罗斯

理论入门 [英]彼得·巴里

现代主义 [英]蒂姆·阿姆斯特朗

叙事的本质 [美]罗伯特·斯科尔斯 詹姆斯·费伦 罗伯特·凯洛格

文学制度 [美]杰弗里·J.威廉斯

新批评之后 [美]弗兰克·伦特里奇亚

文学批评史：从柏拉图到现在 [美]M.A.R.哈比布

德国浪漫主义文学理论 [美]恩斯特·贝勒尔

萌在他乡：米勒中国演讲集 [美]J.希利斯·米勒

文学的类别：文类和模态理论导论 [英]阿拉斯泰尔·福勒

思想絮语：文学批评自选集（1958—2002） [英]弗兰克·克默德

叙事的虚构性：有关历史、文学和理论的论文（1957—2007） [美]海登·怀特

21世纪的文学批评：理论的复兴 [美]文森特·B.里奇

核心概念系列

文化 [英]弗雷德·英格利斯

风险 [澳大利亚]狄波拉·勒普顿

学术研究指南系列

美学指南 [美]彼得·基维

文化研究指南 [美]托比·米勒

文化社会学指南 [美]马克·D.雅各布斯 南希·韦斯·汉拉恩

艺术理论指南 [英]保罗·史密斯 卡罗琳·瓦尔德

《德意志意识形态》与文献学系列

梁赞诺夫版《德意志意识形态·费尔巴哈》[苏]大卫·鲍里索维奇·梁赞诺夫

《德意志意识形态》与MEGA文献研究 [韩]郑文吉

巴加图利亚版《德意志意识形态·费尔巴哈》[俄]巴加图利亚

MEGA：陶伯特版《德意志意识形态·费尔巴哈》[德]英格·陶伯特

当代美学理论系列

今日艺术理论 [美]诺埃尔·卡罗尔

艺术与社会理论——美学中的社会学论争 [英]奥斯汀·哈灵顿

艺术哲学:当代分析美学导论 [美]诺埃尔·卡罗尔

美的六种命名 [美]克里斯平·萨特韦尔

文化的政治及其他 [英]罗杰·斯克鲁顿

当代意大利美学精粹 周 宪 [意]蒂齐亚娜·安迪娜

现代日本学术系列

带你踏上知识之旅 [日]中村雄二郎 山口昌男

反·哲学入门 [日]高桥哲哉

作为事件的阅读 [日]小森阳一

超越民族与历史 [日]小森阳一 高桥哲哉

现代思想史系列

现代主义的先驱:20世纪思潮里的群英谱 [美]威廉·R.埃弗德尔

现代哲学简史 [英]罗杰·斯克拉顿

美国人对哲学的逃避:实用主义的谱系 [美]康乃尔·韦斯特

时空文化:1880—1918 [美]斯蒂芬·科恩

视觉文化与艺术史系列

可见的签名 [美]弗雷德里克·詹姆逊

摄影与电影 [英]戴维·卡帕尼

艺术史向导 [意]朱利奥·卡洛·阿尔甘 毛里齐奥·法焦洛

电影的虚拟生命 [美]D. N. 罗德维克

绘画中的世界观 [美]迈耶·夏皮罗

缪斯之艺:泛美学研究 [美]丹尼尔·奥尔布赖特

视觉艺术的现象学 [英]保罗·克劳瑟

总体屏幕：从电影到智能手机 [法]吉尔·利波维茨基
[法]让·塞鲁瓦
艺术史批评术语 [美]罗伯特·S.纳尔逊 [美]理查德·希夫
设计美学 [加拿大]简·福希
工艺理论：功能和美学表达 [美]霍华德·里萨蒂
艺术并非你想的那样 [美]唐纳德·普雷齐奥西 [美]克莱尔·法拉戈
艺术批评入门：历史、策略与声音 [美]克尔·休斯顿
艺术史：研究方法批判导论 [英]迈克尔·哈特 [德]夏洛特·克朗克
十月：第二个十年，1986—1996 [美]罗莎琳·克劳斯 [美]安妮特·米切尔
森 [美]伊夫-阿兰·博瓦

当代逻辑理论与应用研究系列

重塑实在论：关于因果、目的和心智的精密理论 [美]罗伯特·C.孔斯
情境与态度 [美]乔恩·巴威斯 约翰·佩里
逻辑与社会：矛盾与可能世界 [美]乔恩·埃尔斯特
指称与意向性 [挪威]奥拉夫·阿斯海姆
说谎者悖论：真与循环 [美]乔恩·巴威斯 约翰·埃切曼迪

波兰尼意会哲学系列

认知与存在：迈克尔·波兰尼文集 [英]迈克尔·波兰尼
科学、信仰与社会 [英]迈克尔·波兰尼

现象学系列

伦理与无限：与菲利普·尼莫的对话 [法]伊曼努尔·列维纳斯

新马克思阅读系列

政治经济学批判：马克思《资本论》导论 [德]米夏埃尔·海因里希

西蒙东思想系列

论技术物的存在模式 [法]吉尔贝·西蒙东